高等学校应用创新型人才培养系列教材

金融学专业

国际结算

Guoji Jiesuan

主　编　**贺　瑛**

副主编　**马　欣**

高等教育出版社·北京

内容简介

本书注重国际结算理论与实务的高度融合，在保证国际结算基本理论结构体系完整的前提下，侧重于国际结算具体实务技能的演绎与操作。在分析国际结算基本理论与法律法规时，注重国际案例及判例的引入，从而提升学生分析问题与解决问题的能力。本书汇集了本学科领域最新的研究成果和知识。全书共分 15 章，主要阐述国际结算基本体系、法律环境、结算票据、结算单据、结算方式、支付清算体系以及结算风险等内容。

本书采用国际流行的教材编写体例，每章章前设有本章导言，每章章后配有本章小结、复习思考题、延伸阅读，每章篇中插有小知识、小案例。每章设置的本章知识结构图更是方便了读者了解基本知识点，有利于学习效率的提升。

本书适合普通高校作为经济管理类专业的国际结算课程教材，也可作为金融、经济、贸易从业人员的培训教材，还可作为广大社会人士了解国际金融、国际贸易、国际经济知识的阅读书籍。

图书在版编目(CIP)数据

国际结算/贺瑛主编．--北京：高等教育出版社，2015.9

金融学专业

ISBN 978-7-04-043816-1

Ⅰ.①国… Ⅱ.①贺… Ⅲ.①国际结算-高等学校-教材 Ⅳ.① F830.73

中国版本图书馆 CIP 数据核字(2015)第 215351 号

策划编辑 郭金录　　责任编辑 郭金录　　特约编辑 吕培勋　　封面设计 李树龙
版式设计 童　丹　　插图绘制 杜晓丹　　责任校对 刘丽娴　　责任印制 尤　静

出版发行	高等教育出版社	咨询电话	400-810-0598
社　　址	北京市西城区德外大街 4 号	网　　址	http://www.hep.edu.cn
邮政编码	100120		http://www.hep.com.cn
印　　刷	北京四季青印刷厂	网上订购	http://www.landraco.com
开　　本	787mm×1092mm　1/16		http://www.landraco.com.cn
印　　张	20.75	版　　次	2015 年 9 月第 1 版
字　　数	290 千字	印　　次	2015 年 9 月第 1 次印刷
购书热线	010-58581118	定　　价	39.00 元

物 料 号　43816-00

编委会名单

总前言

金融是现代经济的核心，在资源配置中起关键作用。在金融全球化背景下，其运行状况关系到一国经济运行的稳定和效率，乃至影响国家经济安全。近年来，随着我国经济实力的不断增长，中国金融国际化的步伐在加快，金融人才需求呈现出高端化和多样化的趋势，这对我国金融高等教育和金融人才培养提出了新的要求。未来我国金融人才的培养既要适应经济全球化的大趋势，更要立足中国经济、金融改革与发展实际，确立多样化人才培养目标，不断创新人才培养模式，既要培养厚基础、宽口径、复合型、国际化高级人才，又要培养专业技能熟练、实践能力强的应用型专门人才，以满足社会经济发展对金融人才的多样化、多层次需求。

从我国目前金融人才供求水平来看，主要是人才质量和结构矛盾较为突出。一方面，国内许多金融类企业面临适应经济、金融全球化的"应用创新型"专业人才紧缺的状况，"招不到合适人才"；另一方面，每年金融类专业部分毕业生就业形势严峻，"找不到对口工作"。究其原因，主要是由于目前我国金融学专业人才培养的质量和专业结构还远远不能满足经济和社会发展的需求。因此，抓紧培养知识、能力、素质协调发展的"应用创新型"金融人才显得尤为重要。"应用创新型"人才应全面掌握金融学专业基本理论体系和专门知识，以及金融领域基本工作技能，金融分析的基本工具和方法；能熟练运用计算机、外语和数学等现代金融活动所必需的工具；具有良好的人文品德修养、职业道德和社会责任感；形成良好的金融职业素养。

作为对培养金融专业新型人才这一社会需求的回应，2012 年 12 月，在高等教育出版社的组织协调下，原中国人民银行所属六所院校聚首北京，共同商定联合编写金融学专业"应用创新型"人才培养系列教材。这些原中国人民银行所属院校从事金融教学、研究已经 50 多年，专业功底厚实。更为难得的是它们始终参与、跟踪我国金融改革发展，熟悉金融业务及其发展变化，较早形成了实力型师资团队，教材建设的经验也比较丰富。以它们为主通力合作，承担编写工作，再合适不过。

为了能够让该系列教材的研发有的放矢、凝聚共识，结合新时期金融学“应用创新型”人才培养的主要特点，编委会总结了我国高校金融学专业所选用教材现存的主要问题：一是教材老化太快。以国有银行股改上市为标志，近十年来金融业的转型变化最快、最为实质，从制度、组织、内部管理、经营机制，到业务、产品和技术手段，均被不断创新，市场逻辑强力主导金融变革前行。仅从业务层面看，资本节约型业务成为普遍选择，零售业务、小企业融资、“三农”服务以及中间业务蓬勃发展，财富管理等各类资产管理业务在银行、证券、保险等行业迅速兴起。传统业务正在向多元化价值增值型业务转型，综合经营已经显化。新情况的产生凸显出已有教材的局限性，书本与现实的差距正在拉大。二是教材选择左右为难。已有版本大部分是研究型的，教材优秀，越编越厚，理论够肥，技能偏瘦，不太适合“应用创新型”人才的培养和教学，学生厌烦，老师无奈，用人单位抱怨。纠结之中，大家盼望能出一套新书，把金融服务的基本理论、知识和技能讲得清楚、明白而简练，把近年来金融转型的创新发展及其趋势概括进来，以利对学生进行未来从业的基本功训练。

基于对以上问题的分析和总结，编委会对本系列教材的研发明确提出了以下几点要求：

其一，教材内容要兼顾眼前和长远，较好地适应金融业发展变化。现代金融业创新很快，但方向和路径确定：一是不断提升服务质量，更新技术，使公众金融消费更加便利、安全；二是科学管理公众财富，努力实现公众财富的安全和增值；三是不断提高经营水平以利增加社会福利，防止风险损失外化。把握以上三条，内容的取舍选择就有“主心骨”，可以按这三条组织贯穿。具体到各门课程，认真概括现阶段金融业的创新变化，参照国际同业的最新发展，分析未来发展趋势，对现有教材的基本知识和技能重新提炼，全面更新。

其二，教材主要侧重金融专业的基本技能。金融实务虽然浩繁庞杂，但其业内一般性、普适性的技艺可以被提炼出来。任何行业都有业内通用的技术元素，正像一套令人眼花缭乱的武术一样，不过是由一些基本的拳脚招式有机整合而成。基本招式学到手，变成自己的能力，方才称得上基本技能。基本技能提炼得越全面、越准确，教材内容就越稳定、应变能力就越强。因此，本系列教材的内容力求精练、简约，表达清晰，按国际同业通用规则标准化讲述。

其三，理解和掌握基本技能，必须明确相关基本理论和知识，做到“知其所以然”。本系列教材以基本技能为导向，即掌握技能需要什么理论知识，就讲什么理论知识，并不追求理论的全面系统性，不考证理论的来龙去脉。换句话说，讲理论知识是为了应用，而不是去探讨研究。在经济学、数学、统计学、会计学等公共基础课程中，已经奠定了专业理论基础，一些原理、模型等理论工具讲得比较系统、清楚。专业基础课如金融学、金融市场学、投资学等，不再需要重复讲述公共课中已有的理论，只讲更为专业对口并被实践应用的理论。而一般专业课则只讲知识和技能，必须提到的理论，点到为止，直接将理论工具加以运用。如此，大幅度减少重复内容，避免教材越编越厚。

其四，编写形式新颖。本系列教材的编写体例力争实现内容与形式的统一，并进行了大胆探索与创新，各章有引例(引言)、知识结构图、小资料(小案例、小链接)、本章小结、复习思考题、关键术语、案例分析、本章实训、延伸阅读等栏目，便于在教学中启迪思维，开阔视野。

其五，网络资源支持。本系列教材通过二维码技术将纸质教材与数字化资源实现互联，尤其是部分教材与主编所在高校负责的省级精品资源共享课(省级精品课程)实现互联，通过为广大教师、学生提供相关课程的教学课件、教学计划、教学大纲、案例、试卷等辅助教学资源和学习资料，力求对大家的教学和学习有所帮助，也希望成为金融学专业教师资源共建共享的有效途径。

本系列教材的大纲完成后，编委会于2013年4月邀请国内著名专家召开了教材大纲审定会议。审定专家有：西南财经大学曾康霖教授、中央财经大学李健教授、南开大学范小云教授、厦门大学陈蓉教授、康国彬教授。专家们在认真听取了各位主编对大纲的介绍后，逐一对大纲提出了具体指导性意见。会后，各位主编根据专家的意见进行了认真修改和完善。为进一步把握本系列教材的编写质量并广泛征求意见，2013年11月，在各位主编提交样章后，编委会又邀请了一批专家对本系列教材的样章进行了审定。审定专家有：中南财经政法大学朱新蓉教授、韩旺红教授、张金林教授、章晟教授、万健琳副教授；湖南大学乔海曙教授、彭建刚教授、姚小义教授；厦门大学康国彬教授和陈蓉教授；对外经济贸易大学邹亚生教授；江西财经大学桂荷发教授；中央财经大学许飞琼教授、栾华教授，马亚副教授、聂利君副教授；内蒙古财经大学王青山教授；南开大学何青副教授。专家们在结合本系列教材的编写原则和设计要求，认真审阅了样章，对所评审教材样章提出了具体修改意见，并对下一步的写作提出了很多宝贵意见。

评审后，各位主编又根据专家的意见进行了认真修改、完善，最后编写完成并定稿。可以说，本系列教材不仅反映了原中国人民银行所属六所高校几十位教师的研究成果和教学经验，而且凝聚了审稿专家和所有参与本项目研究、写作的全国同行专家的智慧，是集体智慧的结晶。

教材出版了，编写工作只完成了起步阶段的任务。对教材中的不足与不当之处，敬请广大读者和教师批评与指正，以便再版时修正和完善。

金融学专业“应用创新型”人才培养系列教材编委会

2014年7月

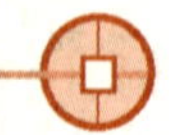

前言

进入21世纪以来，经济全球化进程加快，我国与世界各国的经济贸易往来日益密切，人们开始把目光投向世界市场，更多的企业开始走向国际，开拓国外市场。国际结算作为国际金融领域的一个重要分支也随着经济的发展不断成熟，集理论、政策、法规、实务于一体，既包括有关金融法规和国际通行的法律准则、国际惯例，又包括相关理论知识和实际业务操作。因此，系统地总结国际结算方面的知识、规则，熟练掌握有关的操作技能势在必行。

本书融合多位国际结算课程教师的丰富教学经验，立足于本科金融教育的基本规律和特点，致力于搭建国际结算理论与实务的基本框架，注重创新性、实用性、国际化。

1. 国际化。本书根据国际最新的金融法规和国际通行的法律准则，及时更新了国际结算的内容和规则，增添了国际结算最新案例，补充了国际结算最新做法，最大程度上保证了内容与体系的与时俱进、与国际接轨，力求向读者呈现该领域最新的知识框架。

2. 实用性。本书在内容和体系设置上注重把握本科金融人才培养的特点和规律，理论知识结构严谨，实务版块鲜明、生动，兼具前沿性和实用性。同时，每一章最后都设置对应本章节内容的思考题，针对性强，促使读者积极思考，深入领会知识。

3. 创新性。本书每章都设有导言、知识小专栏、内容小结、重要术语、复习思考题、延伸阅读和参考文献，内容丰富、体例新颖，可以帮助读者准确把握每个章节的理论脉络，并为读者指明进一步学习相关知识的方向。

本书共有十五章，具体的编写分工如下：上海商学院贺瑛编写第一章；湖北经济学院孙玲编写第二、十四章；哈尔滨金融学院程英春编写第三、四、五章；河北金融学院史雪娜编写第六、七、八章；上海金融学院马欣编写第九、十章，其中第九章部分内容由上海金融学院方磊完成；上海金融学院稽惠娟编写第十一、十二章；上海金融学院梁炜编写第十三章；上海金融学院徐笑丁编写第十五章。

在此，感谢参与编写本书的人员，没有他们对国际结算业务精益求精的钻研和总结，没有他们对学生特点的了解和对教育规律的把握，本书难以完成。另外，感谢高等教育出版社郭金录首席编辑给予的大力支持。本书在编写过程中，借鉴了许多国内外专家学者关于国际结算业务的成果，在此一并表示感谢。

由于编者水平和时间的限制，错误疏漏之处在所难免，在此希望广大读者提出宝贵的意见和建议，以利于本书进一步改进。

编　者

2015 年 5 月于上海

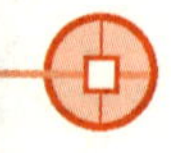

目 录

第一章

国际结算概述

本章导言

通过本章学习，了解国际结算的产生与发展历程，掌握国际结算的基本定义、分类以及研究对象，通晓国际结算的基本制度，初步了解以银行为中心的国际结算支付体系。

本章电子教案

（请扫描二维码）

本章知识结构图

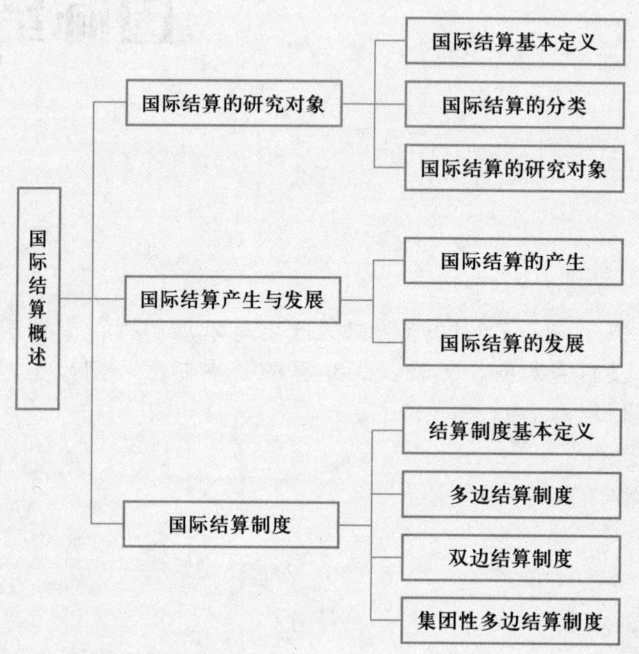

国际结算概述
国际结算的研究对象
国际结算基本定义
国际结算的分类
国际结算的研究对象
国际结算产生与发展
国际结算的产生
国际结算的发展
国际结算制度
结算制度基本定义
多边结算制度
双边结算制度
集团性多边结算制度

一、国际结算基本定义

国际结算(international settlement)指的是对于国家或地区之间由于政治、经济、文化等一系列活动所产生的跨国、跨境货币收付活动，通过一定的结算工具，凭借一定的结算方式，依托一定的支付结算体系加以了结的支付结算行为。对于国际结算，不同的学者下有不同的定义，比较具有代表性的是苏宗祥教授。苏宗祥(2009)认为：两个不同国家的当事人，不论是个人、单位、政府间因为商品买卖、服务供应、资金调拨、国际借贷而需要通过银行办理的两国间的外汇收付业务，叫做国际结算。通过学习分析不同学者对国际结算下的不同定义，笔者以为不同定义的本质是一致的，只是表达方式不同而已。故我们把该定义以下列简洁的方式固化下来：国际结算就其本质而言是对国家或地区之间由于政治、经济、文化等一切活动所引起的债权债务加以了结的一种方式。

二、国际结算的分类

国际上对国际结算的分类有多种，有以支付手段作为划分依据的，也有以业务种类作为划分依据的。

在以支付手段作为划分依据的情形下，国际结算可分为现金结算、票据结算、凭单结算三种。

现金结算，即买卖双方以货币为媒介，实现资金在国内外、境内外的流转、支付，即现金交割(cash on delivery)。由于买卖双方分属不同的国家、地区，交易中必须使用可自由兑换货币(freely convertible currency)。

票据结算，即买卖双方以票据(资金单据(financial document)，诸如汇票(bill of exchange)、本票(promissory note)、支票(check))为媒介，实现资金在国内外、境内外的流转、支付。由于买卖双方分属不同的国家、地区，交易中的票据必须遵循国外票据法的规定，所产生的分歧也必须视出票地与行为地的不同，依据相应的规定办理。

凭单结算，即买卖双方以单据——商业单据(commercial document)，诸如商业发票(commercial invoice)、提单(bill of lading)等货运单据——为媒介，实现资金在国内外、境内外的流转、支付，即凭单支付。由于买卖双方分属不同的国家、地区，交易中的单据必须根据不同支付结算方式情形下所适用的国际规则加以处理。例如，在托收项下，依据的相关规则为国际商会出版物第522号《托收统一规则》(URC522)；在跟单信用证项下，依据的相关规则为国际商会出版物第600号《跟单信用证统一惯例》(UCP600)。

在以业务种类作为划分依据的情形下，国际结算可分为国际贸易结算和国际非贸易结算。

国际贸易结算，亦称有形贸易(visible trade)结算，指对于分处不同国家、地区的买卖双方由于商品贸易交易活动所引发的资金流动予以结算的行为。国际非贸易结算，亦称无形贸易(iinvisible trade)结算，指对于分处不同国家、地区的当事方由于服务、劳务等非商品贸易交易活动所引发的资金流动予以结算的行为。常见的有侨民汇款、旅游开支、服务偿付等资金调拨、服务供应、国际借贷等引起的货币收付。

三、国际结算的研究对象

国际结算作为一种跨国(境)经济行为是国际金融领域的一个重要分支，国际结算以国际金融学和国际贸易学的理论、原则为指导，着重研究国际资金流动的顺利进行、债权债务的按期清偿和货币收付的及时实现。它是研究国际债权债务形式和方法，以及有关信用、资金融通理论和办法一般规律的科学。因此，国际结算既是一门实务性很强的学科，又是一门理论较深的学问。将理论与实践相结合，从理论知识为指导进行国际结算的实务操作和处理所遇到的国际结算纠纷，是学习本课程的根本目的所在。

具体而言，国际结算的研究对象主要有三，即国际结算工具、国际结算方式、国际结算体系。国际结算工具是指使国际结算得以进行的媒介，即各类国际结算中的票据(instrument)，既有汇票、本票、支票等资金单据，又有发票、提单等商业单据；国际结算方式是指使国际结算得以实现的方法，即各种支付结算方式(method of payment)，既有以商业信用为基础的结算方式——汇款(remittance)、托收(collection)，也有以银行信用为基础的结算方式——跟单信用证结算方式(documentary letter of credit)，更有新型结算方式——福费廷(forfeiting)、保理(factoring)；国际结算体系是指使国际结算得以完成的渠道，即各类以银行为中心的支付体系，如环球银行金融电讯协会(Society for Worldwide International Financial Telecommunications，SWIFT)、清算所同业支付系统(clearing house interbank payment system，CHIPS)、交换银行自动收付系统(clearing house automated payment system，CHAPS)、自动转账系统(clearing house automated transfer system，CHATS)等。

第二节

国际结算产生与发展

国际结算不是从来就有的，它是随着经济的发展、贸易的发达、货币的出现而产生的。经济的发展，产生了多余的商品；贸易的发达，促成了商品的交易；货币的出现，使人们摆脱了易货(barter)的尴尬境地，步入货币结算的时代。因此，国际结算的雏形是在国家出现后，当商品交易越过了易货的门槛后形成的。

国际结算从产生到发展经历了漫长的时期。在生产力水平极其低下的奴隶社会，自然经济占主导地位，国际结算只是个例；封建社会尽管生产力水平有了些许的提高，但由于社会分工的不发达，对外贸易的比重不高，国际商品交易量不大，国际结算只是局部现象；14 世纪、15 世纪出现了资本主义萌芽，尤其在重商主义年代，国际贸易飞速发展，国际结算局面基本形成。以后随着世界经济的不断发展，全球化态势的不断蔓延，各类经济、政治、文化等活动的不断展开，对国际结算提出了越来越高的要求，全口径的国际结算概念得以形成，即国际结算既包含国际贸易结算，同时也包含国际非贸易结算。

国际结算的发展，不仅取决于经济、贸易活动，取决于贸易以外的政治、文化等交流活动，更取决于金融的发展、发达。14—15 世纪人们是用黄金、白银等贵金属货币来进行国际结算的，但贵金属受制于产量低以及分布不匀等缺点，无法正常担负起结算的功能，于是就有了信用货币——纸币的出现。当不同国家之间货币的比价得以确定，在货币自由兑换情形下，现金交易担负起了国际结算的重任。然而，随着国际交往的日益扩大，这两种方式都不能满足债权、债务清偿的基本需求，于是“字据”应运而生。16—17 世纪，这一“字据”在欧洲大陆上演变成最早的“票据”，于是，非现金结算得以产生。借助于票据、单据等结算工具，借助于各种发达的支付结算方式及先进的支付结算体系，国际结算得以蓬蓬勃勃地发展。

第三节

国际结算制度

虽然国际结算工具、国际结算方式、国际结算体系是构成国际结算领域的三支柱，或称三要素，但这些要素的运营必须置身于一个制度之中，国际结算制度是国际结算业务得以开展、完成的必备条件。国际结算制度是指一个国家根据本国的外汇管理要求所制定的对外结算的总制度，包括结算方式、方法、工具及结算业务的操作秩序等。国际结算制度的这一定义揭示了国际结算制度的划分依据，即根据一国外汇管理程度的不同，我们可将国际结算制度分为多边结算制度、双边结算制度以及集团性多边结算制度。

一、多边结算制度

所谓多边结算制度是指在外汇买卖自由的情况下，使用可兑换货币自发地在各国之间进行结算的一种制度。由于多边结算使用的是可兑换货币，所以该项制度又被称为现汇结算。

从多边结算制度的定义可知：货币可自由兑换是这一制度得以运行的基石；清算账户的开立和代理网点的设立是这一制度得以运行的关键；账户间的可自由划拨是这一制度得以运行的前提。

多边结算制度是个开放式的制度，所在国的商业银行均可通过账户的建立，加入到结算的行列。多银行、多账户、多币种是这一结算制度的特点。交易各方的债权债务，在账户的变动过程中实现彼此的抵消与轧差。

案例 1-1

多边结算

案情：

某月某日德国居民通过德意志银行对外发生如下经济交易：

(1) 德国商人甲从沙特阿拉伯进口石油支付 US＄200 000 000；

(2) 德国商人乙对英国出口汽车收入 US＄25 000 000；

(3) 德国商人丙从美国购买农产品支付 US＄30 000 000；

(4) 德意志银行贷给新加坡崇桥银行三年期信贷 US＄30 000 000；

(5) 德国商人丁汇给其瑞士子公司 US＄100 000 000。

分析：

以上交易涉及六个国家，如实行双边结算，至少有五次的资金调拨和清算。如德意志银行在纽约花旗银行开立一个美元账户，则所有对这些国家的债权、债务可以集中在账户上相互冲抵。如下所示：

德意志银行

借方(付方)	贷方(收方)
(1) US＄200 000 000	
(2)	US＄25 000 000

(3) US $ 30 000 000

(4) US $ 30 000 000

(5) US $ 100 000 000

以上可以看出，德国因对外经济联系而与不同国家发生的债权、债务可以通过商业银行的账户变动，使其大部分得到抵消，剩下需要结算的仅是一个差额。实际上，即使这个差额也并不需要每月底或每年底进行结算。因为商业银行之间一般都相互提供透支额度，只要不超过这个额度就无须清偿。

启示：

(1) 多边结算减少了资金调拨和结算的手续。

(2) 在条件许可的情况下，尽可能多地使用多边结算方式。

资料来源：贺瑛．国际结算习题与案例[M]．上海：复旦大学出版社，2008：132-133。

多边结算制度保证了对外贸易的顺利进行，在此制度下，各国能自由进行商品、劳务等的进出口。但这一制度对于外汇资源匮乏的广大落后国家而言，无疑是致命的，因为这一制度剥夺了这些国家贸易的权利、结算的权利。于是就有了双边结算制度。

案例 1-2

交换轧差平衡原理

案情：

某地有 A、B、C、D、E 5 家商业银行。某日，这 5 家商业银行相互之间需付出和收取的金额如表 1-1 所示。假设这 5 家银行是同一个票据交换所的会员，运用交换轧差平衡原理，分析当天的交换情况，并分析交换轧差平衡原理的意义。

表 1-1　　单位：千元

收取 付出	A 银行	B 银行	C 银行	D 银行	E 银行
A 银行		1 000	2 000	4 000	3 000
B 银行	2 000		700	5 000	2 000
C 银行	500	100		1 000	1 500
D 银行	3 000	900	4 500		500
E 银行	3 000	6 000	500	1 000	

分析：

当天这 5 家银行的交换情况如表 1-2 所示。

表 1-2

单位：千元

付出＼收取	A 银行	B 银行	C 银行	D 银行	E 银行	贷方总额	轧差贷方净额
A 银行		1 000	2 000	4 000	3 000	10 000	1 500
B 银行	2 000		700	5 000	2 000	9 700	1 700
C 银行	500	100		1 000	1 500	3 100	
D 银行	3 000	900	4 500		500	8 900	
E 银行	3 000	6 000	500	1 000		10 500	3 500
借方总额	8 500	8 000	7 700	11 000	7 000	42 200	
轧差借方净额			4 600	2 100			6 700

计算说明：

以 A 银行为例：（单位：千元）

贷方总额＝1 000+2 000+4 000+3 000＝10 000

借方总额＝2 000+500+3 000+3 000＝8 500

因为贷方总额大于借方总额，所以轧差净额反映在贷方，即在交割中，是收进（贷记）如下金额：

轧差净额（贷方）＝贷方总额－借方总额＝10 000－8 500＝1 500

启示：

在票据交换所，银行同业之间交换的金额很大，但真正交割的余额却很小。票据交换所里的总平衡是算统账。票据交换所在同业之间相互抵消债权债务，经过交换轧差达到平衡。在本案中，银行同业之间交换的总金额有 4 220 万元，但最后真正交割的数额是 670 万元，即 C 银行和 D 银行分别付出（借记）460 万元和 210 万元，共计 670 万元，A 银行、B 银行、E 银行分别收进（贷记）150 万元、170 万元、350 万元，共计 670 万元，达到借贷总平衡。670 万元的交割数额远远少于 4 220 万元的交换总金额，但各家银行各得其所，票据交换所在它们之间相互抵消债权债务，各家银行的账都达到了平衡。交换轧差大大提高了银行系统的结算和运营效率。

资料来源：贺瑛．国际结算习题与案例[M]．上海：复旦大学出版社，2008：215-217。

二、双边结算制度

双边结算制度是指两国政府签订支付协定，开立清算账户，用集中抵消债权债务的办法，清算两国之间贸易和非贸易往来所产生的债权债务的一种制度。因此，双边结算的两个国家在双边结算开始之前，必须签订贸易和非贸易的支付协定，并且互相在对方建立清算账户，同时规定清算范围 、清算货币，双方约定信用摆动额度和利息的算收、账户余额的保值，以及账户差额的清偿处理办法。由于该结算制度赖以进行的基础是两国政府支付协定的签订，所以双边结算亦称为协定结算。又由于双方使用的清算货币并非可自由兑换货币，仅仅是一个记账单位而已，故又称为记账清算。特定的账户 、特定的外汇(通过特定账户收付的协定外汇或记账外汇)以及双方债权债务的冲抵、轧差成了这一结算制度的固有特色。

双边结算制度是特定国家在特定历史阶段的特殊结算制度，它是特定背景下的“政治经济金融遗产”。双边结算制度的推出，对于外汇贫乏的落后国家，确实起到了助推经济 、贸易发展的作用，但由于在此制度下，一国对另一国的债权只能用以抵消对该国的债务，或用以支付从对方的进口，而不能用来抵偿对任何第三国的债务，或用以支付从对方的进口，因此，双边清偿的失衡问题时有发生，尤其是相对发达一方的顺差清偿困难现象突出。这一现象阻碍了双边结算制度的大规模推广。

小知识 1–1

双边结算制度

双边结算制度是特定历史阶段的产物。第一次世界大战以后，资本主义经济和政治陷入全面危机，严重的通货膨胀和国际支付危机，迫使有些交战国取消了外汇自由，实行外汇管制。战争结束后，有些国家曾一度取消管制，恢复自由外汇。但是，1929—1933 年的世界经济危机，从根本上打乱了资本主义世界的积极秩序，货币制度和国际支付陷入严重的危机，市场争夺空前激烈。对外支付能力薄弱的国家为了减少国际支付逆差和保证外汇储备不致流失，纷纷实行外贸管制和外汇管制。但是，实施了这样的管制以后，本国商品的出口机会亦大为减少，因为甲国对乙国的出口商品予以限制，乙国对甲国的出口商品亦将予以同样的限制。为了摆脱这样的困境，资本主义国家之间，帝国主义国家和殖民地、附属国之间签订了清算协定(clearing agreement)，开展双边贸易和双边结算。把双方国家因贸易和非贸易引起的债权债务不用现汇进行结算，而是集中在双方的国家银行或它们所指定的银行，在一定的时间内进行结算。到 1937 年，资本主义国家之间签订的清算协定达 170 多个。当时德国通过清算协定清算的贸易额达到全部对外贸易额的 75% 。

双边结算对外汇资力薄弱的国家可以起到出口销售有保证，进口无须使用现汇，减少黄金、外汇储备流失的作用，但也可以被一些大国作为剥削、掠夺的工具，大国廉价取得原料，强行推销其工业品。另外，实行双边贸易和双边结算，进一步加深了资本主义各国之间的矛盾，使市场竞争更加白热化，给国际贸易的全面开展带来了不利的影响。

双边结算曾在我国的国际结算中占有很大比重，在 20 世纪 50 年代末和 60 年代初曾高达 70% 。新中国成立之初，国民经济处于恢复阶段，外汇储备并不富裕，而当时资本主义国家普遍实行外汇管制，美国又对我国封锁禁运，使我国对外贸易的发展受到相当大的限制。当时我国对外贸易发展的重点是社会主义国家，对苏联和东欧国家的贸易全部使用双边结算的方式。在与第三世界一些新独立国家的贸易中，因对方国家外汇短缺，无法使用多边清算方式，所以通过双方谈判，根据对等互利、互通有无的原则签订了贸易支付协定。20 世纪 60 年代初，民族解放运动风起云涌，非洲很多殖民地国家先后独立，为了支持这些国家民族经济的发展，我国和第三世界各国签订的支付协定有所增加，最多时达到 26 个。在这些支付协定中，我国严格尊重对方的主权和愿望，并在力所能及的范围内，向它们提供一些必需的物资，同时适当收购对方的滞销产品。20 世纪 70 年代以后，由于双边清算的顺差清偿困难，其在我国对外清算中的比重大幅度下降。

资料来源：贺瑛. 国际结算[M]. 上海：复旦大学出版社，2006：7-8。

三、集团性多边结算制度

集团性多边结算制度是介于双边结算制度与多边结算制度之间的一种结算制度。集团性多边结算制度的根基是双边结算制度，它是在双边结算基础上发展起来的一种制度，是双边结算制度在清算范围内的有限扩展。通常这样的结算制度需要有统一的清算货币、统一的清算机构，按照一定的清算程序，实现成员国之间有效的结算。比较有代表性的有 1949 年 1 月由东方国家成立的经济互助委员会（简称经互会）（Council for Mutual Economic Assistance，CMEA），和 1950 年 7 月成立的以西方国家为代表的欧洲支付同盟（European Payment Union，EPU）。

经互会成员国有苏联、保加利亚、匈牙利、波兰、捷克斯洛伐克、罗马尼亚、民主德国、蒙古、古巴、越南等。各成员国签订多边清算协定，由当时设在莫斯科的国际经济合作银行负责成员国之间的债权债务清算，使用的清算货币为“转账卢布”，当逆差国遇有账户资金不足的情形，可向国际经济合作银行申请贷款以偿付所欠债务。随着东欧的演变以及苏联的解体，该组织已不复存在。

小知识 1-2

经互会

1949 年 1 月，经济互助委员会（经互会）在莫斯科成立。成立之初，经互会并无一个完备的宪章，而只有一个公报发表，在近十年间，这个公报是阐明经互会目标的唯一文件。直到 1959 年，经互会宪章才通过。该宪章 1960 年 4 月 13 日生效。

1962 年和 1974 年对宪章进行了两次修改。经互会成立的公报指出该组织的目的是建立苏联和其他人民民主国家之间广泛的经济合作。该组织的宗旨是促进成员国人民生活水平的持续提高，逐渐平均富裕程度，加速经济和技术的进步，稳步提高劳动生产力，促进工业化，加强经济合作，提高社会主义经济的联合。1971年，经互会制定了《经济一体化纲要》，1979年又制定了《长期合作纲要》，通过“经济一体化”、“生产专业化”等计划加强成员国之间的经济合作。成员国最初有保加利亚、捷克斯洛伐克、匈牙利、波兰、罗马尼亚、苏联。1949年阿尔巴尼亚，1950年民主德国，1972年古巴，1978年越南、蒙古等也陆续加入了经互会。中国曾被接纳为观察员。由于东欧和苏联局势的巨变，1991年6月28日，经互会在布达佩斯举行了最后一次成员国大会，会议宣布经互会正式解散。

资料来源：www. baike. baidu。

欧洲支付同盟的参与方为欧洲经济合作组织成员国，负责集团清算的机构是国际清算银行(Bank of International Settlement，BIS)，当时的清算货币为欧洲支付同盟记账单位(unit of account)，该记账单位的含金量与美元相同，各成员国根据各自货币含金量计算出对记账单位的汇率，作为成员国债权债务的折算标准。通常的清算程序如下：成员国中央银行每月将其对其他成员国的双边债权债务通知国际清算银行，由国际清算银行其中冲抵，差额部分进行结算。差额在限度以内，部分黄金或美元支付，部分作为对欧洲支付同盟的信贷存欠；差额在限度以外，全额黄金或美元支付。欧洲支付同盟后为欧洲货币协定(European Monetary Agreement，EMA)所代替。由于执行情况不理想，该协定于1972年终止。

■ 本章小结

1. 国际结算(international settlement)指的是对于国家或地区之间由于政治、经济、文化等一系列活动所产生的跨国、跨境货币收付活动，通过一定的结算工具，凭借一定的结算方式，依托一定的支付结算体系加以了结的支付结算行为。

2. 国际结算的分类有多种，有以支付手段作为划分依据的，也有以业务种类作为划分依据的。在以支付手段作为划分依据的情形下，国际结算可分为现金结算、票据结算、凭单结算三种；在以业务种类作为划分依据的情形下，国际结算可分为国际贸易结算和国际非贸易结算。

3. 国际结算作为一种跨国(境)经济行为是国际金融领域的一个重要分支，国际结算以国际金融学和国际贸易学的理论、原则为指导，着重研究国际资金流动的顺利进行、债权债务的按期清偿和货币收付的及时实现。它是研究国际债权债务形式和方法，以及有关信用、资金融通理论和办法一般规律的科学。

4. 国际结算制度是指一个国家根据本国的外汇管理要求所制定的对外结算的总制度，包括结算方式、方法、工具及结算业务的操作秩序等。

5. 根据一国外汇管理程度的不同，我们可将国际结算制度分为多边结算制度、双边结算制度以及集团性多边结算制度。

6. 多边结算制度是指在外汇买卖自由的情况下，使用可兑换货币自发地在各国之间进行结算的一种制度。多边结算又称现汇结算。双边结算制度是指两国政府签订支付协定，开立清算账户，用集中抵消债权债务的办法，清算两国之间贸易和非贸易往来所产生的债权债务的一种制度。双边结算亦称记账结算，或协定结算。集团性多边结算制度是介于双边结算制度与多边结算制度之间的一种结算制度。集团性多边结算制度的根基是双边结算制度，它是在双边结算基础上发展起来的一种制度，是双边结算制度在清算范围内的有限扩展。

■ 关键术语

国际结算　国际贸易结算　国际非贸易结算　多边结算制度　双边结算制度　集团性多边结算制度

■ 复习思考题

1. 国际结算研究的对象是什么？
2. 国际结算制度是如何分类的？
3. 简述国际结算的演变历程。
4. 简述未来国际结算的发展趋势。

■ 延伸阅读

1. 吕栋，汪昊冥．双边本币结算模式与发展[J]．中国金融，2012(4)．
2. 陈彪如．国际金融概论[M]．3 版．上海：华东师范大学出版社，1996：503-525．

■ 本章参考文献

1. 贺瑛．国际结算[M]．上海：复旦大学出版社，2006．
2. 贺瑛．国际结算习题与案例[M]．上海：复旦大学出版社，2008．
3. 苏宗祥，徐捷．国际结算[M]．4 版．北京：中国金融出版社，2008．

第二章
国际结算法律环境

本章导言

通过本章学习，了解国际结算基本法律环境，掌握国际贸易条件解释规则，熟练掌握国际贸易术语，熟悉 INCOTERMS 2010 与 INCOTERMS 2000 的区别，掌握《托收统一规则》(URC)、《跟单信用证统一惯例》(UCP)等国际结算中的基本法律规定及国际惯例。

本章电子教案

(请扫描二维码)

本章知识结构图

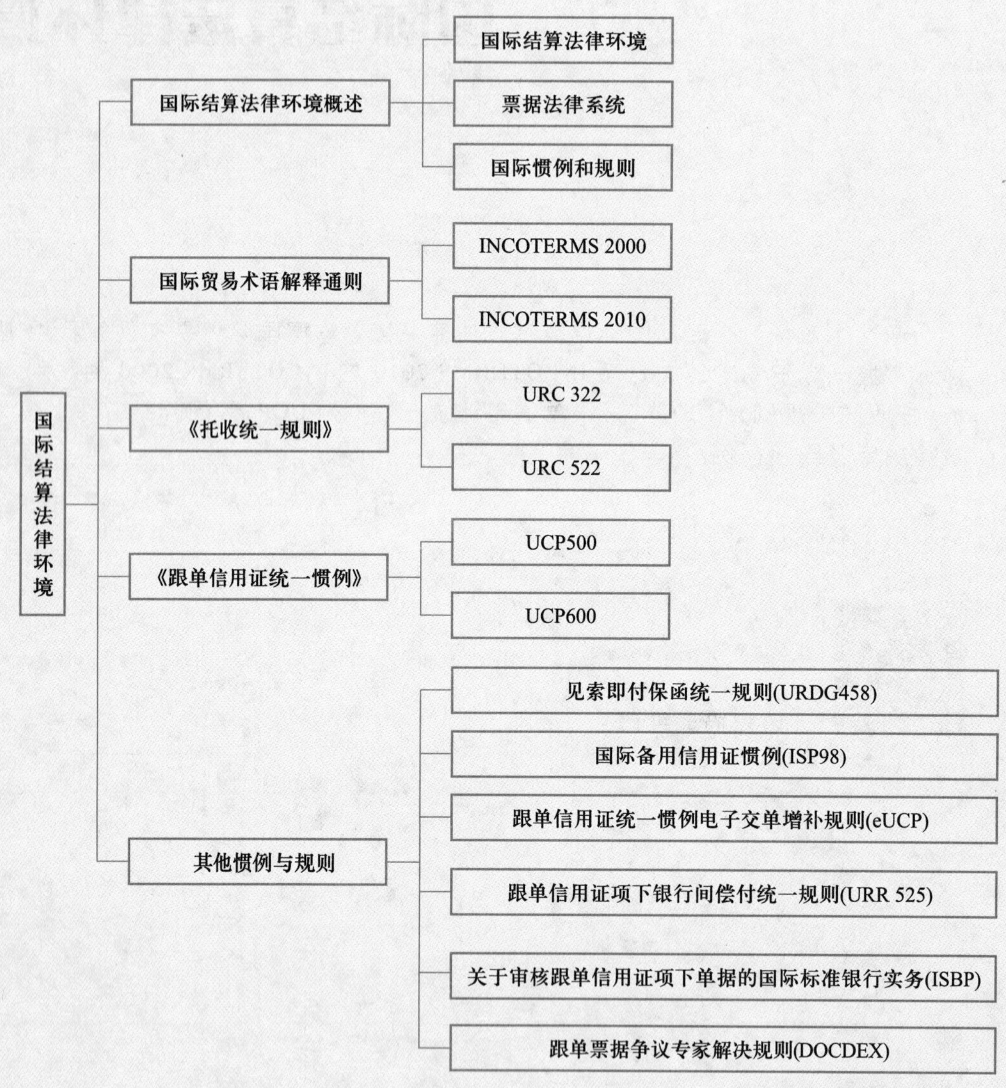

国际结算法律环境
国际结算法律环境概述
国际结算法律环境
票据法律系统
国际惯例和规则
国际贸易术语解释通则
INCOTERMS 2000
INCOTERMS 2010
《托收统一规则》
URC 322
URC 522
《跟单信用证统一惯例》
UCP500
UCP600
其他惯例与规则
见索即付保函统一规则(URDG458)
国际备用信用证惯例(ISP98)
跟单信用证统一惯例电子交单增补规则(eUCP)
跟单信用证项下银行间偿付统一规则(URR 525)
关于审核跟单信用证项下单据的国际标准银行实务(ISBP)
跟单票据争议专家解决规则(DOCDEX)

第一节 国际结算法律环境概述

一、国际结算法律环境

国际结算涉及多国的资金收付和债权债务清偿，因此国际结算的法律环境既包括结算双方所在国家的金融、贸易、货运等领域的法律和法规，也涉及共同遵守的国际惯例和公约。

二、票据法律系统

票据法是规范票据的种类、形式、内容及当事人权利和义务等项的法律。狭义的票据法，也叫形式票据法，指由国家立法机关按照一定体系编制颁行的名叫票据法的法律。如《中华人民共和国票据法》、《德国票据法》等。广义的票据法，又称实质票据法，指一切有关票据的法律规范。广义的票据法不仅包括名为票据法的票据规范，还包括其他法律中对票据的规定，如民法中可以适用于票据的规范(人的行为能力制度、代理制度、动产物权制度等)、民事诉讼法中关于票据的规定(公示催告和除权判决、票据纠纷的诉讼等规范)、刑法中有关票据的规定(如伪造有价证券罪)、公证制度中关于拒绝证书的规定、破产法中关于票据当事人受破产宣告的规定、行政法规和规定中关于票据的规定。

目前世界上最具影响力的两大法系是以《英国票据法》为基础的英美法系和以《日内瓦统一法》为代表的欧洲大陆法系。

(一) 英美法系

1882 年英国颁布《票据法》(Bills of Exchange Act)，规定了汇票、本票的票据法规，支票包括在汇票之内。1957 年另定支票法修正案 8 条。

主要特点：

(1) 制定了一套完整的流通票据制度，使票据更充分地发挥流通工具作用。对正当持票人的权利、票据的正常流通和信用作用都给予法律保护。

（2）适当地保护了国际结算中介——银行权益，提高了银行工作效率。

美国1952年制定了《统一商法典》，第三编“商业票据”是在英国《票据法》基础上制定而成的。英联邦成员国如加拿大、印度、澳大利亚、新西兰都制定了票据法。虽在法律条文上和英国《票据法》有许多不同之处，但均归在英美法系中。

（二）欧洲大陆法系

1. 法国

1807年颁布了《商法典》，其中第一编第八章规定了票据法。1865年又制定了《支票法》。主要特点是将票据作为代替现金输送的工具，而较少考虑票据作为流通手段和信用工具的功能。对欧洲大陆意大利、荷兰、比利时、西班牙等国后来制定票据法均产生过较大影响。

2. 德国

1871年颁布《票据法》，1908年颁布《支票法》。德国《票据法》较为注重票据的流通作用和信用作用。采用较为严格的形式，强调票据是一种文义、无因证券。欧洲大陆的奥地利、瑞士、葡萄牙、丹麦、瑞典、挪威及亚洲日本等国票据法均属德国票据法系统

3. 欧洲大陆法系

国际联盟先后于1930、1931年在日内瓦召开国际票据法会议，协调德国法系、法国法系和英美法系的矛盾和冲突，统一各国票据法。会上通过了四个公约：《1930年统一汇票、本票法公约》；《1930年解决汇票、本票关于法律冲突的公约》、《1930年统一支票法公约》、《1931年解决支票关于法律冲突的公约》。合并为《日内瓦统一法》。以德、法为代表参加《日内瓦统一法》签字的国家形成了欧洲大陆法系。

（三）法的冲突

国内票据行为发生在国内，受本国票据法约束；国际票据在某一国出票，另一国付款，背书和转让还可能发生在第三国，涉及多个国家。各国法律不同，故发生究竟以哪一国法律为准的问题。即法的冲突。

遵循原则：

（1）票据有效性以出票地法为准。

（2）票据开立、背书、承兑、提示等票据行为以行为地法为准。

（3）在另一国付款的远期票据，其到期日的计算以付款地法为准。

（四）我国的票据法

1995年5月10日第八届全国人大常委会第十三次会议公布《中华人民共和国票据法》，1996年1月1日正式实施。内容分为总则、汇票、本票、支票、涉外票据的法律适用、法律责任和附则七个部分。涉外票据的法律适用部分确立了我国票据法的国

际地位，完成了与国际票据法的对接。

三、国际惯例和规则

19世纪以来，随着资本主义生产方式的产生、现代商品经济的发展和市场范围的扩大，为了避免由于各国法律规定不同而给国际商事交往带来不便，各国在制定本国旨在解决不同国家的法律冲突的规范时，也开始寻求共同制定旨在避免法律冲突的国际统一实体规范，即国际双边和多边条约中的规范。当世界进入20世纪后，随着致力于协调国际政治和经济关系的国际组织的出现，以往那些杂乱无章的商人习惯法经过国际商会(The International Chamber of Commerce, ICC)、国际法协会(International Law Association)等国际组织的整理、编纂，开始呈现成文的形式，形成一定的惯例和规则。如在国际商事交易中普遍适用并被公认为国际惯例的《国际贸易术语解释通则》(International Rules for the Interpretation of Trade Terms, INCOTERMS)、《托收统一规则》(The Uniform Rules for Collection, URC)、《跟单信用证统一惯例》(Uniform Customs and Practice for Documentary Credits, UCP)、《国际备用信用证惯例》(International Standby Practices, ISP)、《见索即付保函统一规则》(The Uniform Rules for Demand Guarantees, URDG)、《关于审核跟单信用证项下单据的国际标准银行实务》(International Standard Banking Practice for the Examination of Documents under Documentary Credits, ISBP)、《跟单信用证统一惯例电子交单增补规则》(UCP Supplement for Electronic Presentation, eUCP)、《跟单信用证项下银行间偿付统一规则》(The Uniform Rules for bank－to－bank Reimbursement Under Documentary Credits, URR)、《跟单票据争议专家解决规则》(ICC Rules for Documentary Instruments Dispute Resolution Expertise, DOCDEX)等。

小知识2-1

国际商会与国际法协会

国际商会由美国商会发起，1920年6月成立，总部设在巴黎。是由世界各地的生产商、制造商、贸易商、银行家、保险公司、运输公司、法律经济专家等组成的国际性非政府机构。其宗旨是促进各国工商界人士与团体的联系与了解，制定共同规则，反对贸易保护主义，促进商品、服务、资金和技术交流等。拥有40多个专业委员会，130多个国家和地区的近万个经贸团体和公司会员。1994年11月正式接纳我国为会员国。INCOTERMS、UCP等国际贸易惯例均为该组织编纂、整理而成。

国际法协会成立于1875年，总部设在伦敦，现在包括50个国家分支机构和1个执行理事，主席是哈德利的Slynn勋爵阁下。国际法协会的宗旨是：研究、诠释和促进国际公法和国际私法；研究比较法律；提出解决法律冲突的办法；统一法律并促进国际理解和善意。迄今，国际法协会已举行了67次国际大会，其中许多大会给国际法领域带来了历史性的进展，如《约克—安特卫普共同海损规则》(1877年，安特卫普)等。

国际惯例是指在法律上没有明文规定但为国际普遍接受的通行做法。国际规则是指国际性的行业规定。国际惯例必须在国际范围内或在某一个行业的国际范围内，被人们经常不断地反复采用，必须具有明确的、易于被人们接受的内容，还必须在国际范围内为人们所公认并对当事人具有约束力。其作用在于：第一，可以促进国际经贸发展。具有特殊地位和重要性。不成文法规，相对稳定，较为客观、公平。第二，可以避免法律冲突。不涉及国际主权，确定当事人之间的权利和义务，调整经济关系，解决经济纠纷。第三，有利于建立自由、平等、公正、合理、互惠互利的国际贸易新秩序。

第二节

国际贸易术语解释通则

为避免和减少因各国不同贸易术语解释而出现的不确定性，国际商会为统一各种贸易术语解释于1936年制定了《国际贸易术语解释通则》(International Rules for the Interpretation of Trade Terms, INCOTERMS)，是主要用于跨国(境)的货物销售交付的一套国际商业术语。

需要强调的是，INCOTERMS涵盖的范围只限于销售合同当事人的权利、义务中与已售货物(指有形的货物，不包括无形的货物，如电脑软件)交货有关的事项。而且关于INCOTERMS,有几个值得提及的问题：

首先，INCOTERMS只涉及销售合同中买卖双方的关系,而且，只限于一些非常明确的方面。对进口商和出口商来讲，考虑那些为完成国际销售所需要的各种合同之间的实际关系当然是非常必要的。完成一笔国际贸易不仅需要销售合同，而且需要运输合同、保险合同和融资合同，而INCOTERMS只涉及其中的一项合同,即销售合同。虽然如此，当双方当事人同意使用某一个具体的贸易术语时，将不可避免地对其他合同产生影响。举例说明。卖方同意在合同中使用CFR和CIF术语时，他就只能以海运方式履行合同，因为在这两个术语下他必须向买方提供提单或其他海运单据，而如果使用其他运输方式，这些要求是无法满足的。而且，跟单信用证要求的单据也必然取决于准备使用的运输方式。

其次，INCOTERMS涉及为当事人设定的若干特定义务,如卖方将货物交给买方处置，或将货物交运或在目的地交货的义务，以及当事双方之间的风险划分。

最后，INCOTERMS 涉及货物进口和出口清关、货物包装的义务，买方受领货物的义务，以及提供证明，证明各项义务得到完整履行的义务。尽管 INCOTERMS 对于销售合同的执行有着极为重要的意义，但销售合同中可能出现的许多问题却并未涉及，如货物所有权和其他产权的转移、违约、违约行为的后果以及某些情况下的免责等。

通常，INCOTERMS 不涉及违约的后果或由于各种法律阻碍导致的免责事项，这些问题必须通过销售合同中的其他条款和适用的法律来解决。

随后，为适应国际贸易实践发展的需要，国际商会先后于 1953 年、1967 年、1976 年、1980 年和 1990 年进行过多次修订和补充。1980 年修订本引入了货交承运人（现在为 FCA）术语，其目的是为了适应在海上运输中经常出现的情况，即交货点不再是传统的 FOB 点（货物越过船舷），而是在将货物装船之前运到陆地上的某一点，在那里将货物装入集装箱，以便经由海运或其他运输方式（即所谓的联合或多式运输）继续运输。

在 1990 年的修订本中，涉及卖方提供交货凭证义务的条款在当事人同意使用电子方式通信时，允许用电子数据交换（EDI）信息替代纸面单据。毫无疑问，为了使 INCOTERMS 更利于实务操作，其草拟和表述一直都在改进。

1999 年，国际商会广泛征求世界各国从事国际贸易的各方面人士和有关专家的意见，通过调查、研究和讨论，对实行 60 多年的《国际贸易术语解释通则》进行了全面的回顾与总结。为使贸易术语更进一步适应世界上无关税区的发展、交易中使用电子信息的增多以及运输方式的变化，国际商会再次对《国际贸易术语解释通则》进行修订，并于 1999 年 7 月公布《2000 年国际贸易术语解释通则》（INCOTERMS 2000），简称《2000 年通则》，于 2000 年 1 月 1 日生效。2010 年 9 月 27 日，国际商会正式推出《2010 年国际贸易术语解释通则》（INCOTERMS 2010），简称《2010 年通则》，与 INCOTERMS 2000 并用，新版本于 2011 年 1 月 1 日正式生效。

一、《2000 年国际贸易术语解释通则》（INCOTERMS 2000）

INCOTERMS 2000 由国际商会于 1999 年 7 月正式公布，于 2000 年 1 月 1 日生效，共包括四组，即 E 组、F 组、C 组和 D 组，13 个术语。如表 2-1 所示。

表 2-1　INCOTERMS 2000 术语

EXW	EX WORKS(... named place)工厂交货条件
FCA	FREE CARRIER(... named place)交至承运人条件
FAS	FREE ALONGSIDE SHIP(... named port of shipment)船边交货条件
FOB	FREE ON BOARD(... named port of shipment)装运港船上交货条件

续表

CFR	COST AND FREIGHT(... named port of destination)成本加运费条件
CIF	COST, INSURANCE AND FREIGHT(... named port of shipment)成本加运保费交货条件
CPT	CARRIAGE PAID TO(... named port of shipment)运费付至……交货条件
CIP	CARRIAGE AND INSURANCE PAID TO(... named port of shipment)运保费付至……交货条件
DAF	DELIVERED AT FRONTIER(... named place)边境交货条件
DES	DELIVERED EX SHIP(... named port of shipment)目的港船上交货条件
DEQ	DELIVERED EX QUAY(... named port of shipment)目的港码头交货条件
DDU	DELIVERED DUTY UNPAID(... named port of shipment)未完税交货条件
DDP	DELIVERED DUTY PAID(... named port of shipment)完税交货条件

二、《2010年国际贸易术语解释通则》(INCOTERMS 2010)

INCOTERMS 2010 于 2010 年 9 月 27 日由国际商会公布，于 2011 年 1 月 1 日开始全球实施。虽然 INCOTERMS 2010 于 2011 年 1 月 1 日正式生效，但并非 INCOTERMS 2000 就自动作废。因为国际贸易惯例本身不是法律，对国际贸易当事人不产生必然的强制性约束力。国际贸易惯例在适用的时间效力上并不存在“新法取代旧法”的说法，即并非 INCOTERMS 2010 实施之后 INCOTERMS 2000 就自动废止，当事人在订立贸易合同时仍然可以选择适用 INCOTERMS 2000 甚至 INCOTERMS 1990。

INCOTERMS 2010 较 INCOTERMS 2000 更准确标明各方承担货物运输风险和费用的责任条款，令船舶管理公司更易理解货物买卖双方支付各种费用时的角色，有助于避免现时经常出现的码头处理费(THC)纠纷。此外，新通则亦增加大量指导性贸易解释和图示，以及电子交易程序的适用方式。

(一)《2010年通则》的适用范围

INCOTERMS 2010 中将贸易术语划分为适用于各种运输的 CIP、CPT、DAP、DAT、DDP、EXW、FCA 和只适用于海运和内河运输的 CFR、CIF、FAS、FOB，并将术语的适用范围扩大到国内贸易中，赋予电子单据与书面单据同样的效力，增加对出口国安检的义务分配，要求双方明确交货位置，将承运人定义为缔约承运人。这些都在很大程度上反映了国际货物贸易的实践要求，并进一步与《联合国国际货物销售合同公约》及《鹿特丹通则》衔接。

(二)《2010年通则》的主要变化

INCOTERMS 2010 与 INCOTERMS 2000 相比主要变化有：

(1) 贸易术语的数量由原来的 13 种变为 11 种。

（2）删除 INCOTERMS 2000 中四个 D 组贸易术语，即 DDU（delivered duty unpaid）、DAF（delivered at frontier）、DES（delivered ex ship）、DEQ（delivered ex quay），只保留了 INCOTERMS 2000D 组中的 DDP（delivered duty paid）。

（3）新增加两种 D 组贸易术语，即 DAT（delivered at terminal）与 DAP（delivered at place）。所谓 DAT 和 DAP 术语，是“实质性交货”术语，将货物运至目的地过程中涉及的所有费用和风险由卖方承担。此术语适用于任何运输方式，因此也适用于各种 DAF、DES、DEQ 以及 DDU 以前被使用的情形。

（4）E 组、F 组、C 组的贸易术语不变。

（三）贸易术语

INCOTERMS 2010 中将贸易术语分为 11 种，如表 2-2 所示。每一术语订明买卖双方应尽的义务，以供商人自由采用。

表 2-2 INCOTERMS 2010 术语

EXW	EX WORKS(...named place)工厂交货条件
FCA	FREE CARRIER(...named place)交至承运人条件
FAS	FREE ALONGSIDE SHIP(...named port of shipment)船边交货条件
FOB	FREE ON BOARD(...named port of shipment)装运港船上交货条件
CFR	COST AND FREIGHT(...named port of destination)成本加运费条件
CIF	COST, INSURANCE AND FREIGHT(...named port of shipment)成本加运保费交货条件
CPT	CARRIAGE PAID TO(...named port of shipment)运费付至……交货条件
CIP	CARRIAGE AND INSURANCE PAID TO(...named port of shipment)运保费付至……交货条件
DAT	Delivered At Terminal(...named place)目的港交货条件
DAP	(new delivery term) Delivered At Place 特定地点交货条件
DDP	DELIVERED DUTY PAID(...named port of shipment)完税交货条件

从整体上看，INCOTERMS 2010 将这11 种术语分成了截然不同的两类。

第一类包含那些适用于任何运输方式，包括多式运输的七种术语：EXW、FCA、CPT、CIP、DAT、DAP 和 DDP。这些术语可以用于没有海上运输的情形。但要谨记，这些术语能够用于船只作为运输的一部分的情形，只要在卖方交货点，或者货物运至买方的地点，或者两者兼备，风险转移。

第二类实际上包含了比较传统的只适用于海运或内河运输的 4 种术语。这类术语条件下，卖方交货点和货物运至买方的地点均是港口，所以“唯海运不可”就是这类术语标签。FAS、FOB、CFR、CIF 属于这类术语。

第三节

《托收统一规则》

《托收统一规则》主要是为了减少托收业务各有关当事人可能产生的矛盾和纠纷而制定的。

一、《托收统一规则》的形成与发展

国际商会为统一托收业务的做法，减少托收业务各有关当事人可能产生的矛盾和纠纷，曾于1958年草拟《商业单据托收统一规则》(The Uniform Rules for Collection, ICC Publication No. 322，URC 322)。为了适应国际贸易发展的需要，国际商会在总结实践经验的基础上，于1995年对该规则进行了修订，改名为《托收统一规则》，即国际商会第522号出版物(URC 522)，1996年1月1日实施。《托收统一规则》自公布实施以来，被各国银行所采用，已成为托收业务的国际惯例。需要注意的是，该规则本身不是法律，因而对一般当事人没有约束力。只有在有关当事人事先约定的条件下，才受该惯例的约束。

二、URC 522 综述

《托收统一规则》(URC 522)共7部分，26条。包括：总则及定义，托收的形式和结构，提示方式，义务与责任，付款，利息、手续费及其他费用，其他规定。根据《托收统一规则》规定，托收意指银行根据所受的指示，处理金融单据或商业单据，目的在于取得付款和/或承兑，凭付款和/或承兑交单，或按其他条款及条件交单。上述定义中所涉及的金融单据是指汇票、本票、支票或其他用于付款或款项的类似凭证；商业单据是指发票、运输单据、物权单据或其他类似单据，或除金融单据之外的任何其他单据。

小知识 2-2

《托收统一规则》(URC 522)构成与内容

国际商会第522号出版物(URC522)于1996年1月1日实施，具体内容如下：

A. General Provisions and Definitions 总则与定义

Application of URC 522《托收统一规则》第522号的应用

Definition of Collection 托收的定义

Parties to a Collection 托收的当事人

B. Form and Structure of Collections 托收的形式和结构

C. Form of Presentation 提示的形式

Presentation 提示

Sight/Acceptance 即期/承兑

Release of Commercial Documents 放单

Documents Against Acceptance(D/A) vs Documents Against Payment(D/P) 承兑交单和付款交单

Creation of Documents 代制单据

D. Liabilities and Responsibilities 义务和责任

Good Faith and Reasonable Care 善意和合理的谨慎

Documents vs. Goods/Services/Performances 单据与货物/服务/行为

Disclaimer for Acts of an Instructed Party 对被指示的免责

Disclaimer on Documents Received 对收到单据的免责

Disclaimer on Effectiveness of Documents 对单据有效性的免责

Disclaimer on Delays, Loss in Transit and Translation 对单据在传送中的延误和损坏以及对翻译的免责

Force Majeure 不可抗力

E. Payment 付款

Payment Without Delay 立即汇付

Payment in Local Currency 以当地货币支付

Payment in Foreign Currency 用外汇付款

Partial Payment 分期付款

F. Interest, Charges and Expenses 利息、手续费和费用

Interest 利息

Charges and Expenses 手续费和费用

G. Other Provisions 其他条款

Acceptance 承兑

Promissory Notes and other Instructions 本票和其他凭证

Protest 拒绝证书

Case-of-Need 必要时的代理人

Advices 通知

三、URC 522 与 URC 322 的区别[①]

URC 322 除前言外，共 23 条，依次规定义务和责任、提示、付款、承兑、期票收据和其他类似支付凭证、需要时的代理和货物的保护、托收结果的通知及其他、利息及手续费和费用，共 7 部分。URC 522 在体例上对 URC 322 作了重大变动，URC 522 共26 条，分总则及定义，托收的形式和结构，提示方式，义务与责任，付款，利息、手续费及其他费用，其他费用 7 部分，并且 URC 522 对每一条文都冠以标题以便准确理解与运用。URC 522 将 URC 322 原有条文全部吸纳，但对原条文作了修订，且将原条文所属章节作了变动，URC 322 的许多条文成为 URC 522 条文的款项。

银行业务程序上的变动在于各银行仅对向其发出托收指示的一方负责，同时，各银行因托收而发生的费用也首先由向其发出托收指示的一方负担，尽管这些费用最终将由委托人负担。对托收业务中各银行如代收行、提示行的选择以及寄送单据和托收指示的路线也均作了明确规定。URC 522 强化了银行的通知义务，在有通知义务的情况下，银行必须以电讯方式，在不可能采用电讯方式情况下，银行应诚信并谨慎从事。URC 522 也增加了对银行免责的情况，由于托收业务中，银行是以代理人的身份进行操作，而不是如跟单信用证业务那样承担义务，因此免责情形更多。

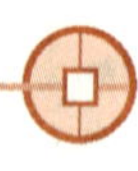

第四节 《跟单信用证统一惯例》

一、《跟单信用证统一惯例》概述

《跟单信用证统一惯例》(Uniform Customs and Practice for Documentary Credits, UCP)，是国际银行界、律师界、学术界自觉遵守的“法律”，是全世界公认的、到目前为止最为成功的一套非官方规定。

为明确信用证有关当事人的权利、责任、付款的定义和术语，减少因解释不同而引起各有关当事人之间的争议和纠纷，调和各有关当事人之间的矛盾，国际商会于1930 年拟定一套《商业跟单信用证统一惯例》，并于 1933 年正式公布。

随着国际贸易变化，国际商会分别在 1951 年、1962 年、1974 年、1978 年、1983

① 参见邓旭.《托收统一规则》“522” 与 “322” 的比较[J]，对外经贸实务，1996(3).

年、1993 年进行了多次修订，称为《跟单信用证统一惯例》，被各国银行和贸易界所广泛采用，已成为信用证业务的国际惯例。但其本身不是一个国际性的法律规章。现行的是 2007 年版本，从 2007 年 7 月起，《跟单信用证统一惯例(2007 年修订本)》(UCP600)开始执行。

二、UCP 600 综述

UCP 600 共有39 个条款，比 UCP 500 少 10 条，但却比 UCP 500 更准确、清晰，更易读、易掌握、易操作。

UCP 500 中一些内容过时或超出 UCP 范围的条款被删除，同时 UCP 600 又新增了一些条款。除了明显的条款增删外，UCP 600 在结构、措辞以及内容方面作了许多重要修改。UCP 600 在结构上有一个重要变化，即在第二条和第三条中汇总了概念和某些词语在本惯例下的特定解释，把原本散落在各个条款中的解释定义归集在一起，使全文变得清晰。同时，在条文编排上参照了 ISP 98 的模式，按照业务过程对条款进行归结，把通知、修改、审单、偿付、拒付等环节涉及的条款集中，使得对每一问题的规定更加明确和系统化，极大地方便了使用者。

在措辞方面，由于 UCP 500 的某些条文晦涩难懂，信用证从业人员较难准确理解，从而导致操作时的众多争议。UCP 600 在修订之初就定下尽量使用通俗、准确语言的基调。

三、UCP 600 内容的重要发展

它将一个环节涉及的问题归集在一个条款中；将 L/C 业务涉及的关系方及其重要行为进行了定义，如第二条的 14 个定义和第三条对具体行为的解释。

第一，把 UCP 500 难懂的词语改变为简洁明了的语言，取消了易造成误解的条款，如“合理关注”、“合理时间”及“在其表面”等短语。有人说这一改变会减少昂贵的庭审，意指法律界人士丧失了为论证或反驳“合理”、“表面上”等而收取高额费用的机会。

第二，UCP 600 取消了无实际意义的许多条款。如“可撤信用证”、“风帆动力批注”。“货运代理提单”及 UCP 500 第5条“信用证完整明确要求”和第 12 条有关“不完整不清楚指示”的内容也从 UCP 600 中消失。

第三，UCP 600 的新概念描述极其清楚、准确。如兑付(honor)定义了开证行、保兑行、指定行在信用证项下，除议付以外的一切与支付相关的行为；议付(negotiation)，强调是对单据(汇票)的买入行为，明确可以垫付或同意垫付给受益人，按照这个定义，远期议付信用证就是合理的。另外还有“相符交单”、“申请人”、“银行日”等。

第四，更换了一些定义。如对审单做出单证是否相符决定的天数，由“合理时

间”变为“最多为收单翌日起第5个工作日”。又如“信用证”UCP 600仅强调其本质是“开证行一项不可撤销的明确承诺，即兑付相符的交单”。再如开证行和保兑行对于指定行的偿付责任，强调是独立于其对受益人的承诺的。

第五，方便贸易和操作。UCP 600有些特别重要的改动。如拒付后的单据处理，增加了“拒付后，如果开证行收到申请人放弃不符点的通知，则可以释放单据”；增加了拒付后单据处理的选择项，包括持单候示、已退单、按预先指示行事。这样便利了受益人和申请人及相关银行操作。又如转让信用证方面，UCP 600强调第二受益人的交单必须经转让行。但当第二受益人提交的单据与转让后的信用证一致，而第一受益人换单导致单据与原证出现不符时，又在第一次要求时不能做出修改的，转让行有权直接将第二受益人提交的单据寄开证行。这项规定保护了正当发货制单的第二受益人的利益。再如单据在途中遗失，UCP 600强调只要单证相符，即只要指定行确定单证相符并已向开证行或保兑行寄单，不管指定行是兑付还是议付，开证行及保兑行均对丢失的单据负责。这些条款的规定，都大大便利了国际贸易及结算的顺利进行。

第五节

其他惯例与规则

一、《见索即付保函统一规则》(URDG 458)

《见索即付保函统一规则》(The Uniform Rules for Demand Guarantees ICC Publication No. 458)，即国际商会第458号出版物(URDG 458)，是国际商会制定的有关保函的国际惯例。

随着银行保函在国际上使用的范围不断扩大，其内容也逐渐复杂化，为了便于研究和使用，国际商会于1978年制定了《合同保函统一规则》(URCG 325)，1982年又制定了《开立合约保证书模范格式》，供实际业务参考和使用。以后随着国际经济贸易的发展和变化，1991年国际商会又对《合同保函统一规则》进行了修订，并于1992年4月出版发行《见索即付保函统一规则》。

《见索即付保函统一规则》(URDG 458)由导言与规则的适用范围、定义及总则、义务与责任、要求、效期的规定、适用法律及司法管辖权6部分共28条组成。

《见索即付保函统一规则》阐述了该规则的目的及适用范围，各当事人的合理愿望，及国际商会对鼓励采用好的、有关各方均感公平的见索即付保函惯例所给予的关注。当出现违约时，在要求快速补偿的受益人和要求防范不适当要求的委托人之间保持一种公正的平衡。该规则为担保人与受益人之间、指示人与担保人之间，在某些方面还为委托人与担保人或指示人之间的交易提供了一个合同框架。

二、《国际备用信用证惯例》(ISP 98)

由于《跟单信用证统一惯例》主要是为商业信用证制定的规则，致使备用信用证的许多特点在《跟单信用证统一惯例》中无法得到充分体现，诸如涉及备用信用证的期限较长、自动展期、要求转让，请求受益人为另一受益人作出其自身承诺等，没有规定，由此造成备用信用证解释上的不确定性，极易导致纠纷。这就需要更专门的行为规则。为此，1998 年 4 月 6 日，美国国际金融服务协会、国际银行法律与实务学会和国际商会银行技术与实务委员会共同组织起草了《国际备用信用证惯例》(International Standby Practices，ISP 98)，1998 年 12 月国际商会公布了《国际备用信用证惯例》，于 1999 年 1 月 1 日生效，并被定为国际商会第 590 号出版物，在全世界推广使用。它填补了备用信用证国际规范方面的空白。

《国际备用信用证惯例》(ISP 98)是根据《联合国关于独立保函和备用信用证的公约》，在参照国际商会《跟单信用证统一惯例》(UCP 500)和《见索即付保函统一规则》(URDG 458)的基础上根据备用信用证的特点制定的，它对常用的备用信用证，如履约备用信用证、预付备用信用证、投标备用信用证、反担保备用信用证、融资备用信用证、保险备用信用证、商业备用信用证和直接付款备用信用证等下了定义。

《国际备用信用证惯例》包括序言与 10 条正文，共 89 款。这 10 条为：总则(本规则的范围、适用、定义和解释，一般原则，术语)；义务；提示；审核；单据的通知、排除和处理；转让、让渡及因法律规定转让(提款权利转让，款项让渡的确认，因法律规定转让)；撤销；偿付义务；时间安排；联合开证/权益份额。

三、《跟单信用证统一惯例电子交单增补规则》(eUCP)

近年来，随着电子商务的迅猛发展。继以电子方式开立、通知信用证之后，在信用证业务中，使用电子单据、电子交单等新业务也在一些国家出现。为保证这种新的电子信用证业务健康有序地发展，国际商会银行委员会在 2001 年年底投票表决通过了由其专家小组起草的《跟单信用证统一惯例电子交单增补规则》(UCP Supplement for Electronic Presentation，eUCP)(1.0 版)，该规则已于 2002 年 4 月 1 日正式生效。在 UCP 600 的修订过程中，ICC 将 eUCP 也作了相应的修订，更新为 1.1 版，并把 eUCP (1.1 版)作为 UCP 600 的附则公布于世。

在国际贸易结算中，跟单信用证是目前使用最广的一种结算方式，国际商会制定的《跟单信用证统一惯例》(UCP 600)是目前所有信用证业务均遵守的国际规则。而顺应电子商务的发展，ICC 又于 2002 年制定了 eUCP,2002 年 4 月 1 日生效，对信用证业务中电子交单的有关问题作出了专门规定。

eUCP 共12 条，包括适用范围、eUCP 与 UCP 的关系、定义、格式、交单、审核、拒绝通知、正本与副本、出单日期、运输、交单后电子记录的损坏、eUCP 电子交单的额外免责。明确了一些贸易术语在电子单据与纸制单据的不同定义；规定了电子交单的格式与电子拒绝通知的操作；明确了银行系统无法收到电子记录以及电子记录损坏的后果；定义了电子正本单据等核心问题。与 UCP 一样，eUCP 也不是法律，而是习惯规则的成文法典化。但不同于 UCP 的是，《eUCP》涉及了商法中多个方面的问题，包括信用证法和电子商务法。因此，在 eUCP 中会碰到许多 UCP 中没有的潜在法律分支问题。电子信用证的诞生解决了电子商务中结算支付的电子化问题，eUCP 和电子商务法在立法目的、立法精神以及主要内容上有着紧密的联系。

四、《跟单信用证项下银行间偿付统一规则》(URR 525)

《跟单信用证项下银行间偿付统一规则》(The Uniform Rules for bank-to-bank Reimbursement Under Documentary Credits)，为国际商会第 525 号出版物(URR 525)，是国际商会制定的有关国际结算方面的惯例，1996 年 7 月 1 日生效。

信用证方式是国际贸易中通常使用的一种支付方式，国际商会制定的《跟单信用证统一惯例》(UCP 500)，明确了信用证有关当事人的权利、责任、付款的定义和术语，减少了因解释不同而引起各有关当事人之间的争议和纠纷，调和了各有关当事人之间的矛盾，但银行之间的偿付规定较为原则，仍常引起争议。为解决银行间偿付的程序问题，国际商会制定了《跟单信用证项下银行间偿付统一规则》(URR 525)。该规则是对《跟单信用证统一惯例》第 19 条的实质性补充，它是便利银行间偿付的程序，有利于推动银行间偿付在世界范围实行和标准化的进程。

《跟单信用证项下银行间偿付统一规则》(URR 525)包括总则和定义、责任和义务、偿付授权、修改和索偿要求的形式及通知、其他条款 5 部分，共 17 条。

在 UCP 600 产生后，为了与之对应，国际商会于 2008 年 7 月对 URR 525 做出了修订，定为 URR 725，并于 2008 年 10 月 1 日实施。

五、《关于审核跟单信用证项下单据的国际标准银行实务》(ISBP)

《关于审核跟单信用证项下单据的国际标准银行实务》(International Standard Banking Practice for the Examination of Documents under Documentary Credits，ISBP)包括引言及 200 个条文，对跟单信用证的常见条款和单据都作出了具体的规定。

ISBP 提供了一套审核适用 UCP 500 的信用证项下的单据的国际惯例，它对于各国正确理解和使用 UCP 500，统一和规范各国信用证审单实务，减少拒付争议的发生具有重要的意义。ISBP 是银行、进出口商、律师、法官和仲裁员在使用 UCP 500 处理信用证实务和解决争端时的重要依据，对各国国际业务从业人员正确理解和使用 UCP 500，统一和规范信用证单据的审核实务，减少不必要的争议具有重要意义，也是 UCP 600 订立的重要标准。

信用证业务的全部内容就是处理单据，正确审核信用证项下的单据是信用证业务顺利进行的关键。信用证业务最主要的依据——UCP 500 在第 13 条规定，银行应依据“国际标准银行实务”审核单据。但是 UCP 500 并没有明确指出何为“国际标准银行实务”。由于没有统一的国际标准和各国对 UCP 500 的理解的不统一,信用证在第一次交单时被认为存在不符点而遭到拒付的比例已达到 60% ~70%，不仅引发大量争议，也严重影响了国际贸易的正常发展。因此，国际商会银行委员会于 2000 年 5 月成立了一个专门工作组对世界主要国家审单惯例加以统一编纂和解释。专门工作组以美国国际金融服务协会制定的惯例为基础，收集了世界上有代表性的 50 多个国家的银行审单标准，结合国际商会汇编出版的近 300 份意见并邀请了 13 个国家的贸易融资业务专家和法律专家于 2002 年 4 月份完成了 ISBP 的初稿并向全世界的银行征询意见。2003 年 1 月，ISBP 作为国际商会第645 号出版物正式出版。2006 年出版了 UCP 600，所以 ISBP 于2007 年更新为 ISBP 681。

ISBP 包括引言及200 个条文，它规定了信用证单据制作和审核所应该遵循的一般原则。ISBP 的200 个条文共分为 11 部分，包括先期问题，一般原则，汇票与到期日的计算，发票，海洋/海运提单(港到港运输)，租船合约提单，多式联运单据，空运单据，公路、铁路或内河运输单据，保险单据，原产地证明。ISBP 较 UCP 500 增加了许多新的内容,例如原产地证明、缩略语、未定义的用语、语言、数学计算、拼写错误及/或打印错误、多页单据的附件或附文、唛头等。

六、《跟单票据争议专家解决规则》(DOCDEX)

《跟单票据争议专家解决规则》(ICC Rules for Documentary Instruments Dispute Resolution Expertise，ICC Publication No. 811，简称 DOCDEX)由国际商会银行委员会制定,于 1997 年 10 月公布实施，2002 年 3 月修订。解决由于适用《跟单信用证统一惯例》(Uniform Customs and Practice for Documentary Credits，UCP)和《跟单信用证项下银行间偿付统一规则》(Uniform Rules for Bank-to-Bank Reimbursements under Documentary Credits，URR)引发的争议。

为适应新的形势要求，银行委员会于 2002 年 3 月修订时，将 DOCDEX 的适用范围扩展到其他的国际商会规则,包括《托收统一规则》和《见索即付保函统一规则》，以使更多的用户可从中获益，因而相应地将 DOCDEX 的名称也由原来的《跟单信用证争议专家解决规则》(Documentary Credits Dispute Resolution Expertise，ICC Publication No. 577)调整为《跟单票据争议专家解决规则》(DOCDEX)。

根据此规则，信用证当中的任何一方当事人与其他当事人就信用证产生了争议，可以向国际商会设在法国巴黎的国际专业技术中心提出书面申请，由该中心在银行委员会提名的一份专家名单中指定三名专家，根据当事人陈述的案情和有关书面材料，经与银行委员会的技术顾问协商后，就如何解决票据争议以该中心的名义做出决定，称为 DOCDEX 裁定(Decision)。DOCDEX 是传统的仲裁和诉讼以外的新近发展起来的一种快捷、高效的票据争议解决方式。

■ 本章小结

1. 国际结算的法律环境既包括结算双方所在国家的金融、贸易、货运等领域的法律和法规，也涉及共同遵守的国际惯例和公约。

2. 票据法是规范票据的种类、形式、内容及当事人权利和义务等项的法律。目前世界上最具影响力的两大法系是以《英国票据法》为基础的英美法系和以《日内瓦统一法》为代表的欧洲大陆法系。

3. 国际结算中由于各国法律不同会发生法的冲突。遵循原则：票据有效性以出票地法为准，票据的开立、背书、承兑、提示等票据行为以行为地法为准。

4. 《国际贸易术语解释通则》是主要用于跨国(境)的货物销售交付的一套国际商业术语。《托收统一规则》主要是为了减少托收业务各有关当事人可能产生的矛盾和纠纷而制定的。《跟单信用证统一惯例》是国际银行界、律师界、学术界自觉遵守的“法律”。《见索即付保函统一规则》是国际商会制定的有关保函的国际惯例。《国际备用信用证惯例》是对常用的备用信用证操作的具体规定。

■ 关键术语

票据法　国际惯例　INCOTERMS 2010　FOB　CIF　CFR　URC 522　UCP 600　ISP 98　URDG 458　ISBP　DOCDEX　eUCP

■ 复习思考题

1. 比较 FOB、CIF、CFR 三种贸易术语。
2. 比较 UCP 600 与 UCP 500 的异同。
3. 什么是国际结算法律环境?
4. 国际结算中遇有法律冲突时，应遵循何原则?

■ 延伸阅读

1. 邓旭.《托收统一规则》“522”与“322”的比较[J]，对外经贸实务，1996(3).

2. ICC Uniform Customs and Practice For Documentary Credits(2007 revision).

■ 本章参考文献

1. 程祖伟，韩玉军. 国际贸易结算与信贷[M]. 北京：中国人民大学出版社，2001.

2. 苏宗祥，张林森. 国际结算[M]. 北京：中国金融出版社，2001.

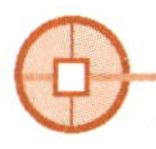

第三章
国际结算票据

本章导言

通过本章学习，了解票据的基本特征，了解票据的功能，了解票据法的发展演变，掌握汇票的定义及其要式，掌握汇票制作内容、汇票的付款期限，掌握本票、支票的定义与特点，通晓汇票、本票、支票的异同。

本章电子教案

（请扫描二维码）

本章知识结构图

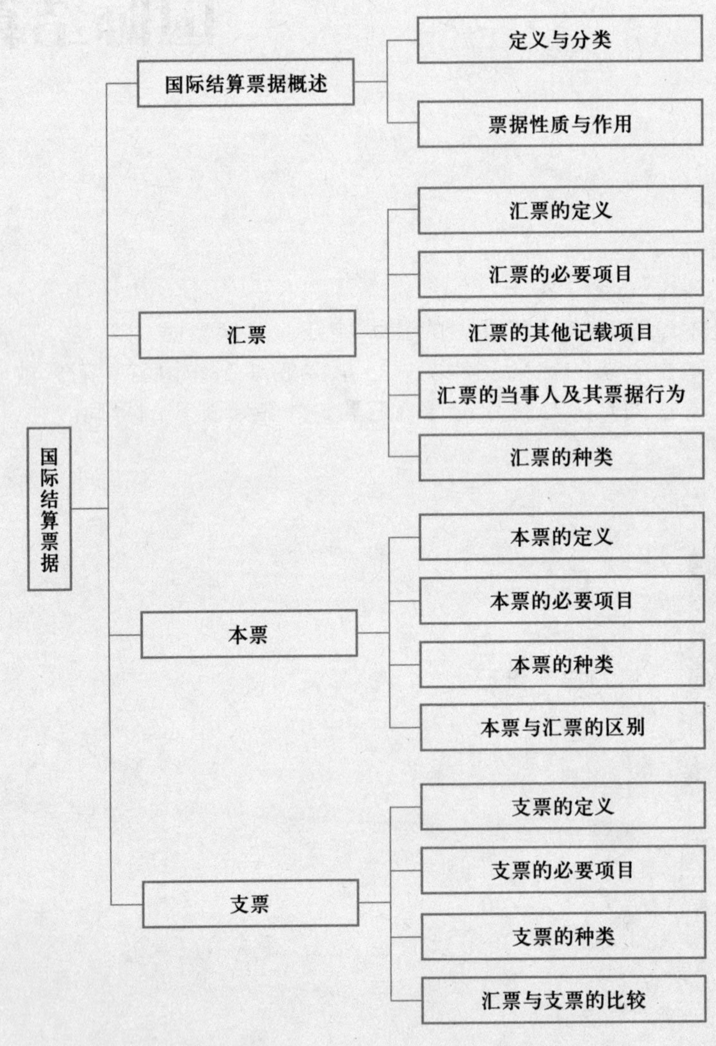
国际结算票据
国际结算票据概述
定义与分类
票据性质与作用
汇票
汇票的定义
汇票的必要项目
汇票的其他记载项目
汇票的当事人及其票据行为
汇票的种类
本票
本票的定义
本票的必要项目
本票的种类
本票与汇票的区别
支票
支票的定义
支票的必要项目
支票的种类
汇票与支票的比较

一、定义与分类

现代国际结算主要是非现金结算，而进行非现金结算的主要工具就是票据。票据包括商业单据(如发票、提货单、栈单、仓单、保单等和资金单据)，指依据票据法签发和流通的以无条件支付一定金额为目的的有价证券(如汇票、本票和支票)。本章的票据是指资金单据。

二、票据性质与作用

(一) 票据特性

票据的特性，是指汇票、支票、本票这 3 种作为抵消国际债权债务的信用工具所具有的共同特征。它们是票据法的精髓，也是票据业务操作的依据。票据具备以下 9 种特性。

1. 设权性

所谓设权性，是指票据持有人的票据权利随票据的设立而产生，离开了票据，就不能证明其票据权利。

2. 要式性

所谓要式性是指票据在形式上需要记载的必要项目必须齐全，并符合票据法的规定，才能使票据产生法律效力。

3. 文义性

文义即文字的含义，文义性是指票据所创设的权利、义务内容，完全依据票据上所载文字的含义而定，不能进行任意解释或者根据票据以外的任何其他文件确定。

4. 无因性

无因性是指持票人行使票据权利时，无须证明其取得票据的原因，只要票据合格(即符合要式性)，就能享有票据权利。

5. 流通性

流通性指票据可以流通转让的属性，它是票据的基本共性，也是票据的最大魅力之一。

6. 货币性

票据权利，是以金钱为给付标的物的债权。它强调票据所记载和给付的标的物必须是货币。

7. 提示性

提示性是指持票人要求付款时，必须在法定期限内向付款人出示票据，以显示占有这张票据，才能要求付款。如果持票人不提示票据，付款人就没有付款的义务。因此，票据法规定了票据的提示期限，超过期限则丧失票据权利。

8. 返还性

持票人收到票款后，应将票据交还付款人。该票据一经正当付款即被解除责任而归入付款人的档案，票据就此结束其流通。

9. 可追索性

指票据的付款人或承兑人如果对合格票据拒绝承兑或拒绝付款，正当持票人有权通过法定程序向所有票据债务人追索，要求得到票据权利。

（二）票据的作用

1. 汇兑作用

在商业交易中，交易双方往往分处两地，经常会有在异地之间兑换或转移金钱的需要。因为一旦成交，就要向外地或外国输送款项供清偿之用。在这种情况下，如果输送大量现金，不仅十分麻烦，而且途中风险很大。如果通过在甲地将现金转化为票据，再在乙地将票据转化为现金的办法，以票据的转移，代替实际的金钱的转移，则可以大大减少上述麻烦或风险。

2. 支付作用

汇票、本票作为汇兑工具的功能逐渐成形后，在交易中以支付票据代替现金支付的方式逐渐流行起来。用票据代替现钞作为支付工具，可以避免清点现钞时可能产生的错误，并可以节省清点现钞的时间。因此，人们在经济生活中都普遍使用票据特别是支票作为支付的工具。

3. 流通作用

最初的票据仅限于一次付款，不存在流通问题。但自从背书转让制度出现之后，票据就具有了流通功能，得以以背书方式进行转让。按照背书制度，背书人对票据的付款负有担保义务，因此，背书的次数越多，对票据负责的人数也越多，该票据的可靠性也越高。在当代西方社会，票据的流通日益频繁和广泛，仅次于货币的流通。

票据虽然可以代替现金流通，但票据本身并不是货币。票据与货币的主要区别在于：它不具有法定货币的强制通用效力。因此，当债务人以法定货币清偿债务时，债权人不能不接受；但如果债务人准备以票据清偿其债务时，则必须征得债权人的同意，否则债权人可以拒绝接受。

4. 融资作用

票据的融资作用就是票据筹集资金的作用。这主要通过票据贴现来实现。所谓票据贴现，是指对未到期票据的买卖行为，也就是说持有未到期票据的人通过卖出票据来得到现款。在汇票、本票的付款日期未到之前，持票人可能会发生资金困难的情况，为了调动资金，持票人可将手中未到期的票据以买卖方式转让于他人。收买未到期的票据，再将其卖给需用票据进行支付或结算的人，可以从买卖票据的差价中获利。这样，买卖票据的业务逐渐发展起来。

第二节
汇　　票

一、汇票的定义

英国《票据法》关于汇票(bill of exchange/draft)的定义是：汇票是一人向另一人签发的，要求即期或定期或在可以确定的将来的时间，对某人或其指定人或持票人支付一定数额金钱的无条件的书面支付委托。

中国《票据法》规定，汇票是出票人签发的，委托付款人在见票时或者在指定的日期无条件支付确定的金额给收款人或者持票人的票据。

根据上述定义，我们可以这样来理解汇票：

第一，汇票是一种无条件支付命令，是出票人对付款人发出的向持票人支付一定金额的无条件支付命令。

第二，汇票涉及三个基本当事人，分别是出票人、付款人、收款人。三者关系如图 3-1 所示。

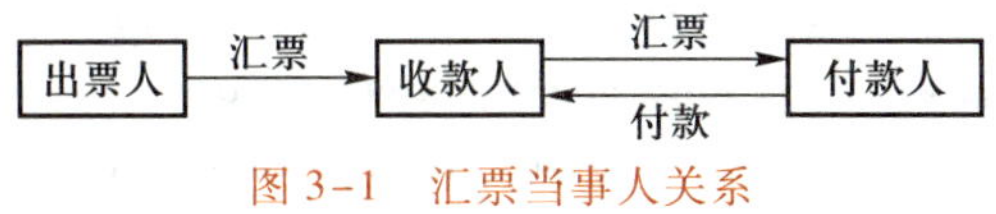

图 3-1　汇票当事人关系

第三，汇票的付款期限分为两类，分别是即期付款和远期付款。

二、汇票的必要项目

汇票具有要式性，注重在形式上具备必要项目。只要必要项目齐全，符合票据法的规定，就具有票据的效力。汇票票样如图 3-2 所示。

图 3-2 汇票票样

（一）写明“汇票”（bill of exchange/draft）字样

汇票上必须标明“汇票”字样用以区别本票和支票。常用来表达“汇票”的词汇主要有 bill of exchange、bill、draft 等。中国《票据法》规定汇票必须注明“汇票”字样，而英国《票据法》则未要求注明“汇票”字样。

（二）无条件支付命令（unconditional order）

1. 命令

汇票是一种支付命令，而不是付款请求。因此，必须用祈使句，不能用表示请求的虚拟语句。

> ① pay to A Co. or order the sum of four thousand u. s. dollars only. ——有效汇票
>
> ② please pay to A Co. or order the sum of four thousand u. s. dollars only. ——无效汇票
>
> ③ I will be very pleased if you pay to A Co. or order the sum of four thousand u. s. dollars only. ——无效汇票

2. 无条件

汇票的支付命令是无条件的，即出票人要求受票人的付款必须是无条件的，付款人的支付不能以收款人履行某项行为或事件为前提条件。否则，汇票无效。

有效汇票情况：

pay to A Co. or order the sum of four thousand u. s. dollars only. ——有效汇票

（1）注明汇票起源交易，即出票条款，不构成支付命令的条件，汇票有效。在托收和信用证业务中大多数的汇票都要求有出票条款。

Drawn under L/C No. 123 issued by ×× Bank, New York, dated 12, November, 2004 pay to A Co. or order the sum of four thousand u. s. dollars only. ——有效汇票

（2）注明汇票付款后如何取得偿付，不构成支付命令的条件，汇票有效。

Pay to A Co. the sum of four thousand u. s. dollars and debit our a/c with you. ——有效汇票

（3）注明“对价收讫”或“对价已收”，不构成支付命令的条件，汇票有效。

Pay to A Co. the sum of four thousand u. s. dollars only for value received. ——有效汇票

无效汇票情况：

（1）注明满足某条件后才付款的命令为有条件命令，汇票无效。

Pay to A Co. the sum of four thousand u. s. dollars only if the goods they supplied are complied with contract No. 123. ——无效汇票

（2）注明从某账户进行付款的命令为有条件命令，汇票无效。

Pay to A Co. the sum of four thousand u. s. dollars only from our No. 1 a/c with you. ——无效汇票

（三）确定金额(a sum certain in money)

1. 支付标的必须是货币

汇票具有货币性特征，汇票支付标的必须是货币，除了货币以外的任何其他标的，都不能成为汇票支付的标的。

2. 大小写问题

汇票的金额包括两部分：货币名称和金额。金额同时以大小写表示。一般在“Exchange for”后面填小写金额，在“the sum of ”后面填大写金额。我国《票据法》规定，票据金额大小写必须同时体现，并且大小写必须一致，大小写金额不符，票据无效。而《日内瓦统一法》和英国《票据法》都规定票据大小写不一致时，以大写金额为准。

3. 金额必须确定

汇票的金额必须确定，所谓确定是指汇票各当事人通过观察或计算得出的汇票金额必须相等。任何选择的或者浮动的记载或未定的记载，都会使汇票无效。

（1）选择或浮动的记载导致汇票无效。

① the sum of about one thousand USD. ② the sum of circa one thousand USD. ③ the sum of one thousand USD or two thousand USD.

（2）利息条款。汇票上注明按一定的利率或某一日市场利率加付利息，这是允许的。但利息条款须注明利率、起算日和终止日；否则，汇票无效。

Pay to A Co. the sum of four thousand u. s. dollars plus interest. ——无效汇票 Pay to A Co. the sum of four thousand u. s. dollars plus interest calculated at the rate of 6% per Annum from the date hereof to the date of payment. ——有效汇票

（3）分期付款。汇票上注明分期付款时，分期付款的条款必须具体可操作；否则，汇票无效。

Pay to A Co. the sum of four thousand u. s. dollars by installment. ——无效汇票 Pay to A Co. the sum of four thousand u. s. dollars by 4 equal consecutive monthly installment. ——有效汇票

（4）支付等值的其他货币。是指按一定的或可以确定的汇率折算后付款，必须说明汇率；否则，汇票无效。

Pay to A Co. the sum of four thousand u. s. dollars converted into sterling equivalent. ——无效汇票 Pay to A Co. the sum of four thousand u. s. dollars converted into sterling equivalent at current rate of exchange. ——有效汇票

（四）汇票的出票日期和地点（date and place of issue）

1. 汇票的出票地点

汇票的出票地点一般在汇票的最右上角，与汇票的出票日期相邻。汇票的出票地点事关汇票出票行为的法律适用问题。因为依照国际惯例，票据成立与否采用行为地法律的原则，汇票是否完善、有效以出票地的法律为依据。如果汇票上没有记载出票地点，则以出票人的营业所在地为出票地点。

2. 汇票的出票日期

汇票的出票日期一般在汇票的最右上角，与汇票出票地点相邻。汇票的出票日期是汇票的必要项目，如果汇票没有记载出票日期则汇票无效。汇票的出票日期如此重要是因为汇票的出票日期有以下重要作用。

（1）决定了汇票的有效期。汇票的流通有其时效性，即有效期，其起算日为出票日期，没有注明出票日期的汇票无法判定其有效期。中国《票据法》规定，即期付款汇票必须在出票后 1 个月内提示。

（2）决定汇票的到期日。对于出票后若干天（月）（At ××× days(months) after date）付款的汇票，付款到期日的确定就取决于出票日。

（3）决定出票人的行为能力。如出票时法人已宣告破产清算，表明他丧失相应的行为能力，则票据不能成立。

（五）付款期限（tenor）

英国《票据法》汇票的定义中，表达了汇票的付款期限是“on demand or at a fixed or determinable future time”。说明汇票的付款期限分别是立刻或在固定日期或在将来可确定的时间付款。据此，我们将汇票的付款期的表达分为两大类，一类是即期付款，另一类是远期付款。

1. 即期付款

即期付款也叫见票即付，是指付款人在见票时无须承兑，立刻向持票人进行付款。能表明汇票是即期付款的语句主要有“At sight”、“On demand”、“On presentation”，如果汇票上没有任何表达付款时间的语句，我们通常也认为本汇票为见票即付的。

2. 远期付款

指持票人向付款人初次提示汇票时，受票人只对汇票进行承兑，付款行为发生在固定的时间或将来可以确定的时间。

（1）远期付款语句。在实务操作中能体现该汇票为远期付款的形式主要有以下 5 种情况。

① At ××× days(months) after sight（见票后若干天（月）付款）。这种汇票需由持票人向付款人提示要求承兑并从承兑日起算确定的到期日。对于这种汇票，出票人自己不能确定汇票的到期日，到期日取决于付款人承兑汇票的日期。

At 90 days after sight Pay to A Co. the sum of four thousand u. s. dollars

② At ××× days(months) after date（出票后若干天（月）付款）。这种汇票的到期日是从汇票的出票日起开始计算的。这种汇票需由持票人向付款人提示要求承兑，以明确承兑人的责任。

At 90 days after date Pay to A Co. the sum of four thousand u. s. dollars.

③ At ××× days(months) after a state date（汇票说明日期后若干天（月）付款）。这种汇票的到期日是从汇票中指定日期开始计算的。这种汇票需由持票人向付款人提示

要求承兑，以明确承兑人的责任。

At 90 days after 1 May, 2015, Pay to A Co. the sum of four thousand u. s. dollars.

④ At ××× days(months) after B/L(提单后若干天(月)付款)。这种汇票的到期日从汇票本身不能计算出来，而是从出口商发货后获得提单的签发日期开始计算。这种汇票同样需要向付款人提示要求承兑，以明确承兑人的责任。

At 90 days after B/L Pay to A Co. the sum of four thousand u. s. dollars. 在这个表述中，首先必须明确 B/L 的签发日期，然后才能确定汇票的到期日。

⑤ At ××× days(months)after presentation(交单后若干天(月)付款)。这种汇票的到期日从汇票本身同样不能计算出来，而是从受益人向银行交单日来确定汇票的到期日。这种汇票同样需要向付款人提示要求承兑，以明确承兑人的责任。

AT 90 days after presentation documents Pay to A co. the sum of four thousand u. s. dollars.

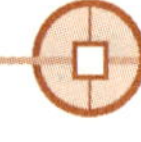

(2) 到期日的计算。

案例 3-1

到期日的计算

案情：

某汇票上注明“At 90 days after sight Pay to A Co. the sum of four thousand u. s. dollars”。付款人承兑日为5月10日，则汇票的到期日的计算：

分析：

5月11日—5月31日	21天	所述当日不计算在内
6月1日—6月30日	30天	
7月1日—7月31日	31天	到此为82天，还有8天
8月1日—8月8日	8天	共90天，8月8日为到期日

启示：

(1) 掌握到期日计算的原则。

(2) 计算时列明月份及天数能够保证计算准确无误。

① 对于以 after 表述的见票后、出票后、固定日期后、提单后、交单后某一天付款的汇票采取“算尾不算头”的方法，即不包括所述当日，但到期日包括在内。

② 遇节假日顺延。如果到期日当天为法定节假日，则应顺延到下一个营业日。如上例中，如果8月8日为星期日，则8月9日为到期日；如果8月8日为星期六，则到期日为8月10日。

③ 月对月原则。汇票规定出票后、见票后、固定日期后、提单后、交单后若干月付款的汇票，采取月对月原则，其到期日是在应该付款的那个月的相应日期，若没有相应日期，则以该月的最后一天为到期日。

例：At 3 months after sight Pay to A Co. the sum of four thousand u. s. dollars。付款人承兑日为 5 月 10 日，则汇票的到期日的计算：到期日为 8 月 10 日。

④ 实务操作中，表示时间尽量不用 “from”，而用 “after”，如果使用 “from”，除非信用证另有规定，则计算方式与 “after” 相同。(见 ISBP45 条 d 款。)

(六) 汇票的抬头(payee)

汇票的抬头即汇票的收款人，是汇票出票时记载的债权人，其与出票人之间通常存在对价关系。汇票的抬头通常有三种表达方式，抬头的表达方式决定了汇票的流通性及流通方式。

1. 来人抬头

来人抬头，也称为空白抬头，汇票的收款人的表达为下列几种情况的任何一种。Pay to bearer; Pay to holder; Pay to A co. or bearer。来人抬头的汇票在流通过程中只需要交付就完成转让。因此，流通过程中认票不认人，风险相对比较大。我国《票据法》和《日内瓦统一法》都禁止使用来人抬头汇票。英国《票据法》允许使用来人抬头汇票。

2. 指示性抬头

指示性抬头汇票是指汇票的收款人写成按某人的指定人的形式。在实务操作中，通常表示为：Pay to the order of A co. ; Pay to A co. or order; Pay to A co. 。指示性抬头的汇票在流通过程中必须经过背书和交付才能实现转让。日常业务中所签发的汇票大多为指示性抬头的汇票。

3. 限制性抬头

限制性抬头的汇票是指汇票的收款人写成仅支付给某人或支付给某人不得转让的形式。在实务操作中，通常表示为：Pay to A co. only; Pay to A co. not transfer。或在汇票其他位置出现 not transfer 或 not negotiation。限制性抬头的汇票，汇票的收款人不能继续转让该汇票，只能向付款人提示要求付款。由于这种抬头的汇票失去了流通性特点，使用起来很不方便，所以在实务操作中很少使用。

(七) 汇票的付款人(payer/drawee)名称和付款地点

汇票的付款人也叫受票人，是接受命令的人，但是汇票的受票人不是当然的汇票债务人，当其对汇票做出承兑后，才变成汇票的债务人，具有到期付款的责任。它的表达语句通常为 “To Drawee”。受益人的地址并非必要项目，但为了便于提示，在实务上应写明地址。

（八）汇票的出票人及签名（drawer and signature）

汇票上要有出票人签名，以确定出票人对汇票的债务责任。我国《票据法》规定票据上的签字为签名或盖章或签名加盖章。英国《票据法》规定必须手签。目前在实务操作中，涉外票据应采用手签方式。

如果出票人是代理其委托人（公司、银行）签字，应在委托人名称前加注“for”、“on behalf of”、“for and on behalf of”等字样，并在个人签字后注明职务的名称。例如：

For A Co.

John Smith

General Manager

这样，A 公司受个人 John Smith 签名的约束，而 John Smith 不是他个人开出汇票，而是代理公司开出汇票。

如果汇票上没有出票人的签字，伪造签字或代签名的人并未得到授权，则不能认为是出票人的签名，这样的汇票不具备法律效力。

三、汇票的其他记载项目

（一）成套汇票条款

出口商通过银行向进口商收款时开出的汇票通常是一式两份的成套汇票。两张汇票的内容完全相同，且具有同等的法律效力。在分两次寄单的信用证或托收业务中，两张汇票分不同航班邮寄，防止在寄单过程中汇票丢失或损毁。这两张汇票只要其中一张汇票得到付款或承兑，另一张就自动失效。这样就避免了付款人为同一笔金额两次付款，又避免了由于意外事故发生单据遗失。所以在第一张上印有“Pay this first bill of exchange（second of the same tenor and dated being unpaid）”字样，在第二张上印有“Pay this second bill of exchange（first of the same tenor and dated being unpaid）”字样。成套汇票票样如图 3–3、图 3–4 所示。

（二）需要时的代理人（referee in case of need）

在托收业务中，由于是出口商先发货后委托银行向进口商收取货款，为了防止在货到后进口商拒绝承兑或拒绝付款，造成出口商的被动，出口商有必要在进口商所在地委托一家公司作为需要时的受托处理人。当汇票遭拒付时，持票人可与需要时的代理人联系，求助于他，其愿意，即可参加承兑，到期日参加付款，以避免出口商受到追索。需要时代理人的表示方法为：

To：A Co.

In case of need refer to B Co.

Drawn under ______________________

DC Number ______________ Dated ________

No. ________ Exchange for ____________ China ________

1

At ________ sight of this First of Exchange (Second unpaid)pay to the order of The Hongkong and Shanghai Banking Corporation Limited the sum of

____

____

To: ______________________

____

______________________ ______________________

图 3-3　成套汇票第一张

Drawn under ______________________

DC Number ______________ Dated ________

No. ________ Exchange for ____________ China ________

2

At ________ sight of this Second of Exchange (First unpaid)pay to the order of The Hongkong and Shanghai Banking Corporation Limited the sum of

____

____

To: ______________________

____

______________________ ______________________

图 3-4　成套汇票第二张

(三) 担当付款行(A bank designated as payer)

在进出口商之间的往来中，款项的支付主要是通过银行来完成，一般进口商向出口商付款是通过其账户行向出口商付款。为了方便进口商付款，出票人(出口商)可根据与付款人(进口商)的约定，出票时载明付款人的开户银行作为担当付款行。如

To: A Co.

Payable by B Bank

其中 A Co. 为汇票的付款人，而 B Bank 为汇票的担当付款行，B Bank 只是推定的受委托付款人，不是票据的债务人，对票据不承担任何责任。远期汇票的持票人可先向付款人提示要求承兑，到期日再向担当付款行提示要求付款，担当付款行支付票

款后借记付款人账户。若付款人账户余额不足，则担当付款行拒绝支付票款，责任由付款人承担。

（四）免做退票通知（notice of dishonor excused），放弃拒绝证书（protest waived）

在票据流转过程中，当持票人向付款人提示要求付款或承兑，付款人拒绝付款或拒绝承兑后，持票人向前手行使追索权，必须先做退票通知和拒绝证书，才能行使追索权，但是做退票通知和拒绝证书的成本可在追索款项中加入，这就增加了债务人，特别是出票人的成本。因此，有些出票人（托收业务中）在出票时在他签名旁记载放弃对持票人的某种要求。如：

"John Smith　Notice of dishonor excused"

"John Smith　protest waived"

表示 John Smith 对后手做出的安排，一方面表明他相信后手；另一方面做证书、通知要支付一定的费用，不做退票通知，放弃拒绝证书，持票人仍可向他追索，表明他对汇票仍然是负责的。

（五）出票条款（draw clause）

在托收和信用证业务中，作为汇票出票人的出口商通常还在汇票上注明本汇票出票的依据，即所谓的出票条款。它的构成如下：

Draw under：

DC No.　：　　　　　　　　Date：

四、汇票的当事人

汇票当事人如图 3-5 所示。

（一）汇票的基本当事人

汇票的基本当事人是汇票票款未进入流通领域之前的当事人，是汇票的必要当事人，主要有出票人、受票人和收款人。

1. 出票人（drawer）

出票人是签发并交付汇票的当事人。从法律上看，汇票一经签发，出票人就负有担保付款人承兑和付款的责任，直到汇票完成它的使命，退出流通领域。出票人因汇票遭拒付而被追索时，应对持票人承担偿还票款的责任。在汇票被承兑前，出票人是汇票的主债务人；在汇票被承兑后，承兑人成为主债务人。因此，在即期汇票被付款前，或远期汇票被承兑前，出票人是汇票的主债务人。

2. 受票人（drawee）

受票人是按汇票记载接受出票人的委托对汇票付款的人。在他实际支付了汇票的

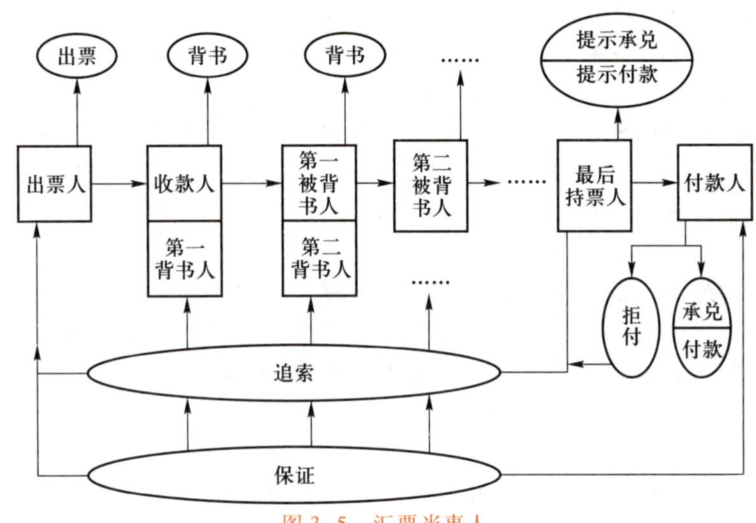

图 3-5　汇票当事人

规定的款项后也称为付款人(payer)。他是接受付款命令的人(addressee)。受票人未在汇票上签名之前，可承兑，也可拒付，他不是必然的汇票债务人，并不必然承担付款责任。

受票人承兑了汇票，即在汇票上签名，表示他接受出票人发出到期无条件支付一定款项的命令，从此受票人成为承兑人，要对汇票承担到时付款的法律责任，成为汇票的主债务人。

3. 收款人(payee)

收款人就是收取票款之人，既是汇票的受益人，也是第一持票人(holder)，是汇票的主债权人，可向付款人或出票人索取款项。具体地说，收款人可以要求付款人承兑付款；遭拒付时他有权向出票人追索票款；由于汇票是一项债权凭证，他可以将汇票背书转让他人。

(二) 其他当事人

1. 背书人(endorser)

背书人是收款人或持票人在汇票背面签字，并将汇票交付给受让人，表明将汇票上的权利转让的人。一切合法持有票据的人均可成为背书人，并可以连续地进行背书转让汇票。背书人成为其被背书人和随后的汇票权利受让人的前手，被背书人就是背书人和其他更早的汇票权利转让人的后手。其中，收款人是第一背书人。

例如，一张汇票的出票人是甲，收款人是乙，甲开出汇票后交付给乙，乙凭背书或单纯性的交付转让给丙，再转让给丁，如果丁不再转让，他便成了最后持票人。则乙是甲的后手，丙是丁的前手，是甲和乙的后手，甲、乙、丙均是丁的前手。如下所示。

甲(出票人)→乙(收款人)→丙(第一受让人)→丁(持票人)
(第一背书人)(第一被背书人)(第二受让人)
(第二背书人)(第二被背书人)

可见，汇票背书的作用在于转让票据，并保证汇票是完满的、无缺陷的。经过背书，收款人或持票人变成背书人，从债权人变成债务人。即背书人是汇票上的债务人。背书人对汇票承担的责任与出票人相同，但对其前手以至出票人享有追索权。

2. 被背书人(endorsee)

即接受背书的人，是汇票的受让人。当他再转让汇票时，就成为另一背书人。若不转让，则将持有汇票，就成为第二持票人。因此，他是汇票的债权人。最后的被背书人必须是持票人(holder)。他拥有向付款人和前手背书人直至出票人要求付款的权利。

3. 承兑人(acceptor)

受票人同意接受出票人的命令并在汇票正面签字，就成为承兑人，承兑人只存在于远期汇票关系中，本票和支票由于没有承兑行为，也就没有承兑人。

4. 保证人(guarantor)

保证人是一个第三者，是对出票人、背书人、承兑人或参加承兑人做保证行为的人。

5. 持票人(holder)

指收款人或被背书人或来人，是现在持有汇票的人，他是票据权利的主体，享有以下权利：

(1) 付款请求权。持票人享有向汇票的承兑人或付款人提示汇票要求付款的权利。

(2) 追索权。持票人在汇票得不到承兑或付款时，享有向前手直至出票人、保证人等要求清偿票款的权利。

(3) 票据转让权。持票人享有依法转让其汇票的权利。

6. 付对价持票人(holder for value)

所谓对价是指一方所得收益相当于对方同等收益的交换。这种交换不一定是等价交换，对价可以货物、劳务、金钱等形式体现。

付对价持票人意指不论持票人自己是否付了对价，只要前手付过对价转让到现在持有汇票的人，他就是付对价持票人。通常是指前手付过对价，自己没有付对价而持票的人。例如，A 对前手支付对价后获得汇票，又将汇票作为遗产转让给子女，那么其子女也称付对价持票人。

7. 正当持票人(holder in due course)

正当持票人是指经过转让而持有汇票的人。根据英国《票据法》的规定，持票人符合以下条件的，才能成为正当的持票人。

(1) 持有的汇票票面完整、正常，前手背书真实，且未过期。

(2) 持票人对所持有的汇票是否曾被退票不知情。

(3) 持票人善意地付过对价而取得汇票。

（4）接受转让时，未发现前手对汇票的权利有任何的缺陷。

五、汇票的票据行为

所谓票据行为是指一张票据从开立、正当付款到最后注销，需要经历的一定的环节和步骤。票据行为有狭义和广义之分。狭义的票据行为是以负担票据上的债务为目的所做的必要形式的法律行为，包括出票、背书、承兑、保证。其中出票是主票据行为，其他行为都是以出票为基础而衍生的附属票据行为。广义的票据行为除上述行为外，还包括票据处理中有专门规定的行为，如提示、付款、参加付款、退票、行使追索权等行为。票据行为与票据形式和内容一样具有要式性，必须符合票据法的规定。我们在这里重点研究关于汇票的票据行为，汇票的票据行为是所有票据行为中最完整的行为，汇票的票据行为除个别行为之外，适用于本票和支票。

（一）出票(issue)

即签发汇票，包括写成汇票并在上面签字和交付收款人两个动作。交付(delivery)是指实际的或推定的从一个人拥有转移至另一个人拥有的行为。汇票的出票、背书、承兑票据行为在交付前都是不生效的和可以撤销的。只有将汇票交付给他人后，出票、背书、承兑行为才开始生效，并且是不可撤销的。

汇票的出票行为一旦完成，就成立了汇票承兑前出票人是主债务人的地位和收款人的债权人地位。出票人要担保所开立的汇票会由付款人承兑和付款；而付款人对汇票付款并不承担必然责任，他可以根据提示时与出票人的资金关系来决定是否付款或承兑。由于汇票不是领款单，而是出票人担保的信用货币，收款人的债权完全依赖于出票人的信用。

（二）背书(endorsement)

1. 背书含义

背书是指在汇票背面签字，实现汇票转让的行为。背书作为票据行为它包括两个动作：在汇票背面签名和交付给受让人。持票人是收款人或被背书人时，要把票据权利转让给别人，必须在票据背面签字并经交付，则汇票权利即由背书人转移至被背书人。由于汇票的收款人即抬头的方式不同，决定了汇票的流通性不同，限制性抬头的汇票不能流通转让，来人抬头的汇票只要交付就实现了转让，只有指示性抬头的汇票，在流通过程中才需要背书。因此，背书行为实际上是针对指示性抬头的汇票而言的。

2. 背书分类

（1）特别背书。又称记名背书，需要记载“支付给被背书人”，并经背书人签字。例如：

Pay to the order of B Co., Shanghai

For A Co., Beijing

(signed)

被背书人作为持票人拥有继续进行背书转让该汇票的权利，且记名背书汇票的转让具有连续性。如表3-1所示，汇票由持票人A转让给B，由B转让给C，由C转让给D，由D转让给E，由E转让给F，F是最后持票人。在汇票背面签字的顺序分别是A、B、C、D、E，对应的被背书人分别是B、C、D、E、F。

表3-1 记名背书汇票转让

当事人＼顺序	1	2	3	4	5
背书人	A(PAYEE)	B	C	D	E
被背书人	B	C	D	E	F(HOLDER)

(2) 空白背书。又称为不记名背书，即不记载被背书人名称，仅有背书人的签名。例如：

For A Co., Beijing

(signed)

当汇票空白背书后，交付转让给一个不记名的受让人，他与来人抬头的汇票抬头相同，可以不须背书，仅凭交付再行转让。

(3) 限制性背书。是指支付给被背书人的指示中带有限制性词语。例如：

Pay to B Co. only(not transferable/ not negotiable)

For A Co., Beijing

(signed)

经过限制性背书后，指示性抬头的汇票具有了限制性抬头的汇票特点，被背书人不能继续背书转让其权利，只能要求付款人付款。

(4) 有条件背书。是指背书的指示是有条件的。例如：

Pay to the order of B Co.

On delivery of B/L No. 022311

For A Co., shanghai

(signed)

由于汇票无条件支付命令，因此多数国家包括我国的《票据法》规定："有条件背书的背书行为是有效的，但背书条件无效。"即这些条件不具有法律效力。因此，有条件背书的受让人在行使票据权利或再转让票据时，他可以不理会前手所附加的条件。

(5) 托收背书。托收背书是要求被背书人按照委托他代收票款的指示，处理汇票。通常是在记名背书的前面或后面加上委托收款字样。例如：

pay to the order of B bank For collection

For A Co. , shanghai

(signed)

托收背书是背书人授权被背书人代收票款，被背书人虽然持有汇票，但没有获得汇票的所有权，不得继续转让该汇票，但继续作托收背书可以。

（三）提示(presentation)

1. 提示的定义

提示是指持票人将汇票提交付款人要求承兑或付款的行为。票据具有提示性特点，持票人要实现权利，必须向付款人提示票据，以便要求实现票据权利。

2. 提示的目的

提示的目的有两种，一是提示承兑；二是提示付款。

提示承兑是持票人在票据到期前向付款人出示票据，要求其承兑或承诺到期付款的行为。提示承兑只是针对远期汇票而言，即期汇票、本票和支票则没有提示承兑行为。

提示付款是指持票人在即期或远期汇票到期日向付款人出示票据要求其付款的行为。汇票、本票和支票都需要有提示付款行为。

可见，汇票、本票和支票只有一次提示，提示付款；远期汇票则需要两次提示，一次是到期前的提示承兑，另一次是到期时的提示付款。

3. 提示的合法性

提示必须在规定时限和规定地点办理。我国《票据法》规定，定日或出票日后定期的汇票，应在汇票到期日前提示承兑；见票后定期汇票自出票起 1 个月内做出提示承兑；即期汇票自出票日起一个月内做提示付款，远期汇票自到期起 10 天内提示付款。

持票人应在票据指定的付款地点提示票据，如果未规定地点，则将付款人或承兑人的营业地址或居住地视为提示地点。由于目前使用的大部分是以银行为付款人的汇票，因此，持票人可以通过银行票据交换所向付款人提示汇票，也可以委托自己的往来银行向付款银行提示。

提示必须在汇票规定的时限内和规定的付款地点做出才有效，否则持票人将丧失对前手的追索权或丧失票据的权利。

（四）承兑(acceptance)

1. 承兑的定义

指远期汇票经持票人提示，付款人同意按出票人指示支付款项的行为。

2. 承兑的后果和法律要求

付款人承兑后成为承兑人，他是汇票的主债务人，出票人则退居从债务人，承兑人不得以出票人的签字是伪造的、背书人无行为能力为由来否认票据的效力。英国《票据法》规定，持票人向付款人作承兑提示，付款人必须要在“within customary time” 即 24 小时内进行承兑。而《日内瓦统一法》规定，持票人第一次提示时，付款人可先不承兑而要求他第二天再提示，第二天提示时，付款人必须作成承兑。如果付款人没有在规定时限内进行承兑，就被视为拒付。

3. 承兑行为构成

承兑包含两个动作：写明承兑字样并签字和交付。承兑后的交付有两种情况：一是实际交付；二是推定交付，即只要付款人通知持票人在某日已作承兑，就算交付。

4. 承兑的种类

（1）普通承兑。指付款人对出票人的指示毫无保留地予以确认的承兑。正常情况下的承兑都是普通承兑。例如：

Accepted
10 July, 2006
For C Bank
John Smith

（2）保留承兑。又称限制承兑，指付款人在承兑时对汇票的到期付款加上某些保留条件，从而改变了出票人所企图达到的目的和票面上的记载。常见类型有：

① 带有条件的承兑。即承兑人的付款依赖于承兑时所提条件的完成。例如：

Accepted
10 July, 2006
Payable on delivery of B/L
For C Bank
John Smith

根据我国《票据法》的规定，承兑附有条件的，视为拒绝承兑。所以持票人有权拒绝带有条件的承兑，把这样的承兑当成受票人的拒付。

② 部分承兑。即承兑人仅承诺支付票面金额的一部分。例如，汇票的票面金额为 USD 承兑 10 000.00，而做如下承兑：

Accepted
10 July, 2006
Payable for amount of nine thousand US dollars only
For C Bank
John Smith

③ 限定地点承兑。即承兑时注明只能在某一特定地点付款。例如：

Accepted
10 July, 2006
Payable on the counter of Bank of China, New York and there only
For Bank of China
John Smith

应注意：加注付款的地点承兑仍然是普通承兑，除非它表明仅在某地付款而不是在别处。如上例若没有“and there only”字样的限制，则为普通承兑。

④ 限制时间承兑。即修改了票面上的付款期限。例如，汇票上记载的付款时间是出票后 30 天(payable at 30 days after date)，而做如下承兑：

Accepted
10 July，2006
Payable at 60 day after date
For Bank of China
John Smith

汇票持票人有权对上述的保留承兑予以拒绝，可以认为承兑人做出保留承兑为拒绝承兑。若持票人接受了上述保留承兑，而出票人或者其前后背书人并未授权，事后也不同意，则持票人以后不能向他们行使追索权。

（五）付款(payment)

付款指付款人在规定的时间和地点向持票人支付票款的行为。持票人在到期日提示汇票，付款人或承兑人正当地付款后，汇票即被解除责任，不仅付款人的付款义务随之解除，而且也解除了这张汇票所涉及的所有债务人的债务。所谓正当地付款是指：一是要由付款人或承兑人支付，而不是由出票人或背书人支付；二是要在到期日或到期日后付款，而不能在到期日以前付款；三是要付款给持票人。

（六）退票(dishonor)

退票也称拒付，指持票人提示汇票要求承兑或要求付款时，遭到拒绝。导致退票的原因除了拒绝承兑和拒绝付款外，还有付款人逃避不见、死亡或宣告破产，使付款事实上已不可能执行。

一旦发生退票，持票人有权行使追索权，向背书人和出票人追索票款。但是持票人要想实现追索权，应先完成两项工作。一是发出拒付通知，其目的是使债务人及早知道拒付，以便做好准备。持票人应在退票后一个营业日之内将退票事实通知给前手背书人，前手背书人接到通知后一个营业日之内再通知他的前手背书人，一直通知到出票人。接到通知的每个背书人都有向前手行使追索的权利。如果持票人或接到通知的背书人未在规定的时间内将退票通知送达前手背书人或出票人，则该持票人或背书人即对应接受通知的前手丧失追索权，但正当持票人的追索权不因遗漏通知而受到损害。持票人也可以将退票事实通知全体前手，这样，则每个前手不用再办理退票通知。二是做成拒付证书，证明自己确实遭到了拒付。拒付证书一般是由拒付地的法定公证人做出证明拒付事实的文件，如拒付地没有法定公证人，拒付证书可由当地知名人士在两个见证人面前做成。我国可请公证处做成拒付证书。

（七）追索(recourse)

追索是指汇票遭拒付时，持票人要求其前手背书人或出票人或其他票据债务人偿还汇票金额及其费用的行为。持票人所拥有的这种权利就是追索权(right of recourse)。追索权和付款请求权共同构成了汇票的基本权利。持票人行使追索权必须具备三个条件:

(1) 必须在法定期限内向受票人提示。英国《票据法》规定，在合理时间内向付款人提示汇票，未经提示，持票人不能对其前手追索。

(2) 必须在法定期限内做成退票通知。英国《票据法》规定，在退票日后的次日，将退票事实通知前手直至出票人。

(3) 外国汇票遭退票必须在法定期限内做成拒付证书。英国《票据法》规定，退票后一个营业日内由持票人请公证人做成拒付证书。

只有办到此三点，持票人才能保留和行使追索权。但追索权的行使必须在法定保留期限内进行方为有效。我国《票据法》规定为自被拒绝承兑或被拒绝付款之日起6个月，《日内瓦统一法》规定为1年，英国《票据法》规定为6年。

行使追索权时，追索的金额包括：汇票金额、利息、做成退票通知和拒付证书的费用及其他必要的费用。所以在托收业务中，汇票的出票人即出口商在托收业务委托中一般都注明，当付款人即进口商拒付时，不要求银行作成拒付证书，只需将拒付的事实通知出票人。

(八) 保证(guarantee/aval)

保证是非票据的债务人对票据债务人的出票、背书、承兑、参加承兑等行为所发生的债务予以保证的附属票据行为。汇票的出票人、背书人、承兑人、参加承兑人都可以作为被保证人，由第三者(如大银行、金融担保公司等)担当保证人对其保证，即在票面上加具“Guarantee”字样。这张汇票的信誉提高了，能够更好地流通。经过保证后，保证人与被保证人负相同责任，票据的可接受性增强了。例如:

Guarantee

For(被保证人名称)

By(保证人名称)

Signature

六、汇票的种类

汇票按不同的分类方法可以划分为不同的类型，下面我们来介绍汇票的各种类型。

(一) 按出票人的不同划分

1. 银行汇票

银行汇票(banker's bill)指出票人是银行的汇票，它一般为光票。对于银行汇票而言，它的出票人是银行，付款人同样是银行。汇款业务的票汇业务中所使用的汇票就是银行汇票，一般是应企业申请，出票银行签发，命令国外的代理行作为付款人向持票人付款。

2. 商业汇票

商业汇票(commercial bill)指出票人是公司或个人的汇票，它的付款人可以是公司、个人，也可以是银行，它可能是光票，也可能是跟单汇票。由于银行的信用高于一般的公司或个人的信用，所以银行汇票比商业汇票更易于流通转让。

(二) 按付款时间的不同划分

1. 即期汇票

又称见票即付的汇票，是付款人在见票时即向持票人付款的汇票。一般在汇票票面上记载“at sight / on demand”的字样，票面上没有记载到期日的汇票，各国一般认为其提示日即到期日，因此也就是即期汇票。

2. 远期汇票

远期汇票(time bill /usance bill)即规定到期日在将来某一天或某一可以确定日期的汇票。它可分为出票后定期付款汇票、见票后定期付款汇票、固定日期后定期付款汇票、定日付款汇票和延期付款汇票五种。

(三) 按承兑人的不同划分

1. 银行承兑汇票

银行承兑汇票(banker's acceptance bill)指由银行承兑的远期票据，它建立在银行信用基础之上。当然银行承兑汇票既可以是商业汇票，也可是银行汇票。银行承兑汇票的信用要比商业承兑汇票好。

2. 商业承兑汇票

商业承兑汇票(trade's acceptance bill)指由个人商号承兑的远期汇票，它建立在商业信用基础之上。商业承兑汇票则一定是商业汇票，而不可能是银行汇票。

(四) 按是否有附属单据划分

1. 光票

光票(clean bill)即不附带货运单据的汇票。在国际贸易结算中一般用于贸易从属费用、货款尾数、佣金等的收取或支付。例如，在光票托收或光票信用证中所用的汇票就是光票。

2. 跟单汇票

跟单汇票(documentary bill)即附带货运单据的汇票。与光票相比较，跟单汇票除了票面上当事人的信用以外，还有相应物资做保障，因此该类汇票流通转让性能较好。我们所研究的跟单托收和跟单信用证中所使用的就是跟单汇票。

七、汇票的贴现(discount)

(一) 贴现及贴现息的计算

贴现(discount)是指银行或贴现公司从持票人那里有追索权地买进已经承兑的远期汇票的融资行为。具体地，银行或贴现公司从票面金额中扣减按照一定贴现率计算的贴现息和手续费用，将余款付给持票人。到期提示要求承兑人付款，承兑人一旦付款，贴现银行就收回了其贴现垫款，同时赚取了贴现息。贴现既是票据买卖业务，也是资金融通业务。贴现对于持票人来说，交出承兑汇票办理贴现，就可以及时收回资金，保证了企业经济活动的正常进行，而且贴现业务手续简单，一般不需要抵押。对于办理贴现业务的银行来说，相当于对持票人提供了一笔票面金额的贷款，还可以预先扣除利息。同时，银行为了保障资金的安全，一般只贴现经其他银行承兑的汇票或资信较高的大企业的汇票。另外，贴进的汇票，在资金较紧张时可以向中央银行申请再贴现或通过贴现市场予以转让，在资金的运用上有较大的灵活性。

被扣减的贴现息按照下面的公式来计算：

贴现息=票面金额×贴现天数/360 ×贴现率

式中：贴现天数是指距到期日提早要求付款的天数；贴现率是用年率来表示，英镑按一年365天计算，而美元等货币是按一年360天计算的。

净款(net proceeds)又称现值，即持票人所获得的现金数，按以下公式计算：

净款=票面金额-贴现息

或者

净款=票面金额×(1-贴现天数/360 ×贴现率)

案例3-2

汇票贴现息的计算

案情：

2007年天津津岛某公司从满洲里某经贸有限公司采购俄产基础油1 000吨，价款350万元人民币，其中300万元以银行承兑汇票支付，承兑利息由天津津岛某公司承担。该汇票为六个月远期，出票日期为2007年4月9日，到期日10月9日。2007年6月8日，满洲里公司向哈尔滨银行贴现该汇票。已知贴现息为月3.4‰，异地贴现加收三天息，请计算天津津岛应该支付的利息额。

分析：

到期日为10月9日，按算尾不算头原则，6月9日至10月9日123天，异地加3天共计126天，则

$$贴现利息 = 300\ 000 \times 126/360 \times 3.4‰ = 42\ 840.00$$

$$净款 = 300\ 000 - 42\ 840.00 = 2\ 957\ 160.00$$

启示：

(1) 到期日的计算要准确。

(2) 注意文中所给的条件是月息，按 30 天计算。

（二）汇票的再贴现

再贴现(rediscount)，是指汇票的贴现人向中央银行售出他所贴进的汇票。贴现人贴进汇票后，占压了资金，如果在汇票到期前需要资金可以提前售出汇票，即向本国中央银行要求再贴现。再贴现率是衡量一国利率水平的主要标志。

汇票贴现时所发生的费用有承兑费、印花税和贴现息三种。

第三节

本　票

一、本票的定义

本票(promissory note)也称期票。英国《票据法》关于本票的定义是：本票是一人向另一人签发的，保证即期或定期或在可以确定的将来时间，对某人或其指定人或持票来人支付一定金额的无条件书面承诺。(A promissory note is an unconditional promise in writing made by one person to another signed by the maker, engaging to pay, on demand or at a fixed or determinable future time, a sum certain in money, to, or to the order of a specified person or to bearer。)

与汇票定义有三处明显的不同：① 本票是“保证自己”；汇票是“要求他人”。② 本票是“无条件承诺”；汇票是“无条件命令”。③ 本票只有两个基本当事人：出票人(同时兼任受票人和付款人)和受款人；而汇票则有三个基本当事人：出票人、收款人和受票人(收款人)。

本票在国内使用较多，而在国际贸易中使用较少，因为在国际贸易中由进口商签发本票要比由出口商签发汇票的效率低。本票一般用于国际贸易的买方信贷中，出口国的银行贷款给进口商，供其开证支付进口货款，然后由进口商开出远期付款的本票，经进口地银行背书保证后，作为偿还贷款本息的票据。

二、本票的必要项目

本票票样如图 3-6 所示。根据《日内瓦统一法》的规定，本票必须具备以下项目：

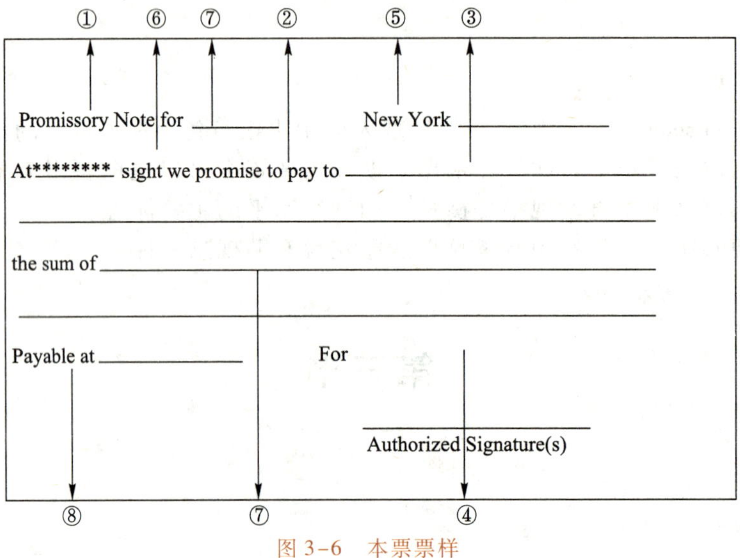

图 3-6　本票票样

① 写明"本票"(promissory note)字样；

② 无条件付款承诺；

③ 收款人或其指定人；

④ 制票人签字；

⑤ 出票日期和地点(未载明出票地点者，以出票人名称旁的地点为出票地点)；

⑥ 付款期限(未载明期限者为见票即付的即期本票，我国《票据法》只承认即期本票)；

⑦ 一定金额货币；

⑧ 付款地点(未载明者，出票地视为付款地)。

由此可见，本票比汇票少了一个绝对必要项目——付款人，而是由出票人承担付款责任。

三、本票的种类

(一) 商业本票

商业本票(trader's note)是以商号或工商企业作为制票人，用以清偿制票人自身债务的本票。它是建立在商业信用基础上的，可接受性较弱。

商业本票按期限可分为远期本票和即期本票。目前在国际贸易中，远期商业本票一般用于出口买方信贷。当出口国银行把资金贷放给进口国的商人以支付进口货款时，往往要求进口商开立分期付款的本票，由进口国银行背书保证后交贷款银行。这种本票不具有流通性，仅作为贷款凭证。

（二）银行本票

银行本票(banker's note)是由商业银行签发即期付给记名收款人或者付给来人的本票，它可以作为现金交给提取存款的客户。银行本票建立在银行信用基础上，可接受性较强。

银行本票也可以分为即期和远期两种，但远期使用得较少。即期银行本票是指在柜面即能取现的本票。它能代替现钞作为支付工具，可用于大额现金交易中。由于即期银行本票的发行在一定意义上会增加货币投放量，因此各国对它的发行有限制。

由于本票的出票人和付款人合二为一的特性，任何出票和付款重叠在一个当事人身上的票据都是带有本票性质的票据，如银行券、国库券、旅行支票、金融债券等。

四、本票与汇票的区别

本票与汇票的区别如表 3-2 所示。

表 3-2　本票与汇票的区别

	本票	汇票
性质	无条件支付承诺	无条件支付命令
基本当事人	签票人与收款人	出票人、付款人和收款人
有无承兑行为	无	有
主债务人	出票人	承兑前是出票人，承兑后是承兑人
是否做拒付证书	无	必须
开出的张数	一张	一套，即一式两份或数份

第四节

支　　票

一、支票的定义

英国《票据法》对支票(cheque)所下的定义是：简而言之，支票是以银行为付款人的即期汇票。详细地说，支票是银行存款户对银行签发的授权银行对某人或其指示人或持票来人即期无条件支付一定金额的书面命令。（Briefly speaking, a cheque is a bill of exchange drawn on a bank payable on demand. Detailed speaking, a cheque is an unconditional order in writing addressed by the customer to a bank signed by that customer authorizing the bank to pay on demand a sum certain in money to or the order of a specified person or to bearer.）

与汇票的定义对比，支票的付款人一定是银行，期限一定是即期的。此外与汇票无本质的不同。

二、支票的必要项目

支票票样如图 3-7 所示。

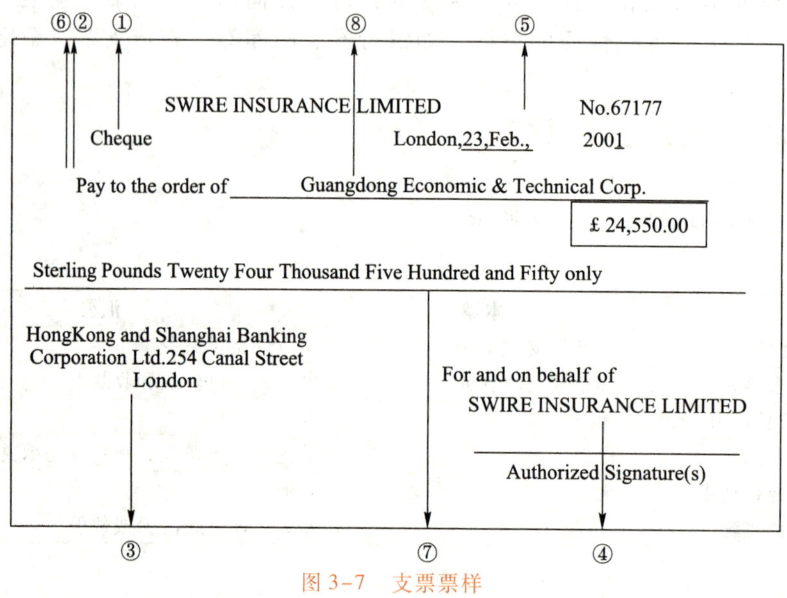

图 3-7 支票票样

① “支票” 的字样。

② 无条件的支付命令。

③ 付款行名称和地点。

④ 出票人名称和签字。

⑤ 出票日期和出票地点。

⑥ 付款期限。

⑦ 支票的金额。

⑧ 支票的收款人。

三、支票的种类

（一）按是否划线划分

1. 一般支票

又称敞口支票，即没有划线的支票。它既可提取现金，又可转账划拨。

2. 划线支票

又称平行线支票，即票面上有两条平行线的支票。它只能通过银行转账划拨。划线支票可分为普通划线支票（general crossing cheque）和特别划线支票（special crossing cheque）。

（1）普通划线支票。指任何一家银行都可以代收转账的支票。如图 3-8 所示。

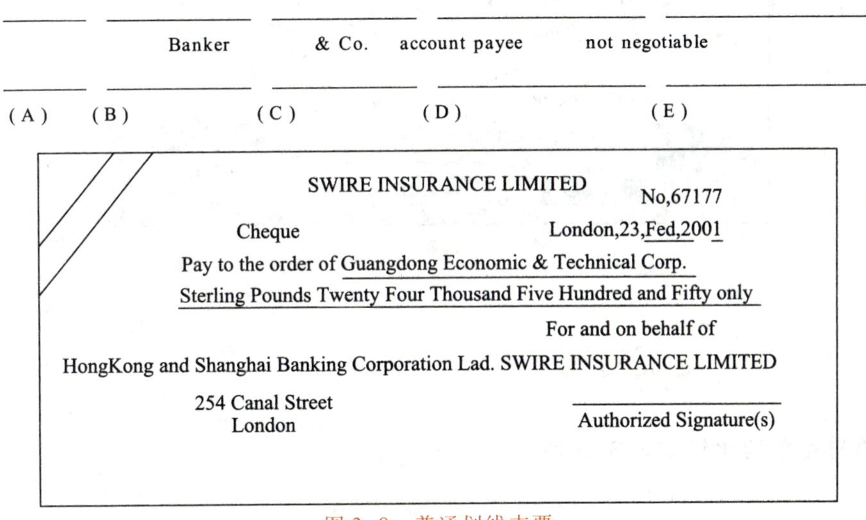

Banker　　& Co.　　account payee　　not negotiable

(A)　(B)　(C)　(D)　(E)

SWIRE INSURANCE LIMITED　　No,67177

Cheque　　London,23,Fed,2001

Pay to the order of Guangdong Economic & Technical Corp.

Sterling Pounds Twenty Four Thousand Five Hundred and Fifty only

For and on behalf of

HongKong and Shanghai Banking Corporation Lad. SWIRE INSURANCE LIMITED

254 Canal Street
London

Authorized Signature(s)

图 3-8　普通划线支票

（2）特殊划线支票。指票面上两条平行线中间加注了某一家银行的名称，只有这家银行才可以作为票款的代收银行。如图 3-9 所示。

（二）按支票的抬头形式划分

1. 记名支票

指注明收款人姓名的支票。除非记名支票有限制转让的文字，否则记名支票即为指示性抬头支票，可以背书转让。记名支票在取款时，必须由收款人签章并经付款行验明其真实性。

2. 无记名支票

无记名支票又称空白支票，它是没有记明收款人的支票。任何人只要持有此种支票，即可向银行要求付款，且取款时不需要签章。银行对持票人获得支票是否合法不负责任。

Midland Band Ltd.

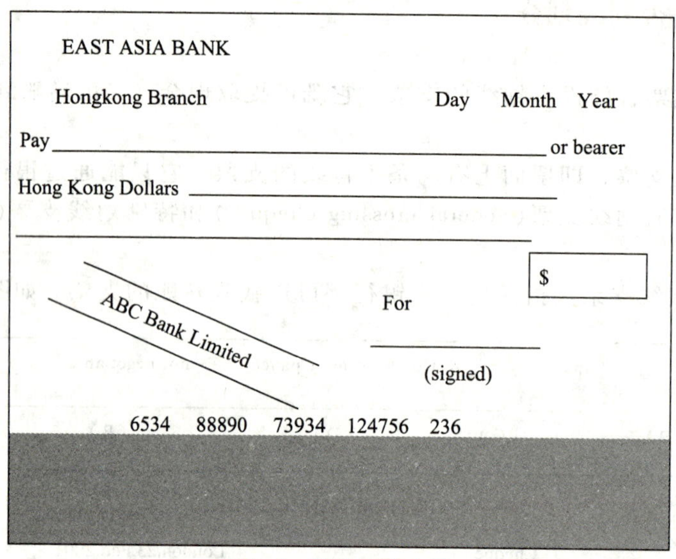

图 3-9 特殊划线支票

四、汇票与支票的比较

汇票与支票的比较如表 3-3 所示。

表 3-3 汇票与支票的比较

比较项目	支票	汇票
出票人身份	仅限于银行的存款客户	无限制
受票人身份	限于吸收存款的银行	无限制
票据性质	出票人对受票行的付款授权书	出票人对受票人的付款命令或委托书

本章小结

1. 票据是汇票、本票、支票等资金单据的统称。票据具有设权性、要式性、文义性、无因性、流通性、货币性、提示性、返还性、追索性 9 大特性。

2. 汇票是出票人签发的，委托付款人在见票时或者在指定的日期无条件支付确定的金额给收款人或者持票人的票据。它包括：汇票字样、无条件命令、确定金额、出票人、付款人、收款人、出票日期和地点、汇票的期限等要项。

3. 汇票有出票、背书、提示、承兑、付款、拒付、追索、保证等票据行为。

4. 本票是一人向另一人签发的，保证即期或定期或在可以确定的将来时间，对某人或其指定人或持票来人支付一定金额的无条件书面承诺。

5. 支票是以银行为付款人的见票即付的银行汇票。支票分为普通和划线支票，划线支票又可以分为普通划线和特殊划线支票。

关键术语

汇票　本票　支票　设权性　文义性　无因性　流通性

复习思考题

1. 简述票据的性质与作用。
2. 列举票据的当事人。
3. 汇票、本票与支票的区别有哪些?
4. 简述各种票据行为的含义及具体内容。

延伸阅读

1. 冷丽莲. 国际汇总与结算[M]. 大连：东北财经大学出版社，2013.
2. 李军，王德勇. 对我国票据无因性制度的再思考[J]. 金融理论与实践，2012(2).
3. 肖小和，汪办兴. 中国电子商业汇票发展的现状、问题与对策[J]. 金融论坛，2011(5).

本章参考文献

1. 贺瑛. 国际结算[M]. 上海：复旦大学出版社，2006.
2. 梁琦. 国际结算[M]. 北京：高等教育出版社，2014.
3. 苏宗祥，徐捷. 国际结算[M].4 版. 北京：中国金融出版社，2008.

第四章

国际结算方式：汇款

本章导言

通过本章学习，掌握汇款的定义、各当事人的责任、汇款的种类及其业务流程，掌握汇款结算方式在国际贸易中的应用，理解电汇、信汇和票汇三种汇款方式的特点，了解汇款头寸的拨付方式。

本章电子教案

（请扫描二维码）

本章知识结构图

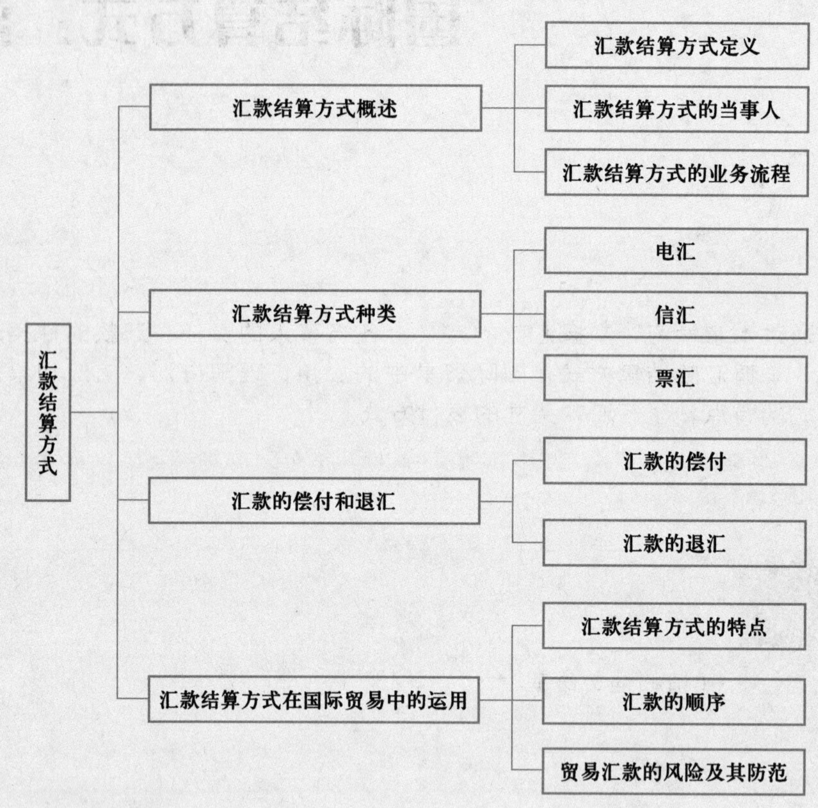
汇款结算方式
汇款结算方式概述
汇款结算方式定义
汇款结算方式的当事人
汇款结算方式的业务流程
汇款结算方式种类
电汇
信汇
票汇
汇款的偿付和退汇
汇款的偿付
汇款的退汇
汇款结算方式在国际贸易中的运用
汇款结算方式的特点
汇款的顺序
贸易汇款的风险及其防范

一、汇款结算方式定义

汇款(remittance)也称汇付，是债务人或付款人主动通过银行将款项汇交收款人的结算方式。在国际贸易中，买卖双方采用汇款方式结算债权债务时，说明双方或由卖方先将货物发运至买方，再由买方付款；或由买方向卖方预先支付款项，然后卖方发货。因而汇款方式是建立在买卖双方相互提供信用基础上的支付方式，属于商业信用的范畴。

二、汇款结算方式的当事人

汇款方式中一般有 4 个当事人：汇款人、收款人、汇出行和汇入行。

1. 汇款人(remitter)

汇款人是委托银行向国外债权人付款的当事人。在国际贸易中汇款人通常是进口商或债务人。其责任是填具汇款申请书(见图 4-1)，向银行提供将要汇出的金额并承担有关费用。

2. 收款人(payee or beneficiary)

收款人是指接受汇款人所汇款项的当事人。在国际贸易中汇款方式下的收款人通常为出口商或债权人。其权利是凭证取款。

3. 汇出行(remitting bank)

汇出行是指接受汇款人委托，办理款项汇出业务的银行。汇出行通常是汇款人所在地银行，其职责是按汇款人的要求将款项汇给收款人。

4. 汇入行(paying bank)

又称解付行，是指接受汇出行委托，向收款人解付汇入款项业务的银行。汇入行通常是收款人所在地银行，它必须是汇出行的联行或代理行。其职责是证实汇出行委托付款指示的真实性，通知收款人取款并付款。

汇款人与收款人之间的关系：在非贸易汇款中，由于资金单方面转移的特性，使汇、收双方表现为资金提供与接受的关系；在贸易汇款中，由于商品买卖的原因，使汇、收双方表现为债权债务关系。

汇款人与汇出行之间是委托与被委托关系。

汇出行与汇入行之间是委托与被委托的关系。

收款人与汇入行之间一般有账户关系。

境外汇款申请书

APPLICATION FOR FUNDS TRANSFERS(OVERSEAS)

致：　　　　　　　　　　　　　　　　　　　　　日期

To：　　　　　　　　　　　　　　　　　　　　　Date：

<table>
<tr><td colspan="3">□电汇 T/T □票汇 D/D □信汇 M/T</td><td>发报等级 Priority</td><td>□电汇 Normal □电汇 Urgent</td></tr>
<tr><td colspan="2">申报号码 BOP Reporting No.（略）</td><td colspan="3">□□□□□□□ □□□□ □□ □□□□□□□ □□□□</td></tr>
<tr><td colspan="2">20 银行业务编号
Bank Transaction Ref. No.（略）</td><td></td><td>收电行/付款行（略）
Receiver/Drawn on</td><td></td></tr>
<tr><td colspan="2">32A 汇款币种及金额
Currency & Inter－bank Settlement Amount</td><td></td><td>金额大写
Amount in Words</td><td></td></tr>
<tr><td rowspan="3">其中</td><td>现汇金额 Amount FX</td><td></td><td>账号 Account No.</td><td></td></tr>
<tr><td>购汇金额 Amount of Purchase</td><td></td><td>账号 Account No.</td><td></td></tr>
<tr><td>其他金额 Amount of Others</td><td></td><td>账号 Account No.</td><td></td></tr>
<tr><td colspan="2">50a 汇款人名称及地址
Remitter's Name & Address</td><td colspan="3"></td></tr>
<tr><td colspan="3" rowspan="3">□对公组织机构代码 Unit Code□□□□□□□□□□□□</td><td rowspan="3">□对私</td><td>□个人身份证号码 Individual ID No.</td></tr>
<tr><td>□中国居民个人 Resident Individual</td></tr>
<tr><td>□中国非居民个人 Non－Resident Individual</td></tr>
<tr><td colspan="2">54/56a 收款银行之代理行
名称及地址 Correspondent of Beneficiary's Banker Name & Address</td><td colspan="3"></td></tr>
</table>

续表

57a 收款人开户银行名称及地址 Beneficiary's Bank Name & Address	收款人开户银行在其代理行账号 Beneficiary's Bank Account No.		
59a 收款人名称及地址 Beneficiary's Name & Address	收款人账号 Beneficiary's Account No. MT30908Y1290		
70 汇款附言 Remittance Information STANDBY LETTER OF CREDIT NO. SB-913370-0002.	只限140个字位 Not Exceeding 140 Characters	71A 国内外费用承担 All Bank's Charges If Any Are to Be Bone By □汇款人 OUR □收款人 BEN □共同 SHA	
收款人常驻国家(地区)名称及代码 Beneficiary Resident Country/Region Name & Code(略) □□□			
请选择：□预付货款 Advance Payment□货到付款 Payment against Delivery□退款 Refund□其他 Others			
交易编码(略) BOP Transaction Code □□□□□□ □□□□□□	相应币种及金额(略) Currency & Amount	交易附言(略) Transaction Remark	
是否为进口核销项下付款	√是□否	合同号	发票号(略)
外汇局批件/备案表号(略)		报关单经营单位代码(略)	 □□□□□□□□□□□
报关单号(略)	报关单币种及总金额(略)	本次核注金额(略)	
银行专用栏 For Bank Use Only	申请人签章 Applicant's Signature	银行签章 Bank's Signature	
购汇汇率(略) Rate @	请按照贵行背页所列条款代办以上汇款并进行申报 Please effect the upwards remittance subject to the conditions overleaf 申请人姓名 Name of Applicant 刘英 电话 Phone No.(略)	核准人签字(略) Authorized Person 日期(略) Date	

图4-1 境外汇款申请书

三、汇款结算方式的业务流程

汇款业务流程如图 4-2 所示。

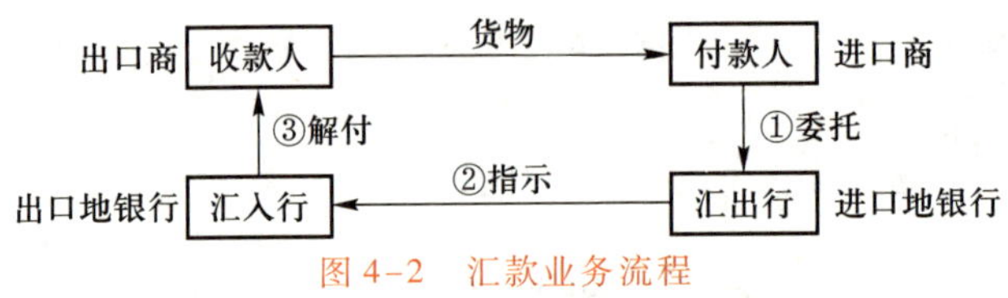

图 4-2　汇款业务流程

第二节

汇款结算方式种类

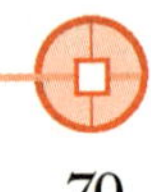

根据汇出行通知汇入行付款的方式，或汇款委托书传递的方式的不同，汇款可以分为电汇、信汇和票汇三种方式。

一、电汇

1. 电汇的含义和特点

电汇(telegraphic transfer，T/T)是汇出行应汇款人的申请，通过加押电报或电传指示汇入行解付一定金额给收款人的汇款方式。

电汇方式的特点：

(1) 汇款迅速。在银行业务中电汇的优先级较高，一般都是当天处理。汇出行当天发出委托付款指示，汇入行在当天或第 2 天通常能收到，汇入行又马上通知收款人，这样整个汇款业务的完成一般只需要 2～3 天时间，资金在途占用时间很短，有利于提高资金的利用效率。电汇是汇款方式中最快捷的一种。

(2) 安全可靠。电汇大多是银行之间的直接通信，减少了中间环节，使得产生差错的可能性大大缩小，安全性高。因此电汇的使用越来越多。

(3) 费用略高。由于电汇使用的是现代化的通信工具电报和电传，电报按字收费，电传按时计价，其直接成本相对较高。并且采用电汇时，资金在途时间很短，汇出行基本不能占用资金，因此银行的收费较其他方式要高。

目前，电汇主要是在汇款比较紧急或汇款金额较大时使用。汇款金额较大时采用电汇，能使单位成本降低，减少资金占用。

案例 4-1

电汇业务中的诈骗

案情：

国内某公司签订一笔外销合同，合同规定的支付条款是装运月前20天电汇付款，买方却迟迟不予汇款，至装运月中旬始从邮局寄来一张银行汇票。为保证按期交货，国内公司于收到该汇票次日即将货物发出，同时委托银行代收票款。两个月后，国内公司接到银行退票通知，原因是该汇票是伪造的。此时，货已抵达目的港，并被买方凭出口企业寄去的单据提走，事后国内公司追偿，但对方早已人去楼空。此案中，我方的主要教训何在？

分析：

本案中的结算方式为电汇付款，则出口商应及时向国外催要货款，为保证货物安全，须款到账后才能发货。买方未按合同约定，而是以汇款中的票汇结算，国内公司未与银行沟通确认汇票的有效性就发货，增加了结汇风险。汇款业务中，单据由银行寄至买方，买方即可提货，国内公司毫无保障，导致严重的后果。

启示：

（1）汇款业务风险大，出口企业应充分了解买方信誉。

（2）签订合同，尽量争取拿到预付款，或者采取先付部分款项，出提单后再支付余款的方式，或者采取其他结算方式保障自身权益。

（3）收到汇票后要与银行沟通，确认票据的真伪。

2. 电汇的业务流程

当结算双方商定以电汇方式结算资金后，电汇的具体操作程序如下：

（1）汇款人填写电汇申请书，交款付费给汇出行。

（2）汇出行给汇款人以电汇回执。

（3）汇出行根据汇款人申请书内容，将汇款金额、收款人和汇款人姓名、地址、汇款人附言等内容以电传或电报通知汇入行委托解付。汇出行在发电报或电传时，要加列与汇入行约定使用的密押，以证实电报或电传内容确实是汇出行所发；汇入行收到电文，要核实密押无误后，才能办理解付手续。

（4）汇入行收到汇出行汇款电文并核对密押相符后，立即通知收款人取款。目前国际贸易结算的汇款，一般收款单位都在汇入行开有账户，故汇入行可以仅凭电文将款项收入收款人账户，然后给收款人一张收账通知单。

（5）收款人持通知书到汇入行取款时，必须在收款人收据上签名或盖章。

（6）汇入行向收款人解付汇款。

（7）汇入行将付讫借记通知书邮寄给汇出行，以使双方的债权债务得以结算。

电汇业务的程序如图 4-3 所示。

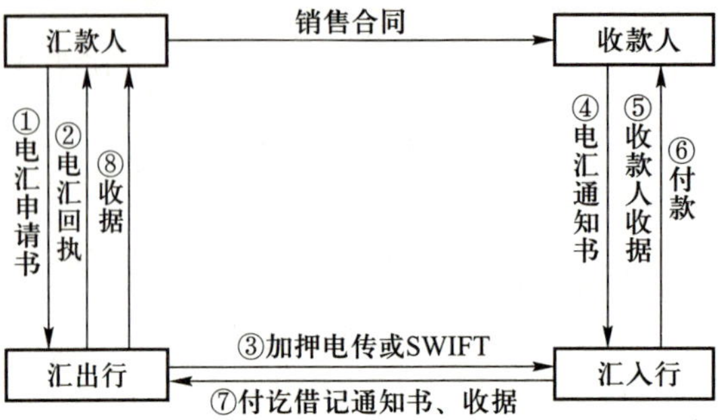

汇款人
销售合同
收款人
①电汇申请书
②电汇回执
⑧收据
④电汇通知书
⑤收款人收据
⑥付款
③加押电传或SWIFT
汇出行
汇入行
⑦付讫借记通知书、收据

图 4-3　电汇业务流程

二、信汇

1. 信汇的含义和特点

信汇(mail transfer，M/T)是汇出行应汇款人的申请，用航空信函指示汇入行解付一定金额给收款人的汇款方式。信汇是一种传统的汇款方式。

信汇的特点：

(1) 结算费用较低。用信函通知汇款比用电报或电传通知汇款所发生的直接成本要低得多，而且在用信汇时，资金在途时间长，汇出行可以占用一个邮程的资金，因此，银行收取的手续费较低。

(2) 汇款所需时间较长。信汇的优先级别较低，银行在办理信汇时不会像电汇那样迅速。信汇较慢的关键在于委托付款指示的传递需要较长时间，汇入行只有在接到航空信函、收妥资金后才解付给收款人。

此外，信函在传递过程中还可能发生积压甚至丢失等情况，这些都会影响汇款的顺利进行。

2. 信汇的业务流程

信汇的业务程序与电汇基本相同，但汇款人必须填写信汇申请书。信汇与电汇的唯一差别是，汇出行通过航空信函邮寄信汇委托书(M/T advice)或支付委托书(payment order)给汇入行，而不是采用电报。

信汇业务的程序如图 4-4 所示。

三、票汇

1. 票汇的含义和特点

票汇(remittance by banker's demand draft，D/D)是汇出行应汇款人的申请，开出

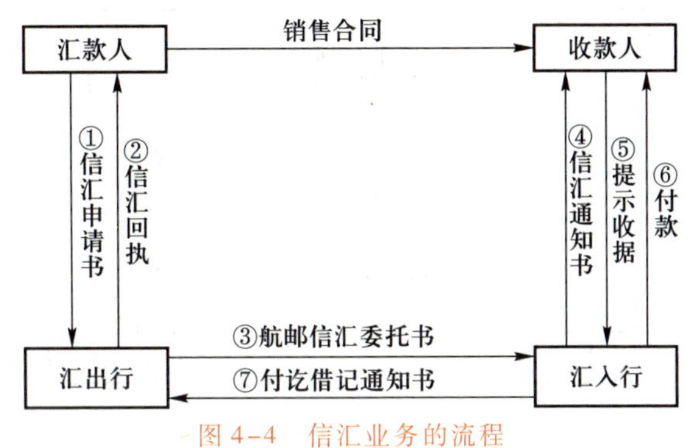

图 4-4　信汇业务的流程

银行即期汇票(banker's demand draft)交汇款人，由其自行携带出国或寄送给收款人凭票取款的汇款方式。

票汇的特点：

(1) 取款方便，手续简便。汇入行无须通知收款人取款，而是由收款人持票自行到汇入行取款，省却了汇入行通知的环节，简化了手续。

(2) 汇款人可以通过背书把票据转让他人，具有一定的灵活性。只要抬头许可，汇款人可将汇票带到国外亲自去取款，也可以将汇票寄给国外债权人由他去取，还可以背书后转让。票汇可以由汇票持有人向汇入行取款，也可将汇票卖给任何一家汇出行的联行或代理行，后者只要能核对汇票上签字的真伪，就会买入汇票。

(3) 银行可无偿占用资金。票汇的结算时间可长可短，时间长短主要取决于持票人的意愿。票据的出票、寄(带)或者转让所占时间较长，银行在此期间可以无偿使用资金。

2. 票汇的业务流程

(1) 汇款人填写票汇申请书，并交款付费给汇出行；

(2) 汇出行开立银行即期汇票交给汇款人；

(3) 汇款人将银行即期汇票自行邮寄给收款人；

(4) 汇出行将票汇通知书(advice of drawing)，即票根邮寄给汇入行；

(5) 收款人凭银行即期汇票向汇入行取款；

(6) 汇入行对汇票和票根审核无误后，付款给收款人；

(7) 汇入行同时把付讫借记通知书寄给汇出行。

收款人向汇入行领取汇款时，应对汇票进行背书，汇入行核实后才能解付。

票汇业务的程序如图 4-5 所示。

3. 中心汇票

中心汇票是指以汇票所用货币的清算中心的银行为付款人的即期银行汇票。如以纽约某银行为美元汇票付款人的汇票、以东京某银行为日元汇票付款人的汇票、以伦敦某银行为英镑汇票付款人的汇票等都是中心汇票。

中心汇票是一种比较理想的汇款方式。中心汇票的付款人总是出票银行在某货币清算中心的账户行。

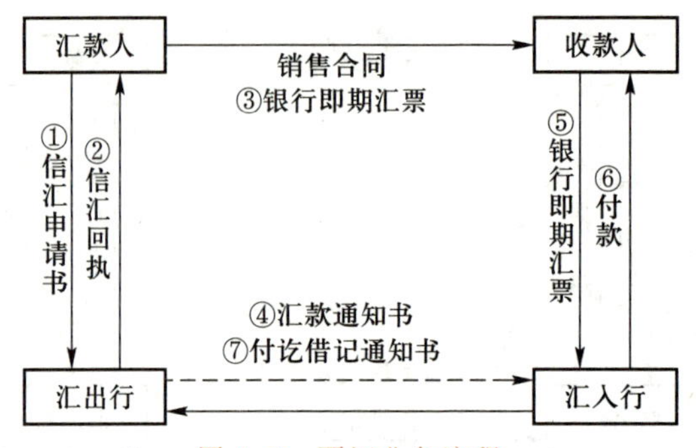

图 4-5　票汇业务流程

对出票行来说，在开立汇票时已向汇款人收了款。直到付款行付款时才从账上付出，可以较长时间地占用资金，并且出票行不必调拨资金，手续简便。

对买入行而言，可以通过卖出中心汇票早收款。银行一般只愿购买中心汇票，买入中心汇票后，买入行只要将它寄到汇票所用货币的清算中心即可收回票款，手续简单，还可获得一定的利息收入。

四、三种汇款方式的比较

1. 电汇与信汇的区别

（1）电汇中汇出行将付款委托书采用电报或电传方式发送给汇入行；而信汇中则采用邮寄方式发送。

（2）电汇迅速可靠，而信汇则速度较慢。

（3）电汇时，汇款人需支付较高的电报费或电传费；而信汇时，汇款人的费用支出较少。

2. 票汇与电汇、信汇的区别

（1）票汇的传送不通过银行，是由汇款人自己把汇票寄给收款人或自己携带出国；而电汇、信汇是汇出行以电传、电报或信函的方式通知汇入行。

（2）票汇时，汇入行无须通知收款人，由收款人持票登门取款；电汇、信汇是由汇入行通知收款人前来取款。

小知识 4-1

西联汇款

西联汇款是西联国际汇款公司(Western Union)的简称，是世界上领先的特快汇款公司，迄今已有150年的历史，它拥有全球最大最先进的电子汇兑金融网络，代理网点遍布全球近200个国家和地区。西联公司是美国财富五百强之一的第一数据公司(FDC)的子公司。中国邮政、光大银行、农业银行、中国邮政储蓄银行四家银行是西联汇款业务中国代理行。其公司中国业务的网站为 www. westernunion. cn。

第三节

汇款的偿付与退汇

一、汇款的偿付

（一）头寸的含义

汇款作为取代运送现金的一种结算方式，汇出行委托汇入行解付汇款不是无条件的。汇出行在办理汇出业务时，应及时将汇款金额拨交给其委托付款的汇入行，这种行为称为汇款的偿付(reimbursement of remittance cover)，俗称拨头寸。

（二）头寸的偿付方式

每笔汇款都必须注明拨头寸的具体指示。根据汇出行和汇入行账户的开设情况，头寸有以下拨付方式。

1. 账户行直接入账型

（1）汇出行授权汇入行借记(be authorized to debit)汇出行账户。如果汇出行在汇入行开有账户，汇出行发出付款指令后，应授权汇入行借记其账户相应金额。汇入行在付款的同时，应向汇出行发送借记报单。

具体操作如下：汇出行发出付款指令后，应主动将相应头寸贷记该账户，并向汇入行发送贷记报单。汇出行在委托汇入行解付款项时，应在信汇委托书或支付委托书上注明拨头寸的指示"Please debit our a/c with you"或"In cover, we authorized you to debit the sum to our a/c with you"（"请借记"或"授权借记"）。汇入行收到信汇委托书或支付委托书，即被授权凭以借记汇出行账户，同时可以拨付头寸解付给收款人，并以借记报单(注明"your account debited)，通知汇出行。此笔汇款业务即告完成。如图 4-6 所示。

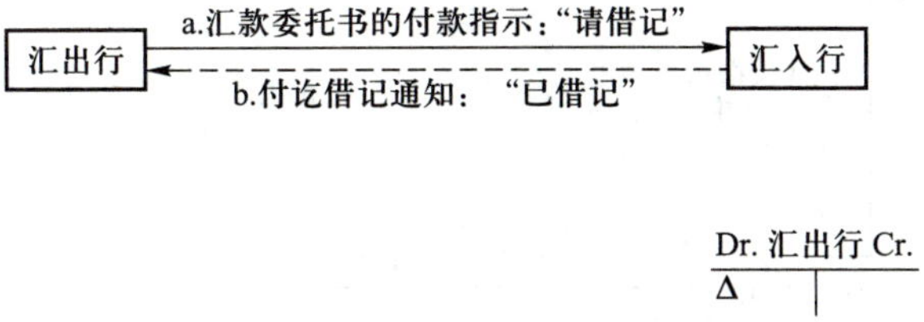

图 4-6 汇款方式中头寸的划拨(1)

（2）汇出行主动贷记(credit)汇入行账户。如果汇入行在汇出行开有账户，汇出行发出付款指令后，应主动将相应头寸贷记该账户，并向汇入行发送贷记报单。

具体操作如下：汇入行在汇出行开有账户。汇出行在委托汇入行解付款项时，应在信汇委托书或支付委托书上注明拨头寸的指示："Incover, we have credited the sum to you' re a/c with us."（"已贷记"或"主动贷记"）。汇入行收到信汇委托书或支付委托书，表明汇款头寸已拨入自己的账户，即可使用头寸解付给收款人。如图 4-7 所示。

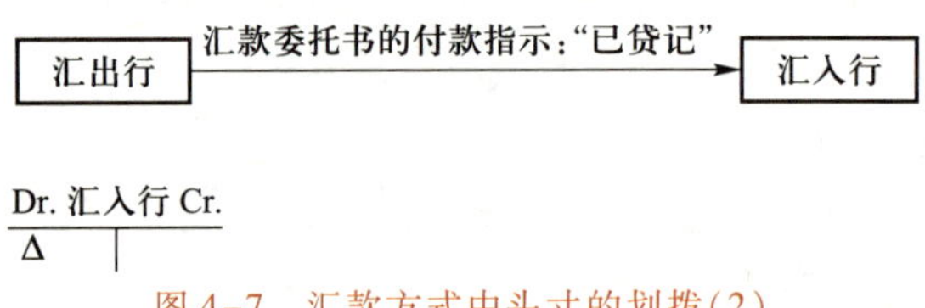

图 4-7　汇款方式中头寸的划拨(2)

在汇出行和汇入行双方互开账户的情况下，汇出行会选择第一种方式。因为从付款人支付款项给汇出行到汇入行借记汇出行的账户，其间的资金被汇出行所占用，对汇出行有利，所以在实务中，"请借记"或"授权借记"这种方式较多用。

2. 碰头行(intermediary bank)转账型

如果汇出行和汇入行之间没有账户关系或没有所汇货币账户关系，头寸可通过双方的共同账户行即碰头行转账完成。即汇出行授权碰头行借记其账户，并指示其将相应资金贷记汇入行的账户。

具体操作如下：汇出行与汇入行没有直接的账户关系，汇出行与汇入行有共同的账户行，即双方在同一家银行开有账户的情况下，为了偿付款项，汇出行一方面向汇入行发出委托解付汇款的通知，其中拨头寸指示为："In cover, we have authorized X Bank to debit our a/c and credit your a/c with them."；另一方面向共同账户行发出银行转账通知书(bank transfer)，要求其先借记汇出行的账户，然后再贷记汇入行的账户，将头寸拨付汇入行在该账户行的账户。汇入行收到汇出行的电汇拨头寸指示及 X 账户行的贷记报单，即可解付给收款人。这种方式手续较前者复杂，一笔业务需要有两个信息传递时间。如图 4-8 所示。

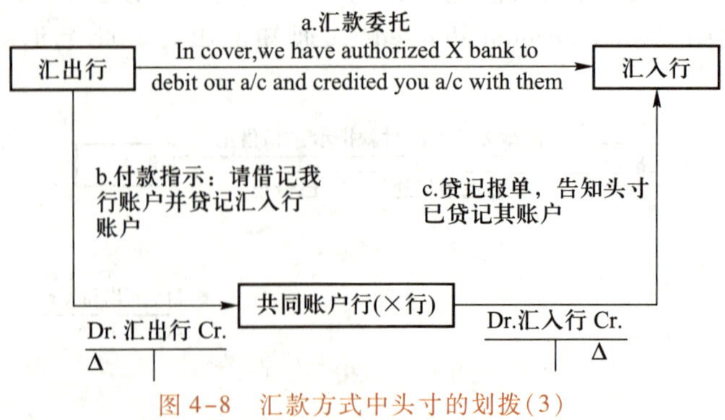

图 4-8　汇款方式中头寸的划拨(3)

3. 共同账户行转账型

如果汇出行和汇入行之间没有碰头行，则需要通过它们账户行的共同账户行（碰头行）来拨交头寸。这种拨交头寸的方法传递环节多、时间长、费用高，资金转移的效率较低。因此，要尽量避免采用这种方法偿付。

具体操作如下：汇出行和汇入行没有共同的账户行，即双方在不同银行开有账户，必须通过两家或两家以上的银行进行转账。为了偿付，汇出行在汇出汇款时，主动通知其账户行将款拨给汇入行在其他代理行开立的账户。同时汇出行向汇入行委托解付汇款的通知，其中拨头寸指示为："In cover, we have authorized X Bank pay/remit the proceeds to your a/c with Y Bank." 汇入行在收到 Y 银行贷记报单后，即可解付。如图 4-9 所示。

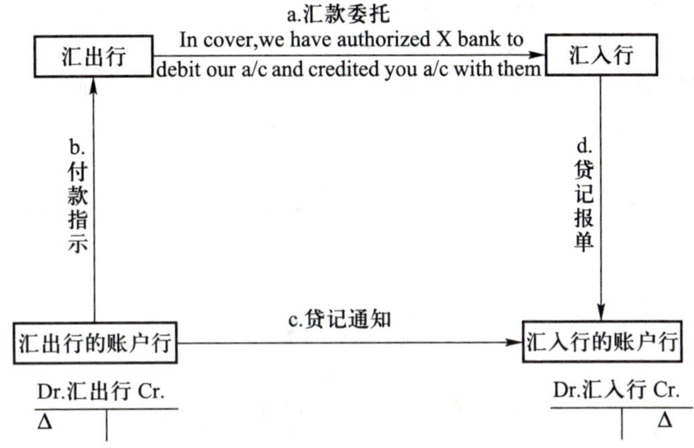

图 4-9　汇款方式中头寸的划拨（4）

二、汇款的退汇

退汇是指汇款在解付前的撤销。电汇、信汇和票汇一经汇出后，由于各种原因，可以要求付款行（汇入行）将汇款退回。退汇又叫撤销支付（countermand payment）。

退汇通常是由汇款人提出，如果汇款尚未解付，汇出行、汇入行一般应同意汇款人的退汇要求。退汇的办理程序如下：

1. 向汇出行递交退汇申请书

汇款人在要求退汇时，应首先以书面形式向汇出行提出退汇申请，说明退汇理由。如果是票汇退汇，汇款人应将汇票背书后交回汇出行。

2. 汇出行审查退汇申请

在接到汇款人的退汇申请后，汇出行应对申请书进行审查，如果必要，还可要求汇款人提供担保书，保证承担汇出行因退回而可能受到的一切损失。在汇票遗失的情况下，通常要这么做。

3. 汇出行发出退汇通知

在确认退汇理由合理、取得汇款人的保证后，汇出行应立即通知汇入行停止付款，并要求其退回汇款时已拨交的头寸。

4. 汇入行退汇

接到退汇通知后如果汇款尚未解付，汇入行应寄回汇款凭证及退汇通知，并退回汇款头寸。如果汇款已经解付，应将经收款人签署的汇款收条寄去，表示汇款已经解付，无法退回。

5. 汇出行退汇

在收到汇入行退回的头寸后，汇出行应将其退还给汇款人，并注销有关汇票。

如果在汇出行的退汇通知到达之前，汇入行已经解付汇款，那么汇入行不能向收款人追索，汇款人也不能要求退汇，只能由汇款人直接同收款人交涉，要求其退款。

在有些情况下，退汇也可以由收款人提出。收款人退汇比较简单、方便：在电汇、信汇时，只要他拒收汇款，通知汇入行，汇入行即可将汇款凭证退回，然后由汇出行通知汇款人前来办理退回；在票汇时，收款人退回，只需将汇票寄回给汇款人即可。

如果过了一定期限，收款人仍不来取款，汇入行也可主动办理退汇。

第四节

汇款方式在国际贸易中的应用

一、汇款结算方式的特点

（一）风险较大

汇款的结算基础是商业信用，卖方在发货后能否顺利收回货款，买方在预付货款后能否顺利收到符合合同规定的货物，都分别取决于对方，即买方或卖方的信誉。

银行在汇款方式中处于简单受委托的地位，它只需按常规办理汇款业务即可，并且只对汇款的技术性问题负责不对货物买卖和货款收付的风险承担任何责任。

（二）资金负担不平衡

如果是货到付款，则资金完全由出口商负担；如果是预付全部货款，则资金完全由进口商负担。并且在汇款结算过程中，进出口商无法从银行得到贸易融贸。

（三）结算简单、迅速，费用低

汇款结算手续简单，费用低廉，结算灵活、迅速，如果贸易双方相互比较信任，汇款结算是十分理想的支付或结算方式。

从总体上讲，汇款结算是一种有利于进口商，而不利于出口商的结算方式。因为当前的国际市场主要是买方市场，汇款结算一般是货到付款而不是预付货款，资金和风险都由卖方承担。

二、汇款的顺序

在国际贸易中以汇款方式结算买卖双方债权债务时，根据货款交付和货物运送的先后顺序不同，汇款可分为预付货款和货到付款两种类型。

（一）预付货款（advance payment）

预付货款是指进口商先将货款的全部或一部分通过银行汇交出口商，出口商收到货款后在约定时间内将货物发运给进口商。预付货款是对进口商而言的，对出口商而言则是预收货款。

1. 预付货款的特点

预付货款对出口商比较有利，对进口商较为不利，可以从下面两个方面来说明：

（1）资金方面。出口商在发出货物以前即可收到一笔货款或者说是得到了进口商的无息贷款，他不仅可以因此得到从收到货款之日起至发货日的利息收入，还可以用它来进行周转。

进口商货物到手前付出货款等于是向对方无偿提供了信贷，造成利息损失，影响自身资金周转。

（2）风险方面。出口商预收货款实际上是接受了进口商的购货担保，如果进口商违约出口商即可没收预付款。这样，既降低了出口货物的风险，又掌握了货物进出口的主动权。

反之，进口商承担了一定风险，即付款后可能不会按时、按量、按质收到合同规定的货物，使本来处于主动的地位变得比较被动。

2. 预付货款的适应范围

（1）出口商的商品是进口国市场上的抢手货，进口商需求迫切，以取得高额利润，因此不惜预付货款。

（2）进出口双方关系密切，相互了解对方资信状况，进口商愿以预付货款购入货物。

（3）卖方货物旺销，出口商与进口商初次成交，卖方对买方资信不甚了解，顾虑买方收货后不按合约履行付款义务。为了收汇安全，卖方提出预付货款作为发货的前提条件。

（二）货到付款（payment after arrival of the goods）

是进口商在收到出口商发出的货物后才按规定支付货款的方式，这实际上是一种赊销交易(open account transaction)或延期付款交易(deferred payment transaction)。

1. 货到付款的特点

货到付款有利于买方而不利于卖方，主要表现在资金占用和风险承担两方面：

(1) 资金方面。在货到付款方式下，资金的承担者是卖方，其货款的收回通常是在买方收到货物后的一段时间，因此，卖方的资金占用时间既包括货物在途时间，还包括资金在途时间。如果买方不是在收到货物后立即付款，卖方的资金占用时间还会更长。而买方则无偿或只承担较低的利息费用即可占用卖方资金。

(2) 风险方面。货到付款方式中，风险的承担者也是卖方，在发出货物后，他要承担买方不付款或不按时付足货款的风险。而买方则较为主动，如果收到的货物不符合合同规定，他可不付或少付货款。

2. 货到付款的种类

货到付款在国际贸易结算中有售定和寄售两种形式。

(1) 售定。售定(be sold out/up)是买卖双方就交易条件达成一致，并在成交合同中明确规定了货物售价及买方付款时间等条款的贸易和结算方式。

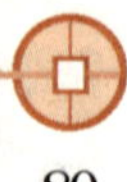

我国对我国香港地区设地区鲜活商品的出口往往采用售定方式。其具体做法是卖方先发货，出口单据随同货物带去直接交买方提货，买方根据实收货物数量，按规定的价格和付款期限将货款通过银行汇交卖方。

售定结算有这样几个特点：

第一，鲜活商品的数量、质量不固定，难以采用信用证等其他结算方式；

第二，出口交单不是通过银行寄出而是随货带出；

第三，货物售价、买方付款时间是事先确定的，买方通常是货到立即付款或货到后 1 个月付款。

(2) 寄售。寄售(consignment)是指出口方先将货物运往国外，委托国外商人(通常是中间商)按照双方事先商定的条件，在当地市场上代为销售，待货物售出，国外商人才将扣除佣金和有关费用后的货款汇交出口方的贸易和结算方式。

寄售方式有这样的特点：

第一，寄售双方之间是一种委托关系，不是买卖关系，国外代售人对代售货物可能产生的一切费用和风险不承担任何责任；

第二，寄售是先将货物出运后售卖，待卖出后交付货款，货物的最终售价及货款的收回时间是不确定的；

第三，寄售的大多是些难以凭规格、样品成交或不看实物难以成交的商品，出口方采用寄售方式主要是为了推销滞销品或开拓新市场。

三、贸易汇款的风险及其防范

在国际汇款业务中，进出口双方由于缺乏对另一方的有效制约，与其他结算方式相比安全性最差，风险最大。

（一）出口方面临的风险及防范

1. 出口方面临的风险

（1）信用风险。信用风险是指进口方在收到货物后，迟付或不付货款的风险。当今的国际市场是买方市场，通常是出口方先发货，进口方收到货物后再将货款通过汇款的方式汇交给出口方。这种结算方式相当于由出口方向进口方提供了信用和资金融通。进口方没有承担任何风险，而出口方则面临着进口方不付货款的风险。

（2）技术风险。所谓技术风险是指由于汇出行设计汇款路线不合理或者因汇出行不能使解付行收到或及时收到内容完整准确的付款委托书，而导致出口方承担迟收汇款的风险。具体表现为两种形式：

第一，汇出行设计汇款路线不合理而造成迟收。汇出行在办理汇款业务时，可能不合理地设计汇款路线，或者选择的转汇行和解付行效率不高，或者设计的汇款路线不通畅，汇款路线没有拉直，造成汇款路线迂回曲折、错综复杂的局面，增加了不必要的中间环节，从而增加汇款在途时间，也增加了出错机会最终导致出口方迟收汇款。

第二，汇出行不能使解付行收到或及时收到内容完整、准确的付款委托书而导致迟收汇款。这主要有三种情况：① 解付行不能收到或不能及时收到付款委托书；② 汇出行发出的电汇或信汇委托书由于其格式、内容有误而使解付行无法解付款项；③ 汇出行张冠李戴，误发付款委托书，使转汇行、解付行无法及时收到付款委托书造成迟付。

（3）汇率风险。所谓汇率风险是指汇率波动导致出口方收到的本币减少的风险。这是在出口方选择以外币作为交易的计价货币时存在的风险。

2. 出口方的防范措施

出口方可以采用以下措施来防范所面临的风险。

（1）进行国际交易前要对进口方的资信进行调查，最好事先要求进口方开出由可靠银行出具的履约保函。

（2）出口方应尽量分批出运货物，降低风险。

（3）针对汇出行发出的信汇或电汇委托书有误而导致迟付这种情况，出口方应加强与进口方、转汇行和解付行的关系，及时查询，保证按时收汇。

（4）充分利用各种金融工具对冲汇率风险。

（二）进口方面临的风险及防范

进口方在国际汇款业务中面临的主要风险是在采取预付货款的情况下，进口方面临的对方不予发货或迟发货或对方以次充好的风险。另外，在国际交易采用以外币计价的时候，进口方同样面临着汇率风险。

进口方可以采取以下防范措施：

（1）对出口方的资信进行调查。

（2）预付部分货款，以降低风险。

（3）要求出口方事先开出由银行出具的履约保函，万一日后对方不交货或迟交货或以次充好不合要求，可依据银行保函索取赔偿。

（4）充分利用各种金融工具以规避汇率风险。

小知识 4-2

结算方式简介

国际结算方式，又称国际支付方式，是指资金在国家间从付款一方转移到收款一方的方式。它从比较简单的现金结算方式发展到目前比较完善的以银行为中心的非现金结算方式。当前，在国际结算中基本的结算方式有汇款、托收、信用证三种。如果按资金的流向和结算工具传送的方向划分，结算方式又可以分为顺汇和逆汇两大类。

顺汇(remittance)，是指汇款人(债务人)将款项主动交给银行委托银行使用某种结算工具，汇付给收款人(债权人)的结算方式。汇款方式就属于顺汇的范畴。顺汇的特点是资金的流向与结算工具的传送方向相同。

逆汇(reverse remittance)，是指由债权人以出具票据的方式，委托银行向国外债务人收取款项。逆汇包括银行的托收业务和信用证业务。其特点是结算工具的传送方向与资金的流动方向相反。

顺汇与逆汇构成了国际汇兑的两种主要方式。银行提供的这一服务免除了客户运送资金的麻烦，加速了资金的流通速度，提高了资金的使用效率。在早期的国际结算中，汇款是最主要的结算方式。在现代国际结算中，汇款方式仍得到了广泛的使用，它既适用于贸易结算也适用于非贸易结算。凡属外汇资金的调拨都可以采取这种方式。

■ 本章小结

1. 汇款(remittance)也称汇付，是债务人或付款人主动通过银行将款项汇交收款人的结算方式。在国际贸易中，买卖双方采用汇款方式结算债权债务时，说明双方或由卖方先将货物发运至买方，再由买方付款；或由买方向卖方预先支付款项，然后卖方发货。因而汇款方式是建立在买卖双方相互提供信用基础上的支付方式，属于商业信用的范畴。

2. 汇款是一种传统的国际结算方式，但在现代国际结算中仍有重要作用。其特点是结算简单、迅速、成本低，很受某些贸易商人的喜爱。

3. 根据汇出行的委托指令传递方式不同，汇款可分为信汇、电汇、票汇3种类型，不同方式具有不同优缺点。电汇适用于大额、紧急货款的结算；信汇适用于小额、从属费用的结算。

4. 汇款可分为货到付款、预付货款两类。交易商品处于买方市场则一般采用货到付款，交易商品处于卖方市场则一般采用预付货款。

5. 风险问题是汇款结算面临的最大问题。汇款结算以商业信用为基础，银行对汇款结算中的风险不承担责任，一般也不提供结算融资。

6. 汇款是一种有利于进口商而不利于出口商的结算方式。

■ 关键术语

顺汇　　逆汇　　汇款　　电汇　　信汇　　票汇

■ 复习思考题

1. 什么是汇款结算方式？汇款方式有哪几个当事人？
2. 为什么说汇款方式属于顺汇？
3. 汇出汇款时，为什么要加列拨头寸指示？一般的拨头寸指示有几种？
4. 什么是退汇？试用图示说明退汇程序。
5. 试用图示表明电汇、信汇、票汇的异同。
6. 试分析货到付款与预付货款对进出口商的影响。

■ 延伸阅读

1. 赵明霄. 国际结算习题与案例[M]. 北京：中国金融出版社，2010.
2. 骆敏. 我国商业银行境外汇款操作风险管理[J]. 福建商业高等专科学报，2010（01）.
3. 许增雯. 向境外VISA卡汇款不再难[J]. 卓越理财，2010（2）.

■ 本章参考文献

1. 庞红，尹继红. 国际结算[M]. 北京：中国人民大学出版社，2012.
2. 苏宗祥，徐捷. 国际结算[M]. 北京：中国金融出版社，2010.

第五章

国际结算方式：托收

本章导言

通过本章学习，熟练掌握托收方式的概念、种类、特点、当事人以及托收的结算程序，熟悉托收结算方式的融资方式和风险防范。

本章电子教案

（请扫描二维码）

本章知识结构图

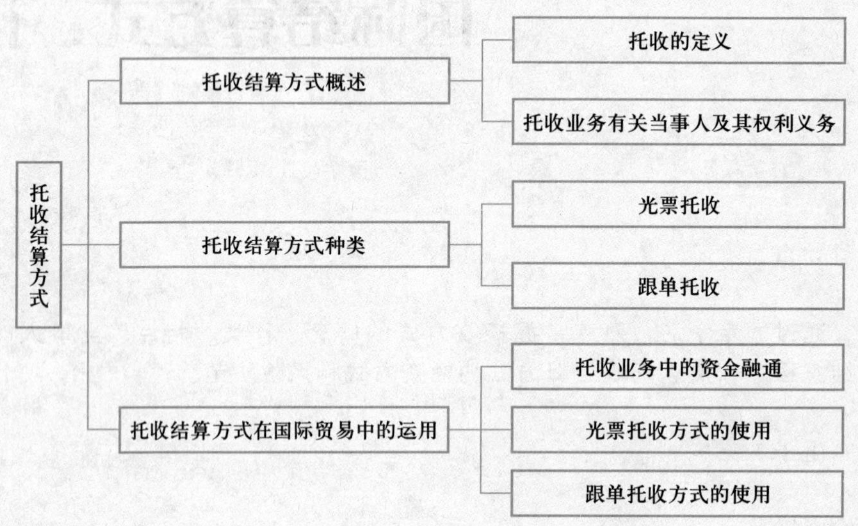

托收结算方式
托收结算方式概述
托收的定义
托收业务有关当事人及其权利义务
托收结算方式种类
光票托收
跟单托收
托收结算方式在国际贸易中的运用
托收业务中的资金融通
光票托收方式的使用
跟单托收方式的使用

一、托收(Collection)的定义

根据国际商会《托收统一规则》(URC 522)第2条的规定，托收是指银行依据所收到的指示处理单据，以便取得付款及/或承兑，或付款交单及/或承兑交单，或按照其他条款和条件交付单据的行为。此处的单据是指金融单据及/或商业单据。金融单据是指汇票、本票、支票或其他类似的可用于获得款项支付的凭证；商业单据是指发票、运输单据、所有权单据或其他类似的单据，或者不属于金融单据的任何其他单据。

简而言之，托收就是委托收款，即出口商委托当地银行向国外进口商代收货款或劳务款项的一种结算方式。

二、托收业务有关当事人及其权利义务

(一) 托收业务的基本当事人

1. 委托人(Principal)

委托人是委托银行办理托收的当事人，一般是出口商。

2. 托收行(Remitting Bank)

托收行是委托人委托代收款项的银行，往往是出口商的账户行。

3. 代收行(Collecting Bank)

代收行是受托收行委托向进口商代收款项的银行。代收行一般是托收行在进口商所在地的分支行或代理行。

4. 付款人(Drawee)

付款人是根据托收指示向其提示单据的当事人，一般是进口商。

5. 提示行(Presenting Bank)

提示行是向付款人提示单据的代收行。当托收行委托的代收行与进口商没有账户关系时，就找与进口商有账户关系的银行担当提示行，向进口商提示单据。

6. 需要时的代理人（Case-of-Need）

如果发生拒付的情况，委托人就可能需要有一个代理人为其办理在货物运出目的港时所有有关货物存仓、保险、重新议价、转售或运回等事宜。这个代理人必须由委托人在委托书中写明，称作需要时的代理人。

（二）托收业务当事人的权利与义务

1. 委托人的权利与义务

作为委托人，有履行与托收行的委托代理合同的责任。

在贸易或商务合同项下，出口商最基本的义务是按合同规定发运货物，同时提供单据通过银行收款。

委托银行办理托收的托收委托书中，确定了出口商作为委托人与托收行之间的委托代理关系，该委托书也就是委托人与托收行之间的合同。

委托人在向银行发出托收委托书时，一般要委托以下事项：

（1）交单方式。托收是基于商业信用的，交单意味着物权的转移。因此，确定交单方式应慎重。交单方式有付款交单和承兑交单。采用哪一种应在贸易或商务合同中予以明确，在向银行指示交单方式时应根据合同规定。

（2）代收行。一般来说，应该选择进口商开户行，这样可避免单据中转，加快收款。但是，如果托收行建议更换另一银行，一定是考虑到了银行资信和经营作风等方面的因素。在这种情况下，听取托收行的建议是明智的。

（3）银行费用与货款的处理。银行费用指的是代收行的费用。托收行受委托人委托办理业务，自然向委托人收取其费用。但有时付款人不支付代收行的费用，如无特别规定，则代收行可在货款中扣除。如委托人不愿支付代收行费用，要在委托书中明确由付款人承担并不得放弃，但如果作此要求，代收行必须在付款人支付费用后再交单，有可能引起迟付货款，而银行对此免责。货款的处理指的是收妥货款后以何种方式付给委托人，也就是采用电划还是邮划。

（4）是否需作拒绝证书。拒绝证书是持票人在追索时证明拒付事实的书面文件，因此，在发生诉讼时，拒绝证书是一个有用的文件。但是，在正常的托收业务中并无此必要。如委托人无明确指示，银行无义务作拒绝证书。

（5）货物处理。指的是如进口商拒付货款，应当如何处理货物。在委托书中，这种处理的最常见方式是是否需要代收行将货物代为存仓保险。

2. 托收行的权利与义务

（1）托收行在托收业务中处于代理人的地位，最重要的责任就是依据委托人的指示办理托收业务，在向代收行发出业务委托时，其内容要与委托人的委托书一致。如果委托人的指示不当可要求更改。

（2）委托人不是银行家，不可能对托收业务的每一细节都指示清楚、具体。因此，委托书中委托人没有指示的地方，托收行应按常规处理方法办理。

（3）托收行接受托收委托并向委托人收取了手续费，如果发生处理不当，托收行应对此负责。

以上三点是托收行应负的责任。除此之外，托收行无其他义务。

3. 代收行的权利与义务

在托收业务中，代收行也处于代理地位，它受托收行委托办事。因此，其基本的责任、义务与托收行类似。不同点如下：

（1）代收行最基本的义务之一即保管单据，实质上就是依据托收行的交单方式办事。如付款交单，则付款人不付款不得交单；如承兑交单，则付款人不承兑不得交单。因为单据中一般包括物权单据，保管单据就意味着委托人的物权得以保护。

（2）代收行保管单据的义务并非无限期的。根据规定，在代收行通知付款人拒付后的90天仍未得到托收行进一步指示，代收行可自动将单据退回托收行。此外，作为受托收行委托与付款人接触的代理人，应及时将付款或拒付、承兑或拒绝承兑等各种情况通知托收行。

4. 付款人的权利与义务

付款人基本和主要的义务就是按贸易或商务合同规定付款，以最终结清债权债务。当然，如果有关货物并不符合合同规定，付款人有权利拒绝付款。

第二节

托收结算方式种类

根据托收单据中金融单据是否随附商业单据，托收可以分为光票托收和跟单托收。

一、光票托收

1. 定义

光票托收(Clean Collection)是指不附有商业单据的金融单据项下的托收，因此也称为金融托收。常见托收的金融单据有银行汇票、本票、支票和商业汇票等。

2. 光票托收方式

在银行操作光票托收中常见的收款方式有立即贷记和收妥贷记。

（1）立即贷记(Cash Letter)

立即贷记是指代收行收到托收行办理托收的票据后，立即将款项贷记托收行指定账户，代收行根据不同情况保留一定的追索权，因此也称为有条件贷记。此种方式限于资信状况良好的委托人，以便退票时可随时从委托人账户内扣回票款，或以能追回票款为前提条件。

其优点是：收汇速度快，费用低(一般无须承担代收行费用)。

其缺点是：代收行根据情况保留一定追索权，一旦发生退票，其承担向委托人追讨票款及费用的风险。如根据美国票据法的规定，任何有关支票伪造、涂改、冒签等，出票人有权在其账户被扣款后的一年内提出退票；有关支票背面(背书)伪造、假冒等，出票人有权代理真正收款人在三年内提出退票。所以，托收行在办理光票托收时，承担了极大的退票风险。

(2) 收妥贷记(Final Credit Service)

收妥贷记是指代收行将支票寄到付款银行进行托收，在收到付款银行的票款后再贷记托收行指定账户，是一种终局性解付，因此也称为最终贷记服务。

其优点是：托收行收到款项时能确切知道款项已收妥。

其缺点是：托收时间长，费用较高，查询困难。

3. 业务程序

光票托收业务一般包括以下几个程序：

(1) 委托人提出托收申请。委托人要填写并提交票据托收/光票托收委托书,同时要附上托收的票据。

(2) 托收行寄票托收。托收行的业务人员在接受委托人的托收委托书和票据时，要审核以下内容：① 委托人的有效身份证明；② 委托人递交的光票托收委托书是否签名或加盖公章，各项要素是否填写完整；③ 票据的币别、期限、金额、背书、签字等内容是否完整齐全；④ 若是旅行支票，应要求委托人当面复签等。

审核无误后，应在光票托收登记本上登记相关内容。同时向委托人收取相应的手续费和邮电费。在票据背面加盖托收行的背书章和缮制光票托收面函后，向代收行进行寄票托收。

(3) 代收行偿付票款。代收行收到托收行寄来的托收面函和票据之后，登记光票代收登记本。若是立即贷记，就立即将款项贷记托收行指定账户，然后直接或通过票据清算中心向有关票据的付款人提示付款；若是收妥贷记，等票据的付款人付款后，再贷记托收行指定账户。

(4) 托收行解付票款。托收行收到代收行的托收款项后，根据原业务档案审核无误后，把托收款项入委托人账户。

(5) 退票处理。托收行若收到代收行的退票通知，应及时通知委托人。托收款项尚未收妥的，待收到退回的票据后，通知委托人前来办理退票手续，收取退票费用，退回正本票据；托收款项已经收妥的，则应扣回已经入账的款项，待收到退回的票据后收取退票费用，退回正本票据。

二、跟单托收

(一) 跟单托收的概念

跟单托收(documentary collection)是指附有商业单据的托收。卖方开具托收汇票，连同商业单据(主要指货物装运单据)一起委托给托收行。跟单托收也包括不使用汇票的情况。

跟单托收主要用于国际贸易货款的结算。

（二）跟单托收的业务程序（见图 5-1）

图 5-1 说明：

① 委托人向托收行提出托收申请，并提交跟单汇票和有关单据。

② 托收行向代收行寄托收指示和汇票、单据。

③ 代收行向付款人提示汇票要求付款。

④ 付款人付款或承兑。

⑤ 代收行把单据交付款人。

⑥ 代收行向托收行汇交收妥的货款。

⑦ 托收行贷记委托人账户。

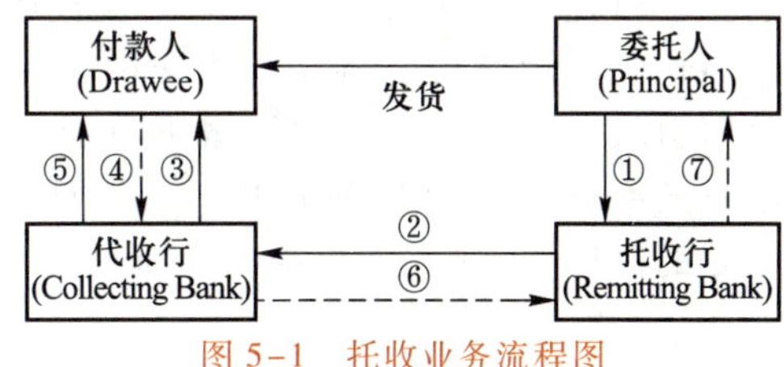

图 5-1　托收业务流程图

（三）跟单托收的交单条件

根据交单条件不同，跟单托收可分为付款交单、承兑交单和凭其他条件交单。

1. 付款交单

（1）付款交单的概念

付款交单（Delivered Documents against Payment，D/P）是卖方的交单以买方的付款为条件，即买方付款后才能向代收行领取货运单据。在这种交单方式下，一旦汇票遭到拒付，出口商仍然保有对货物的控制权，所以风险相对较小。

（2）付款交单的种类

根据付款人付款时间的不同，付款交单又可分为即期付款交单（D/P at sight）和远期付款交单（D/P at×××days after sight）两类。

① 即期付款交单。即期付款交单的业务操作：由出口商开具即期汇票或不开具即期汇票，连同货运单据交托收行委托收款，托收行在受理业务后，立即向国外代收行寄单；代收行收到单据后，立即向付款人提示，进口商审核单据无误后，应立即付款赎单。代收行必须在收到全部票款后，才能向付款人交付货运单据。其交单流程如图 5-2 所示。

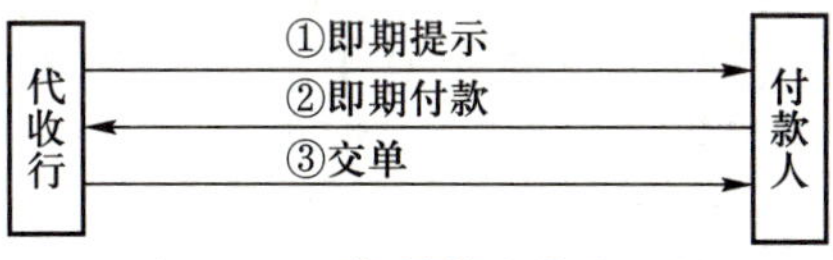

图 5-2　即期付款交单流程图

② 远期付款交单。远期付款交单的业务操作：由出口商开具远期汇票，连同货运单据交托收行委托收款，托收行在受理业务后，立即向国外代收行寄单；代收行收到单据后，向付款人提示承兑，进口商审核单据无误后，对汇票进行承兑；等承兑的汇票到期后，代收行向付款人提示付款，进口商付款后，代收行就向付款人交付货运单据。其交单流程如图 5-3 所示。

值得注意的是，《托收统一规则》C 款第 7 条对商业单据的交付有如下规定：① 托收不应含有远期付款汇票而同时又指示付款后交单。如果托收含有远期付款汇票，则托收指示中应注明商业单据是承兑(D/A)后还是付款(D/P)后交给付款人。② 如果没有这种指示则商业单据将于付款后交付，由晚交单而引起的一切后果代收行概不负责。③ 如果托收含有远期付款汇票，而托收指示又规定付款后才交付商业单据，则单据将在付款后交给付款人，由晚交单而引起的一切后果代收行概不负责。因此，在使用 D/P 远期的时候应该慎重，有些国家的银行把 D/P 处理成 D/A，而且，URC 522 规定：本规则如与一国、一州或必须遵守的法律/条件规定相抵触，则受当地法律制约。

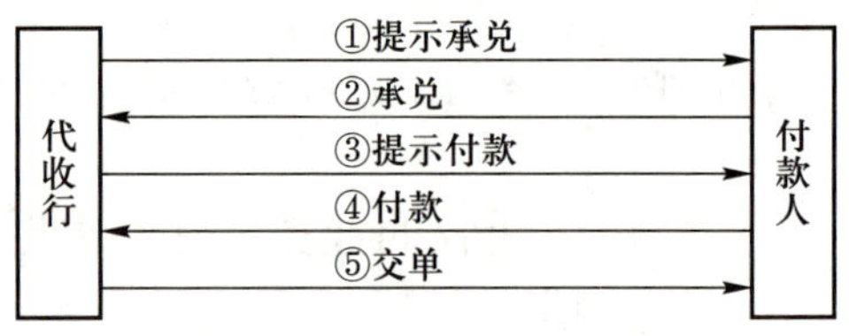

图 5-3　远期付款交单流程图

案例 5-1

付款交单业务中代收行提前放单

案情：

某公司出口服装到韩国，客人要求做 D/P 托收，并且指定韩国工业银行作为代收行。以前双方没出现过问题，但这次单据寄到韩国工业银行之后，却 6 个多月没有收到货款，而客人其实早就把货物提走卖掉了。原来是代收行将提货单据放给了买方。后来该出口商仔细核对过去的收款纪录，发现以前历次托收虽然都收到了货款，其实每次都是银行先将单据放给了客人，客人都要滞后至少一个星期才付款。

分析：

如前文所述，有些国家的银行把 D/P 处理成 D/A，也有的银行与客户勾结，擅自放单，导致出口商面临货款无法回收的风险。本案中进口商指定某银行为代收行时，出口商应提高警惕，避免此类风险的发生。

启示：

(1) 托收项下指定代收行时，出口商要了解该国及该行处理托收业务的习惯做法。

(2) 出口商在 D/P 情况下要及时跟踪，了解单据是否安全。

2. 承兑交单

承兑交单(Delivered Documents against Acceptance，D/A)是指代收行向进口商提示汇票和单据，进口商在汇票上承兑后即可取得全套单据用于提货，付款人在汇票到期时再履行付款义务的一种托收方式。其交单流程如图 5-4 所示。

承兑交单有利于进口商而不利于出口商。进口商承兑后即可赎单，提货出售，往往可以不备资金而用售得的货款到期支付票款，而出口商则要承担进口商到期拒付的风险。因而承兑交单的实质是出口商给进口商提供资金融通。

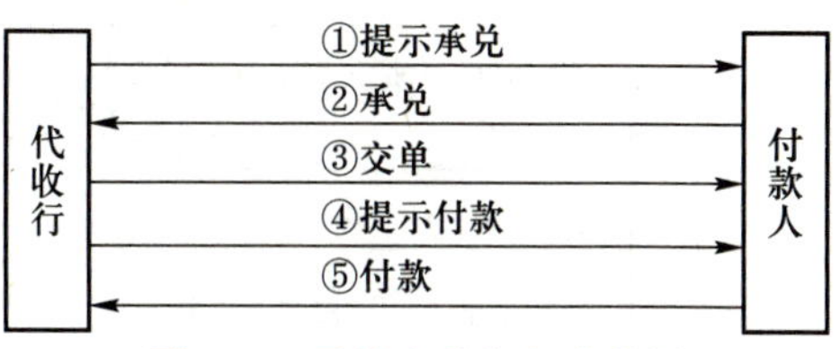

图 5-4　承兑交单业务流程图

3. 凭其他条件交单

代收行除了凭进口商付款和对汇票承兑交单之外，还可以凭其他条件交单，如凭本票交单、凭第三者担保交单等。

图 5-5 为托收委托书的示样。

中国银行
BANK OF CHINA

托 收 委 托 书

COLLECTION ORDER

致：中国银行上海市分行 ______________________　　　　**日期：**

兹随附下列出口托收单据/票据，请贵行根据国际商会跟单托收统一惯例（URC 522）或贵行有关票据业务处理条例予以审核并办理寄单/票索汇：

托收行（**Remitting Bank**）： **BANK OF CHINA**	付款人（**Drawee**）： 名称： 地址： 电话：
委托人（**Principal**）：	代收行（**Collecting Bank**）： 名称： 地址：

付款交单 D/P（　）承兑交单 D/A（　） 无偿交单 FREE OF PAYMENT（　）	期限/到期日：
发票号码/票据编号：	国外费用承担人：□ 付款人 □委托人
金额：	国内费用承担人：□ 付款人 □委托人

单据种类	汇票	发票	提单	空运单	保险单	装箱单	重量单	产地证	FORM A	检验证	公司证明	船证明	
份数													

特别指示：

1．邮寄方式：　□ 快邮　　□ 普邮　　□ 指定快邮

2．托收如遇拒付，是否须代收行作成拒绝证书（PROTEST）：　□ 是　　□ 否

3．货物抵港时是否代办存仓保险：　□ 是　　□ 否

4. 如付款人拒付费用及 / 或利息，　是否可以放弃：　☐ 是　☐ 否

5. ______________________________

6. ______________________________

付款指示：　核销单编号：__________

请将收汇款以原币（　）或人民币（　）划入我司下列账户：

开户行：______________　账号：______________

公司联系人姓名：__________ 公 司 签 章

电话：__________ 传真：__________　　年　月　日

银行签收人：	签收日期：
改单/退单记录：	

图 5-5　托收委托书

（四）跟单托收的交单条件分析

比较即期付款交单、远期付款交单和承兑交单，对于出口商而言，风险最大的是承兑交单，因为在进口商未付款的情况下，代收行已把货运单据放给进口商，出口商失去对货物所有权的控制。

风险最小的是即期付款交单，因为进口商不付款，代收行不会把货运单据放给进口商，出口商可以控制货物所有权。但是在进口商不付款赎单的情况下，出口商还是存在较大的风险，因为货物已运至进口国港口，货物转卖和运回都需要损失较大的运费、保险费和佣金等。为了防御风险，建议出口商最好在发货前要求进口商支付一定比例的预付款，特别是出口来样定制商品时。

对于远期付款交单，国际商会明确表示不鼓励采用，因为有些国家的银行把远期付款交单视同承兑交单处理，存在较大的风险。

综上所述，若进口商坚持要使用托收结算方式，建议出口商最好能预收一部分货款，剩余部分采用即期付款交单方式，若能同时办理出口信用保险，那就非常安全。

案例 5-2

托收项下业务办理时间的计算

案情：

某公司出口三批货物，合同规定付款方式分别为：D/P sight、D/P at 90 days after sight 、D/A 90 days after sight。设银行寄单邮程为 6 天，托收日为 3 月 1 日，若不计银行合理工作时间，问提示日、承兑日、付款日、交单日各为哪一天？

分析：

3 月 7 日见票，90 天付款，按“算尾不算头”原则计算

3 月 8 日—3 月 31 日	24 天
4 月	30 天
5 月	31 天 还有 5 天

则到期日为 6 月 5 日

付款方式 办理时间	提示日	承兑日	付款日	交单日
D/P sight	3 月 7 日	—	3 月 7 日	3 月 7 日
D/P at 90 days after sight	3 月 7 日	3 月 7 日	6 月 5 日	6 月 5 日
D/A 90 days after sight	3 月 7 日	3 月 7 日	6 月 5 日	3 月 7 日

启示：

（1）D/P 为付款交单，交单日与付款日相同。

（2）D/A 为承兑交单，交单日与承兑日相同。

第三节

托收结算方式在国际贸易中的运用

一、托收业务中的资金融通

（一）对出口商的资金融通——托收出口押汇

1. 托收出口押汇的概念

托收出口押汇（Collection Bill Purchased）是指托收行买入出口商开立的跟单汇票及/或装运单据。出口商在提示汇票及/或单据委托银行办理托收时，可以要求托收行叙做押汇。托收行若认为这笔交易的销售情况良好，进出口商的资信都很可靠，即可叙做托收出口押汇，买入跟单汇票，按照票面金额扣减从付款日到估计收到票款日的利息及银行手续费，将净款付给出口商。托收行成为跟单汇票的善意持票人，等代收行收到进口商付款并汇回以归还垫款，若对方拒付即可行使追索权，向出口商索回相关款项。

2. 托收出口押汇的期限

由于出口押汇发生在发货之后交单之时，所以贷款的期限较短，一般是 3 个月之内，有些甚至 1 个月之内。

3. 托收出口押汇的功能

出口商能提前从银行取得货款，加快资金周转，规避汇率风险。

4. 托收出口押汇的操作流程

（1）企业先与银行签定出口押汇合同，该合同可适用于一笔业务，也可协定一个总额度，连续周转使用，视企业要求而定。出口押汇合同中规定了托收行的追索权和处理货物的权利。

（2）企业出口后，向银行逐笔提出押汇申请，填写出口押汇申请书，并提供全套出口代收单据及其他银行要求的材料。

（3）结算部门审核上述材料和单据，经审批后发放贷款，同时通知出口商。

（4）国际结算部门对外寄单索汇。

（5）收汇后归还出口押汇，如未及时收汇，客户部须按照出口押汇合同的要求督促客户归还出口押汇款项。

5. 托收出口押汇的银行风险

（1）托收项下的代收行资信差，不按照国际惯例办理托收业务。

（2）国外进口商信誉差，因市场变化等原因不愿提货和付款，或者提货后不付款。

（3）在进口商拒付的情况下，出口商也无力还贷或逃避还贷。

6. 托收出口押汇的风险防范

（1）加强对出口商的审核。出口商必须是有进出口经营权、还款信用好且在本行有授信额度的客户。押汇前与客户订立的合同及相关法律文件必须齐备。

（2）加强对托收单据的审核。审单人员应对押汇的单据，严格审核，力求无不符点出单。

（3）一般要求出口商办理出口信用保险。由于出口托收业务中，出口货款能否收回完全取决于进口商是否买单，风险较大。为了严格控制托收出口押汇的风险，在实务操作中，托收行一般只对已办理出口信用保险的出口托收业务提供押汇业务。

（二）信托收据

1. 信托收据的概念和性质

信托收据（Trust Receipt，T/R），又称为进口押汇，是进口商借单时提供的一种书面信用担保文件。进口商以代收行的受托人身份进行提货、报关、存仓、保险、出售等业务操作，并承认货物所有权仍属银行，货物售出后所得到的货款，应于汇票到期时交银行。这是代收行自己向进口商提供的信用便利，与出口商无关。这是代收行对进口商的资金融通，允许进口商在付款前开立信托收据交给代收行，凭以借出货运单据先行提货，以便出售货物。待售出货物后，用货款偿还代收行，换回信托收据。如果进口商最终不付款，代收行将承担付款责任。

2. 信托收据的功能

进口商在未付款的情况下得到托收项下的单据，就能提货销售，得到了银行的资金融通，解决了资金周转的困难。

3. 信托收据的操作流程

（1）企业填写进口押汇申请书,并提供信托收据和银行要求的其他材料。

（2）客户部受理后，提出审核意见并根据银行信贷审批程序报批。

（3）审批同意后，与企业签订进口押汇合同并放单。

（4）将进口押汇款项转入企业保证金账户，同时借记该保证金账户，对外付款。

（5）客户部负责贷后管理。

4. 信托收据的银行风险

银行主要有以下两方面的风险：一是客户的信誉风险，二是货物滞销风险。客户提货后，如果销售不好，到期不一定有足够的资金偿还押汇款；如果客户信誉不好，销售的货款可能会被挪用。

5. 信托收据的银行风险防范

银行尽量了解进口货物的市场行情，对于一些时效性强、市场变化快的货物应谨慎选择办理押汇。进口押汇客户应是与本行有长期业务往来、还款信誉高的企业，并根据企业的资信情况、经营状况、利润水平等确定押汇的金额和期限，期限一般不超过 90 天。

（三）担保提货

1. 担保提货的概念及实质

担保提货(Shipping Guarantee)是指托收单据未收到而货物已到港时，进口商向银行申请开立提货担保书，交给货物的承运人先予提货，待进口商取得正本提单后，再以正本提单换回提货担保书。

2. 担保提货的功能

担保提货可使进口商及时提货，避免货物压仓，既可减少货物滞留码头的仓储费，又可避免因市场行情及货物品质变化遭受损失。

3. 担保提货的操作流程

（1）进口商提交担保提货申请书及提货担保书。

（2）进口商提供相关材料，如发票、已装船提单副本、到货通知书等。

（3）进口商应提供担保措施或落实备付的托收款项。

（4）审核通过后，银行出具提货担保书交进口商提货。

（5）进口商取得正本提单后，以正本提单换回提货担保书。

4. 担保提货的银行风险

担保提货业务中，可能会存在进出口商合谋诈骗银行资金的情况，因此，银行对申请办理提货担保客户的信用评估、筛选至关重要，一般不适用于新客户。

5. 担保提货的风险防范

（1）方式必须是海运，并且一般是近洋运输。

（2）审核客户资信。应为有授信额度的客户，并且在出具提货担保后，应该在银行向进口商提供的总授信额度中作相应扣减，这样可将风险纳入对企业的整体风险控制中。

二、光票托收方式的使用

光票托收(Clean Collection)也可以用于贸易结算，但通常不用于货款主体部分的结算。因为如果对货款主体作光票托收，出口商必须将代表物权的货运单据直接放弃给进口商，然后另开汇票通过银行托收，很显然出口商将承担钱货两空的巨大风险。所以除非进出口双方有长期可靠的贸易往来而且彼此信任，否则出口商是不愿意采用光票托收方式的。一般在贸易结算中使用的光票托收，大多是针对各类小额的贸易从属费用，以及出口货款尾数、代垫开支、佣金等费用的托收，除了使用汇票等金融单据外，还常附带有关的发票或垫款清单作补充说明。付款人对代收行或提示行提示的金融单据，通常应一次性付清，但若付款地有关法律允许分批付款，而且付款人要求作分批支付，有关银行可以接受这一要求，但金融单据只有待付款人全部付清后才可以交给付款人。

三、跟单托收方式的使用

国际贸易中使用的多为跟单托收。我国外贸企业以托收方式出口，主要采用付款交单方式，并应着重考虑三个因素：商品的市场行情、进口方的资信情况(即经营作风和财务状况)以及相适应的成交金额。其中特别重要的是商品的市场行情。因为市价低落往往是造成经营作风不好的商人拒付的主要动因。市价坚挺的情况下，较少发生拒付，且即使拒付，我方处置货物也比较方便。我国外贸企业一般不采用承兑交单方式出口。在进口业务中，尤其是对外加工装配和进料加工业务中，往往对进口料件采用承兑交单方式付款。

■ 本章小结

1. 托收是指银行依据所收到的指示处理单据，以便取得付款及/或承兑，或付款交单及/或承兑交单，或按照其他条款和条件交付单据的行为。

2. 根据托收单据中金融单据是否随附商业单据，托收可以分为光票托收和跟单托收。

3. 托收业务的基本当事人有委托人、托收行、代收行、付款人、提示行、需要时的代理人。

4. 比较即期付款交单、远期付款交单和承兑交单，对于出口商而言，风险最大的是承兑交单，风险最小的是即期付款交单。对于远期付款交单，国际商会明确表示不鼓励采用，因为有些国家的银行把远期付款交单视同承兑交单处理，存在较大的风险。

5. 托收业务对出口商的资金融通为托收出口押汇，对进口商的资金融通包括信托收据和担保提货。

6. 托收业务中，光票托收也可以用于贸易结算，但通常不用于货款主体部分的结算。国际贸易中使用的多为跟单托收。

关键术语

托收　承兑交单　付款交单　光票托收　跟单托收

复习思考题

1. 何为托收结算方式？其当事人有哪几个？
2. 托收方式分为哪几种？简述其内容。
3. 跟单托收的交单条件有哪几类？简述其内容。
4. 请结合图示说明跟单托收的业务程序。
5. 跟单托收业务的有关当事人应注意哪几个问题？
6. 简述托收结算方式在国际贸易中的具体运用。

延伸阅读

1. 应诚敏，刁德霖. 国际结算[M]. 北京：高等教育出版社，2014：60-64.
2. 赵明霄. 国际结算习题与案例[M]. 北京：中国金融出版社，2010：80-83.

本章参考文献

1. 苏宗祥，徐捷. 国际结算[M]. 北京：中国金融出版社，2010.
2. 梁琦. 国际结算与融资[M]. 南京：南京大学出版社，2000.

第六章

跟单信用证结算方式

本章导言

通过本章学习，理解跟单信用证的基本定义，重点掌握跟单信用证的性质、特点，了解信用证的作用，熟悉跟单信用证业务的一般流程，明确跟单信用证项下主要当事人的法律关系，了解各种不同的信用证类别及其区别，熟练运用《跟单信用证统一惯例》(UCP 600)。

本章电子教案

（请扫描二维码）

本章知识结构图

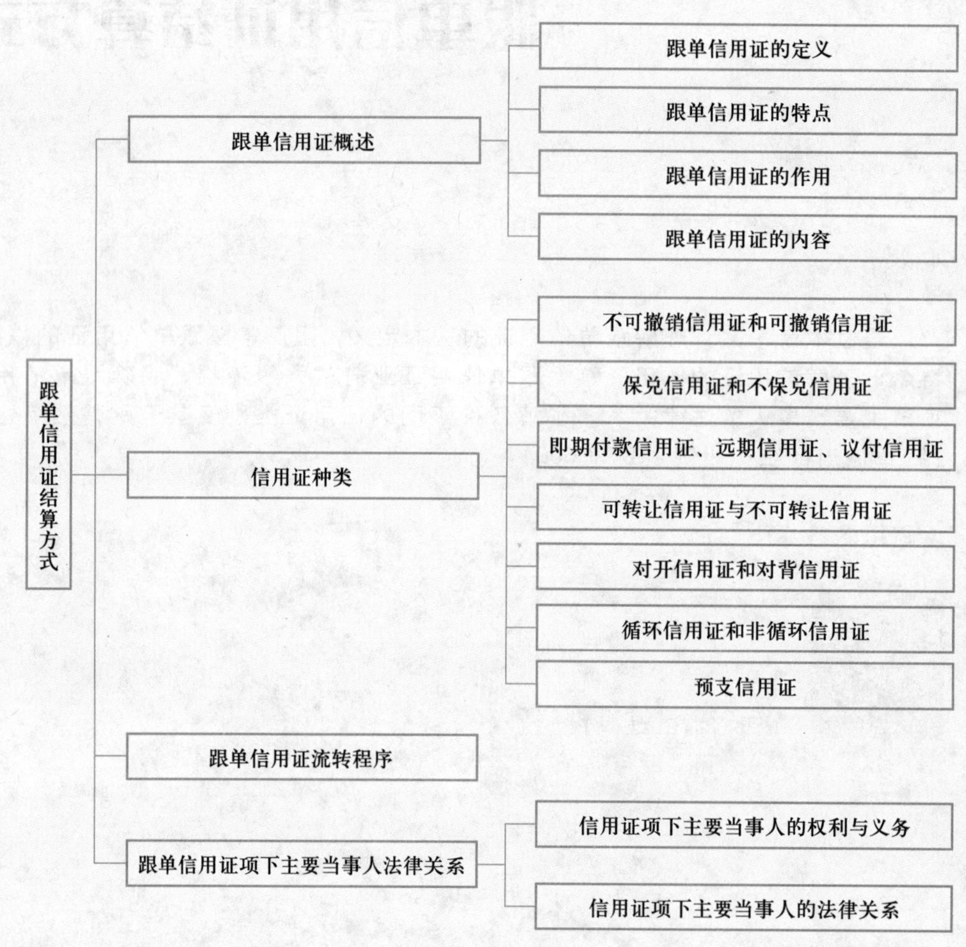

跟单信用证结算方式
跟单信用证概述
跟单信用证的定义
跟单信用证的特点
跟单信用证的作用
跟单信用证的内容
信用证种类
不可撤销信用证和可撤销信用证
保兑信用证和不保兑信用证
即期付款信用证、远期信用证、议付信用证
可转让信用证与不可转让信用证
对开信用证和对背信用证
循环信用证和非循环信用证
预支信用证
跟单信用证流转程序
跟单信用证项下主要当事人法律关系
信用证项下主要当事人的权利与义务
信用证项下主要当事人的法律关系

一、跟单信用证的定义

跟单信用证最早出现于12世纪的欧洲。当时各国教皇、王公和其他统治者在派其使臣到外国执行任务的时候，为了方便起见，由其本人出证签署公开通知书，承诺如任何一人愿意对其使臣垫款，他将无条件偿还。这就是最早的信用证。19世纪初，出现了旅行信用证，这是为了使得旅客到国外旅行时能够就地支取旅费、杂费所开立的信函式信用证，旅客既是信用证申请人(Applicant)，也是受益人(Beneficiary)。受益人持证可到信用证中列明的国外代理行取得垫款，再由代理行开立票据向开证行索偿。后来信用证运用到了商业上，即由出证者要求其在外地的代表人或同业，对其派出的人垫款。商业信用证最初为光票信用证，即不一定有销售合约作为基础，信用证的流转也不与货物的流转相结合。19世纪中叶，海上运输和国际贸易迅速发展，运输、保险、公证、检验等机构逐渐成熟，提单、保险单、检验证书等单据逐渐正规，在货物单据化、履约证书化的形势下，商业跟单信用证逐渐形成。

小知识6-1

《跟单信用证统一惯例》(UCP 600)对有关概念的界定

国际商会制定的《跟单信用证统一惯例》(UCP)是全球信用证业务普遍遵循的国际惯例，其最新修订版国际商会第600号出版物(UCP 600)于2007年7月生效，与之前的版本相比，措辞更为简洁、严格、清晰、与时俱进，内容上也有很大的变化。例如，银行审单的时间和原则、不可撤销信用证等。特别是UCP 600第一次系统地对有关信用证的14个概念进行了界定，内容如下：

就本惯例而言：通知行意指应开证行要求通知信用证的银行。申请人意指发出开立信用证申请的一方。银行日意指银行在其营业地正常营业，按照本惯例行事的行为得以在银行履行的日子。受益人意指信用证中受益的一方。相符提示意指与信用证中的条款及条件、本惯例中所适用的规定及《国际标准银行实务》相一致的提示。保兑意指保兑行在开证行之外对于相符提示做出兑付或议付的确定承诺。保兑行意指应开证行的授权或请求对信用证加具保兑的银行。兑付意指：a. 对于即期付款信用证即期付款；b. 对于延期付款信用证发出延期付款承诺并到期付款；c. 对于承兑信用证承兑由受益人出具的汇票并到期付款。开证行意指应申请人要求或代表其自身开立信用证的银行。议付意指被指定银行在其应获得偿付的银行日或在此之前，通过向受益人预付或者同意向受益人预付款项的方式购买相符提示项下的汇票（汇票付款人为被指定银行以外的银行）及/或单据。被指定银行意指有权使用信用证的银行，对于可供任何银行使用的信用证而言，任何银行均为被指定银行。提示意指信用证项下单据被提交至开证行或被指定银行，抑或按此方式提交的单据。提示人意指做出提示的受益人、银行或其他一方。

信用证意指一项约定，无论其如何命名或描述，该约定不可撤销并因此构成开证行对于相符提示予以兑付的确定承诺。

简言之，信用证是一种有条件的银行书面付款承诺。详细地说，信用证是银行（开证行）根据买方（开证申请人）的要求和指示，向卖方（受益人）开立的在一定期限内凭规定的、符合信用证条款和条件的单据，承兑一定金额的书面承诺。

二、跟单信用证的特点

（一）信用证是由开证行承担第一性付款责任的书面文件

信用证是一种银行信用。就信用证的基础合约即商品销售合同而言，承担付款责任的应该是买方，即进口商，而开证行在开立信用证后，即以自己的信用作出付款承诺，即代进口商先行承担付款责任。因此，开证行应承担第一性的付款责任，只要出口商提供的单据符合信用证条款和条件，无论进口商是否履行其付款责任，开证行都要实现付款承诺，对出口商进行付款。

（二）开证行履行付款责任是有限度和条件的

开证行对出口商履行付款责任不是没有限度和条件的，而是在一定期限和一定金额范围内的，并且有前提条件，这一前提条件就是出口商提示的单据须为相符单据。

UCP 600 第二条“定义”中规定：相符提示意指与信用证中的条款及条件、本惯例中所适用的规定及国际标准银行实务相一致的提示。

也就是说，开证行对出口商付款的前提是，出口商要履行信用证下的义务，提供的单据要符合信用证的条款和条件，单据和单据之间要保持一致，并且符合相关的国际惯例。

（三）信用证是一项独立的、自足性的文件

信用证的开立是有基础的，其基础合约就是进出口商的销售合同。但信用证一经开立，即成为独立、自足的文件，即信用证与销售合同之间彼此独立，在信用证流转的过程中，有关当事人只依据信用证条款处理相关事务，如开证行是否对出口商付款，而不受其他合同包括销售合同的约束。关于这一点，UCP 600 中有相关的条款说明。

UCP 600 第 4 条“信用证与合同”中规定：就性质而言，信用证与可能作为其依据的销售合同或其他合同，是相互独立的交易。即使信用证中提及该合同，银行亦与该合同完全无关，且不受其约束。因此，一家银行作出兑付、议付或履行信用证项下其他义务的承诺，并不受申请人与开证行之间或与受益人之间在已有关系下产生的索偿或抗辩的制约。受益人在任何情况下，不得利用银行之间或申请人与开证行之间的契约关系。开证行应劝阻申请人将基础合同、形式发票或其他类似文件的副本作为信用证整体组成部分的做法。

UCP 600 第五条“单据与货物、服务、行为”中规定：银行处理的是单据，而不是单据所涉及的货物、服务或其他行为。信用证指示和业务处理的单据化，也体现了信用证独立于基础合约的特点。

案例 6-1

信用证的自足性

案情：

某出口公司与香港某客户成交一批商品，合同中的包装条款订明：均以三夹板箱盛放，每箱净重 10 公斤，二箱一捆，外套麻包。香港客户如期通过中国银行香港分行开出不可撤销跟单信用证。出口公司发现信用证的包装条款与合同有出入，信用证的包装条款为：均以三夹板箱盛放，每箱净重 10 公斤，二箱一捆。出口公司根据信用证的条款办理，只装箱打捆，不加套麻包。一切有关单据都按信用证的条款及实际情况缮制，即“均以三夹板箱盛放，每箱净重 10 公斤，二箱一捆”。该批货物发货后，出口公司持全套单据交中国银行上海分行，中国银行上海分行审核后未提出任何不符点，全套单据由中国银行寄开证行，整个过程并无异常。其后，香港客户致电出口公司声称：所有货物未套麻包，不接受此种包装的货物。出口公司在次日电复指出：有关货物均根据你信用证规定的包装条款办理，因此不承担任何责任。香港客户当天立刻再来电拒绝出口公司的答复，并提出索赔。

分析：

信用证是独立、自足的文件，信用证一经开出，就成为独立于买卖合同以外的另一种契约，开证银行和参与信用证业务的其他银行只按信用证的规定办事，不受买卖合同的约束。开证行处理的是单据而不是货物：银行对于单据的审核只是用以确定单

据表面上是否符合信用证条款，开证银行只是根据表面上符合信用证条款的单据付款。此案例中，出口公司按信用证条款交货，提交的单据符合信用证条款和条件，不应被拒付。

启示：

进口商开证应以贸易合同为依据，做到信用证内容与贸易合同一致。出口商如发现信用证内容与贸易合同矛盾，应尽早向客户指明不符条款，令其修改信用证，以实现信用证与合同的一致，避免今后可能出现的纠纷。

资料来源：陈跃雪. 国际结算[M]. 南京：东南大学出版社，2010：70。

三、跟单信用证的作用

信用证结算方式是一种以银行信用为基础的结算方式，由银行对买卖双方进行授信，保证买卖双方货款与货物或单据的交换顺利达成，是对商业信用的有效补充。跟单信用证的作用主要有两个方面，其一在于付款保证，其二在于资金融通。这些作用可从跟单信用证对进口商、出口商、开证行和出口地银行的作用中分别体现出来。

（一）对进口商的作用

（1）跟单信用证结算方式中，进口商只需在开证时提供部分保证金或抵扣品，由开证行代进口商先行向出口商付款，再由进口商付款赎单提货，可避免进口商的大量资金占压。

（2）跟单信用证结算方式中，进口商可通过信用证条款提出对货物数量、质量及交货时间的要求，保证所需的货物能够按时、按质、按量到达。

（3）跟单信用证结算方式中，进口商在向开证行付款后一定能得到代表物权的单据，这种付款保证是银行信用，高于出口商的商业信用。

（4）跟单信用证结算方式中，开证行对出口商付款后，进口商如果暂时没有资金进行付款，可以凭借信托收据借单或其他方式从进口地银行获得融资。

（二）对出口商的作用

（1）跟单信用证结算方式中，出口商只要按信用证条款备货，并向指定银行交付符合信用证条款和条件的单据，就一定能得到开证行的付款，这种付款保证高于进口商的商业信用。

（2）跟单信用证结算方式中，出口商在装船前如果面临资金周转困难，可凭借信用证向当地银行叙作打包放款，获得利率较低的银行融资。

（3）跟单信用证结算方式中，信用证一经开立，即说明进口商已经经过了本国贸易和外汇机构的批准，因此避免了非信用证结算中可能面临的贸易、外汇管制等风险。

(4) 跟单信用证结算方式中，即使开证行因种种原因不能履行付款责任，出口商手中仍持有代表物权的货运单据，可以减少因对方未付款而引发的损失。

(三) 对开证行的作用

(1) 跟单信用证结算方式中，开证行授予的不是资金，而是信用，在开证过程中不必占用资金，反而能得到比较高的开证手续费等收入。

(2) 跟单信用证结算方式中，开证行在开立信用证时一般会要求进口商交付一定的保证金或抵押品，还有出口商交付的代表物权的货运单据作为质押，即使进口商不付款赎单，也可通过保证金、抵押品和货运单据减少损失。

(四) 对出口地银行的作用

出口地银行可在审核出口商提交单据、单证相符、单单一致的前提下向出口商垫款并向开证行索偿，获得利息和手续费等相关收入。这种融资业务与一般的融资业务相比，因为有物权单据作为质押，银行承担的风险较小，同时还能获得较高的收益。

四、跟单信用证的内容

(一) 跟单信用证基本条款

1. 基本条款

跟单信用证文本中应有关于信用证种类、号码、当事人、开证日期、金额、有效期、开证行保证条款等基本条款。

2. 单据条款

跟单信用证文本中应列明对汇票及商业单据的具体要求。具体来说，应列明汇票的出票人、付款人、付款期限和商业单据的种类、份数、内容和其他相关要求。

3. 商品条款

跟单信用证文本中应列明对货物的具体要求，包括货物名称、数量、单价、价格条件，以及贸易术语、包装等。

4. 装运条款

跟单信用证文本中应列明对货物装运的要求，包括装运港或收货地、卸货港或交货地、装运期、是否允许分批装运、是否允许转运、运输方式和运输工具等。

5. 其他条款

跟单信用证文本中一般还包括银行间指示及其他特别条款、开证行保证语句和遵循相关国际惯例的语句。

（二）跟单信用证具体内容

（1）开证行(Issuing Bank)，即应申请人要求或代表其自身开立信用证的银行。

（2）信用证种类和编号。跟单信用证一般为不可撤销(irrevocable)信用证，编号应为开证行的信用证编号。

（3）开证地点和日期(Place and Date of Issue)，即开立信用证的地点和日期，一般是开证行所在地、函开信用证的邮寄日期和电开信用证的发报日期。

（4）提示单据的期限和地点(Expiry Date and Place for Presentation of Documents)。UCP 600 第 6 条“有效性、有效期限及提示地点”规定：信用证必须规定提示单据的有效期限。规定的用于兑付或者议付的有效期限将被认为是提示单据的有效期限。可以有效使用信用证的银行所在的地点是提示单据的地点。由受益人或代表受益人提示的单据必须在到期日当日或在此之前提交。总的来说，受益人应在提示单据的日期当日或在此之前将单据提交到指定地点。

（5）申请人(Applicant)，指发出开立信用证申请的一方。

（6）受益人(Beneficiary)，指信用证中受益的一方。

（7）通知行(Advising Bank)的名称和详细地址，指应开证行要求通知信用证的银行。

（8）金额和货币(Amount in Figures and Words)。此处应列明大写和小写金额，是开证行保证付款的最高额度。

UCP 600 第 30 条“信用证金额、数量与单价的增减幅度”规定：“约(about)”或“大约(approximately)”用于信用证金额或信用证规定的数量或单价时，应解释为允许有关金额或数量或单价有不超过 10% 的增减幅度。在信用证未以包装单位件数或货物自身件数的方式规定货物数量时，货物数量允许有 5% 的增减幅度，只要总支取金额不超过信用证金额。

（9）指定银行及兑付方式，指信用证适用的指定银行(Available with Nominated Bank)及支付方式。

UCP 600 第 6 条“有效性、有效期限及提示地点”规定：信用证必须规定可以有效使用信用证的银行，或者信用证是否对任何银行均为有效。对于被指定银行有效的信用证同样也对开证行有效。信用证必须规定它是否适用于即期付款、延期付款、承兑或议付。

（10）分批装运条款(Partial Shipments Permitted or not Permitted)。此处说明是否允许受益人分批装运货物。

（11）转运条款(Permitted or not Permitted)。此处说明是否允许受益人转运货物。

（12）保险费是否由买方承担(Insurance Covered By)。此处说明是否由买方承担保险费。信用证项下一般选择 CIF、CIP 等由卖方投保并承担保险费的价格术语。如果需要由买方投保并承担保险费，需特别说明。

(13) 装运条款。运输由装运港到卸货港或启运地到目的地(Shipment From… For Transportation To …)不迟于最迟装运期(No Later Than)。

装运期是受益人完成货物装运的最后日期，不应迟于信用证有效期。装运港(Port of Loading)和卸货港(Port of Discharge)分别是货物装运和卸下的港口。受益人应于不迟于装运期的期限内发货，路线应为此处规定的装运港到卸货港或启运地到目的地。

地名描述上应避免使用模糊用语(如 main ports 等)和缩写，以避免产生歧义。而关于日期描述，UCP 600 第三条“释义”有以下规定：“于(on)”或“约于(on or about)”或类似措辞将被理解为一项约定，按此约定，某项事件将在所述日期前后各五天内发生，起讫日均包括在内。词语“×月×日止”(to)、“至×月×日”(until)、“直至×月×日”(till)、“从×月×日”(from)及“在×月×日至×月×日”(between)用于确定装运期限时，包括所述日期。词语“×月×日之前”(before)及“×月×日之后”(after)不包括所述日期。词语“从×月×日”(from)以及“×月×日之后”(after)用于确定到期日时不包括所述日期。术语“上半月”和“下半月”应分别理解为每月1日至15日和16日至月末最后一天，包括起讫日期。术语“月初”、“月中”和“月末”应分别理解为每月1日至10日、11日至20日和21日至月末最后一天，包括起讫日期。

(14) 货物描述(Description of Goods)。此处应列明对货物的要求，一般包括货名、数量、价格、单价、价格条件、总值、包装等。货物描述应尽可能简短，不应罗列过多细节。

(15) 单据条款(Clause on Documents)，指信用证规定列明的各项单据名称(如商业发票、运输单据、保险单据等)、份数和内容。

(16) 交单期限(date for presentation of document)。此处列明受益人应该在不迟于实际装运期后若干天并在信用证有效期内交单。

(17) 是否保兑。此处列明开证行对通知行关于信用证保兑的要求，可根据实际情况进行选择。

(18) 银行至银行指示(bank to bank instructions)。此处列明信用证索偿与偿付的方式，分以下三种：

① 授权借记(Authorize to Debit)。开证行授权指定银行借记开证行账户。

② 主动贷记(Credit)。开证行贷记指定银行账户。

③ 授权向另一家银行索偿(Claim Reimbursement From)。开证行授权指定银行向另一家银行索偿。

(19) 信用证的页数(This Document Consists of Signed Pages)。

(20) 开证行的签字(Name and Signature of The Issuing Bank)。

第二节

信用证种类

一、不可撤销信用证和可撤销信用证

跟单信用证分为可撤销和不可撤销两种。UCP 600 第三条“释义”规定：信用证是不可撤销的，即使信用证中对此未作指示也是如此。这一条款强调了跟单信用证应为不可撤销的。不可撤销信用证(Irrevocable Credit)意味着开证行对受益人作出有约束力的承诺，在受益人提交单据时付款或对所有根据信用证条款开立的汇票作出承付。这种信用证一旦通知受益人，未经受益人或其他相关当事人(如保兑行)的同意不得修改。换句话说，不可撤销信用证一旦开立并经受益人接受，开证行便承担了按照信用证条款和条件履行付款的义务，在信用证有效期内，除非得到信用证有关当事人的同意，开证行不能自行撤销或修改信用证。

二、保兑信用证和不保兑信用证

(一) 保兑信用证

信用证的保兑与不保兑是根据信用证有无第三方参加负责来区别的，由一家开证行以外的另一家银行加以保证兑付的信用证称为保兑信用证(Confirmed Credit)，反之则为不保兑信用证。

UCP 600 第 8 条“保兑行的承诺”规定：倘若规定的单据被提交至保兑行或者任何其他被指定银行并构成相符提示，保兑行必须兑付且无追索权。自为信用证加具保兑之时起，保兑行即不可撤销地受到兑付或者议付责任的约束。保兑行保证向对于相符提示已经予以兑付或者议付并将单据寄往开证行的另一家被指定银行进行偿付。无论另一家被指定银行是否于到期日前已经对相符提示予以预付或者购买，对于承兑或延期付款信用证项下相符提示的金额的偿付于到期日进行。保兑行偿付另一家被指定银行的承诺独立于保兑行对于受益人的承诺。如开证行授权或要求另一家银行对信用证加具保兑，而该银行不准备照办，它必须不延误地告知开证行并仍可通知此份未经加具保兑的信用证。也就是说，保兑行的保兑责任是独立于开证行且不可撤销的，一旦保兑行同意对信用证予以保兑，那么对于相符单据，保兑行必须承担与开证行相同的第一性付款责任，且对受益人没有追索权。

对信用证加以保兑的要求可能来自于受益人。当受益人对开证行的资信和偿付能力不够信任的时候，往往会要求另一家实力雄厚的银行对信用证加以保兑。这对于受益人来说，等于是双重的付款保证，可以要求其中任何一家银行履行付款责任。但保兑行一般会要求比较高的费用，这可能会让受益人难以接受。

一般来说，开证行是不愿意其他银行对信用证予以保兑的，因为这意味着开证行资信不足。除非开证行的偿付能力与开证金额不相称，开证行为了让信用证能被受益人接受，才会请其他银行对信用证予以保兑。有时买卖双方合约中会规定来证应由出口地银行加以保兑，或双方银行代理合约中规定双方开证超过一定额度，应由第三方银行加以保兑，或进出口国所签订的协定上规定，信用证应由各自国家的银行加以保兑。

（二）对“不可撤销”与“保兑”及“可撤销”与“不保兑”的理解

信用证的可撤销与不可撤销指的是开证行对信用证的付款责任，而保兑与不保兑指的是开证行以外的银行对信用证的付款责任。未经保兑的不可撤销信用证，意味着受益人只拥有开证行的付款保证；经保兑的不可撤销信用证，意味着受益人拥有开证行和保兑行双重的付款保证。而可撤销的信用证是不能加保兑的，因为一份开证行自己不对其负责任的信用证，不可能由另一家银行承担付款责任。

三、即期付款信用证、远期信用证、议付信用证

根据 UCP 600 第 2 条“定义”：兑付意指对于即期付款信用证即期付款；对于延期付款信用证发出延期付款承诺并到期付款；对于承兑信用证承兑由受益人出具的汇票并到期付款。被指定银行意指有权使用信用证的银行，对于可供任何银行使用的信用证而言，任何银行均为被指定银行。

信用证应标明兑付方式和指定银行，由受益人向指定银行交单，指定银行按信用证规定的兑付方式进行兑付。

（一）即期付款信用证

即期付款信用证（Sight Credit）具有以下两个特点：第一，付款行（paying bank）可以是开证行自己，也可以是开证行指定的其他银行；第二，可以要求受益人提交汇票，也可以不要求提交汇票。

（1）以开证行为指定付款行，规定受益人应在不迟于到期日的时间内将单据提交到开证行，才能得到开证行的付款。这样的信用证对受益人是不利的，因为：① 受益人需要在到期日内将单据交到进口地银行，需要的时间较长，因此备货、发货、制单的时间也就比较短，在邮寄途中也面临较大的延误和遗失的风险；② 受益人不在出口地交单，也就意味着在出口地得到打包放款、议付等融资的可能性比较小，不利于解决受益人资金周转的困难。

（2）以开证行为付款行，但指定一家出口地银行为议付行，或允许受益人在到期日之内选择一家出口地银行交单议付。这种信用证对受益人比较有利，因为受益人可以在开证行指定或自己选择的出口地银行交单，不仅避免了向国外开证行交单的时间长、风险大的麻烦，而且可以凭合格单据从本地银行获得垫款。

（3）以开证行以外的第三国银行为付款行。这种情况一般出现在信用证规定的偿付货币为第三国货币的前提下，必须以信用证偿付货币发行国银行为偿付行，一般是开证行在货币发行国的分行或代理行。

（4）以出口地银行为付款行。在这种情况下，付款行一般与开证行有直接的账户关系，多为开证行在付款行开有账户或提前将头寸划拨给付款行，以便付款行不用垫付自己的资金。受益人可直接向本国银行交单并立即获得付款，且不用承担议付的利息和手续费，对受益人最有利。

（二）远期信用证

远期信用证（usance credit）是受益人提示单据后，开证行和保兑行并不立即付款，而是按照信用证上或汇票上规定的未来日期，履行付款义务的信用证。远期信用证有两种：

1. 承兑信用证

承兑信用证（acceptance credit）要求受益人开立远期汇票，开证行或其代理付款行为汇票付款人，受益人交单后可获得汇票承兑，并于到期日得到付款。承兑信用证意味着受益人交单后不能立即获得付款，对受益人较为不利，而对开证行和进口商有利，因为这意味着开证行和进口商付款的时间推后，实际上是受益人对开证一方的授信。但受益人可通过两种方式提前获得付款：

（1）议付。受益人可持已承兑汇票和货运单据到出口地银行请求议付，议付行在审核单据合格后，将扣除议付利息和手续费后向受益人付款。

（2）贴现。受益人可持已承兑汇票向银行等金融机构请求贴现，贴现行在审核汇票后，将扣除贴现息后的净款付给受益人。通过这种方式，受益人可于远期汇票到期日前获得付款，但会损失利息，还将面临汇票一旦被拒付而被追索的风险。

假远期信用证也称为买方远期信用证，是指买卖双方签订以远期付款为条件的信用证，但受益人希望获得即期付款并且不愿意损失贴现利息，在信用证中列明贴现息及相关费用由买方即开证申请人承担的条款。这种信用证对受益人来说是事实上的即期付款，实际上是开证行对开证申请人的授信行为。

2. 延期付款信用证

延期付款信用证（deferred credit）也属于远期付款，但一般不开立汇票，所以不能以汇票到期日为付款日，而代之以提单日期、交单日期或固定的未来日期等为付款日。延期信用证主要适用于金额较大、付款期限较长的资本性货物的进出口，这种信用证即使开立汇票也难以获得贴现，而且一些国家对于汇票征收较高的印花税等税费，所以不开立汇票反而对买卖双方有利。延期付款信用证节省了一些费用，但由于不开立汇票，受益人缺乏已承兑汇票作为开证行的付款保证，也不可能通过贴现获得融资。

（三）议付信用证

UCP 600 第 2 条“定义”规定：议付意指被指定银行在其应获得偿付的银行日或在此之前，通过向受益人预付或者同意向受益人预付款项的方式购买相符提示项下的汇票（汇票付款人为被指定银行以外的银行）及/或单据。简单来说，议付是指被授权的银行在审核受益人所交单据并认定相符之后对受益人预付款项，再向开证行或其代理行索偿。议付实际上是议付行对受益人以单据及物权为质押的融资行为，也可以理解为议付行买入受益人手中的相符单据。

1. 议付的前提是单据相符

议付行只有在审核受益人提示的单据并认定与信用证条款和条件以及相关国际惯例相符的前提下才应进行议付。

2. 议付一定要付对价

所谓对价，是指货物、金钱、服务等。银行付给对价就是付给金钱，通常是银行立即付款或承诺付款。需要注意的是，银行仅审核单据而未给付对价不构成议付。

3. 议付时一般要扣除相关的利息和费用

利息一般是议付行按照平均收汇日计算，受益人只获得扣除了利息和费用之后的净款。

4. 议付行可凭相符单据向开证行或其代理付款行索偿

如因单据不符遭到开证行或其代理付款行拒付，议付行有追索权，也就是向受益人追回已垫付款项。

议付行通常会要求受益人出具质押书（letter of hypothecation），声明当议付行被拒付时，议付行有权处理单据，甚至处理货物，使货物成为真正的抵押品，以减少议付行承担的风险。

5. 议付信用证可开立汇票，也可不开立汇票

如开立汇票，议付行在议付后即成为正当持票人，享有正当持票人的权利，即有权向汇票付款人要求付款，并且不受前手票据权利缺陷的影响。

议付信用证（negotiation credit）一般有以下保证文句：我行特向出票人、背书人和善意持票人保证，按此信用证条款开出的汇票，若于到期日或之前议付的，或于到期日之前连同此信用证直接向付款人提示的，在提示我行时我行将及时予以承付。（We hereby agree with the drawers, endorsers and bona fide holders of drafts drawn under and in compliance with the terms of this credit that such drafts will be duly honored on due presentation of the drawees if negotiated on or before the expiration date or presented to the drawees together with this letter on or before that date.）

6. 议付信用证可以是即期，也可以是远期

7. 议付信用证可分为限制议付和自由议付两种

限制议付是指开证行在信用证中指定特定的议付行；自由议付是指开证行在信用

证中不指定特定的议付行。自由议付信用证对于受益人交单议付的限制较少，对受益人更为有利。

8. 议付和贴现的比较

议付和贴现都是银行对于受益人的融资行为，两者存在以下异同点：

（1）贴现与议付都是票据和对价的对流；两者都是在扣除利息和费用后将净款付给受益人；做贴现和做议付的银行都是有追索权的，如果遭到开证行等付款银行的拒付，可向受益人进行追索。

（2）贴现是一种票据行为，以票据的开立为前提，而且必须是远期票据，可以是远期汇票，也可以是远期本票，而议付是一种信用证下的行为，既可以有票据也可以没有票据，如果有票据，一般只是汇票，可以是远期的，也可以是即期的；贴现以票据承兑为前提条件，而议付的前提条件是单据与信用证相符；贴现票据可以在二级市场进行转让，而议付是不可以的。

四、可转让信用证与不可转让信用证

（一）可转让信用证

1. 可转让信用证的概念

UCP 600 第 38 条“可转让信用证”（Transferrable Credit）规定：转让信用证意指经转让银行办理转让后可供第二受益人使用的信用证。转让信用证意指明确表明其“可以转让”的信用证。根据受益人（第一受益人）的请求，转让信用证可以被全部或部分地转让给其他受益人（第二受益人）。

总的来说，可转让信用证（Transferrable Credit）是指开证行授权可使用信用证的银行在受益人的要求下，可将信用证的全部或一部分转让给一个或数个第二受益人。

可转让信用证一般源于以下两种情况：第一，进口商委托中间商采购商品，中间商转向出口地供货人订购，由供货人装运货物。为保持商业秘密和赚取差价，中间商一般不愿意进口商直接以供货人为受益人开证，于是就要求进口商以自己为受益人开立信用证，并在信用证上加上转让条款，在收到信用证后找银行将信用证转让给第二受益人，由第二受益人供货。第二，大公司一般要求进口商开立可转让信用证，以便在接受了国外订货后，将信用证转让给数个分公司来供货。

2. 可转让信用证的流程

可转让信用证一般以中间商为原证受益人，即第一受益人，并注明“可转让”。当信用证通知到第一受益人后，第一受益人会向当地银行，一般是通知行兼议付行申请转让信用证，这家银行即成为转证行。

根据 UCP 600 第 38 条“可转让信用证”规定：转让银行意指办理信用证转让的被指定银行。在适用于任何银行的信用证的转让中，转让银行是由开证行特别授权并办理转让信用证的银行。开证行也可担任转让银行。

转证行一般会以原证为基础缮打一份新证，新证的部分内容会有所改变，并以供货商为受益人，即第二受益人，并进行信用证的通知；第二受益人接到信用证通知认可后，按信用证要求发货并向转证行交单；转证行审核单据合格后，对第二受益人进行议付，同时通知第一受益人，按照原证开立汇票、发票等单据，以替换第二受益人汇票和发票，并将两张汇票金额的差额付给第一受益人，此即第一受益人所得的利润；之后转证行将第一受益人提交的单据寄开证行索偿。

3. 可转让信用证新证和原证的区别

转证行缮打的新证以原证为基础，但部分内容会有区别，主要体现在以下几点：

第一，受益人。原证的受益人为中间商，称为第一受益人，而新证的受益人为供货商，称为第二受益人。

第二，信用证单价和金额。新证的单价和金额应小于原证的单价和金额，其差额则是中间商的利润。

UCP 600 第 38 条“可转让信用证”规定：第一受益人有权以自己的发票和汇票(如有)，替换第二受益人的发票和汇票(如有)，其金额不得超过原信用证的金额。在如此办理单据替换时，第一受益人可在原信用证项下支取自己发票与第二受益人发票之间的差额。

第三，最迟的装运期或规定的装运期间、单据的提示期限和到期日。新证的装运期、交单期和有效期均应早于原证，以方便第一受益人替换单据并按原证要求交单。

第四，必须投保的保险金额的投保比例。新证的投保比例一般应高于原证的投保比例，以在总金额减少的情况下满足原信用证或 UCP 600 规定的投保金额。

4. 可转让信用证的其他注意事项

所有信用证，凡未明确注明可转让(transferable)者，都为不可转让信用证。可转让信用证只可转让一次，第二受益人不得作再次转让。除非转让时另有约定，所有因办理转让而产生的费用(诸如佣金、手续费、成本或开支)必须由第一受益人支付。倘若信用证允许分批支款或分批装运，信用证可以被部分地转让给一个以上的第二受益人。

UCP 600 关于可转让信用证的条款中，明确了第二受益人的交单必须经过转让银行，以避免第二受益人直接向开证行交单损害第一受益人利益的情况发生。此外，还规定第一受益人提交的发票导致了第二受益人提示的单据中本不存在的不符点，而其未能在收到第一次要求时予以修正，则转让银行有权将其从第二受益人处收到的单据向开证行提示，并不再对第一受益人负责，以此来保护没有过错的第二受益人的利益。

(二) 不可转让信用证

不可转让信用证指受益人不能将信用证权利转让给他人的信用证。

五、对开信用证和对背信用证

(一) 对开信用证

对开信用证(reciprocal credit)一般适用于易货或类似的贸易形式。当一国的出口商向另一国的进口商出售商品，同时又从对方购买商品，这样可以分别开立以对方为受益人的两份信用证，互为条件，互相联系。对开信用证实际上是一张信用证的开证申请人和受益人分别是另一张信用证的受益人和开证申请人，而一张信用证的开证行往往是另一张信用证的通知和议付行。两张信用证的金额相等或大致相等。我国有大量“三来一补”的国际贸易，适合采用这种开证方式。

对开信用证有两种生效方式：第一，两张信用证同时生效。即先开立的信用证暂不生效，须等到对方开来回头证，受益人接受后，两张信用证才同时生效。第二，两张信用证分别生效。即先开立的信用证先生效，但证上规定对方受益人交单和议付时应附保函，保证议付若干天内必须按合约规定开立回头证。

（二）对背信用证

对背信用证(back to back credit)是一种从属信用证，是银行在受益人的要求下以原证为基础开立的以供货商为受益人的新证。对背信用证的作用与可转让信用证相似，但又在性质上有很大的不同。

第一，对背信用证的开立不需要开证行的授权，而可转让信用证只能在开证行在信用证上注明“可转让”字样允许信用证被转让时才能开立。因此，原开证行、开证申请人和新受益人对新证的开立可能完全不知情，而可转让信用证则正好相反。

第二，对背信用证中的新证和原证是相互独立的两份信用证，开证行不同，分别对各自的受益人负责；而可转让信用证的新证附属于原证，一般开证行是相同的，由原开证行对两个受益人负责。

第三，对背信用证有两次独立的交单和议付，而可转让信用证实际只有一次交单，第一受益人一般只是替换汇票和发票。

六、循环信用证和非循环信用证

循环信用证(revolving credit)与非循环信用证(non-revolving credit)分类的依据是信用证使用的次数。一般的信用证，开证金额就是受益人能交单获得付款的最高额度，付款金额超过此额度后，信用证便失去效力。此为非循环信用证。而对于循环信用证来说，当信用证的金额被受益人全部或部分使用后，能恢复到原金额，循环多次使用，直到信用证规定的次数、时间或金额为止。这种信用证适用于有长期贸易关系的贸易伙伴。

循环信用证可以按照循环方式分为按时间循环和按金额循环。

（一）时间循环信用证

按时间循环是指受益人在一定时间内可议付信用证指定的一定金额，之后在一定时间内又恢复到原金额仍可进行议付，在若干个时间段内使用，直到该证规定的总金额用完为止。

（二）金额循环信用证

按金额循环是指受益人按照该证规定的一定金额进行议付后，该证仍恢复到原金额，可供再行议付使用，直至该证规定的总金额用完为止。具体恢复方式有以下三种：

1. 自动恢复循环

每期金额用完不必等待开证行通知，即可自动恢复到原金额使用。

2. 非自动恢复循环

每期金额用完必须等待开证行通知到达后，信用证才能恢复到原金额使用。

3. 半自动恢复循环

每次议付后一定时间内开证行未提出停止循环使用的通知，则在下次时期开始起，就可自动恢复到原金额使用。

无论是按时间循环还是按金额循环，凡是上次未用完的信用证余额，可以移到下一次一起使用的则为累积循环信用证；反之则称为非累积循环信用证。

七、预支信用证

预支信用证(Anticipatory Credit)是在信用证上列入特别条款允许受益人在装货交单前支取全部或部分货款的信用证。预支信用证的目的是通过预付使受益人获得融资，解决资金周转问题。一般来说，在开证环节，开证申请人会要求开证行在信用证上加列特殊条款，授权出口地银行如议付行或保兑行在受益人交单前预先垫款给受益人。待受益人交单议付时，出口地银行再从议付金额中扣除预支的款项和利息，只将净款付给受益人。开证行在加列这些条款时，通常用的是红字，以表醒目，所以这种信用证又称红条款信用证(Red Clause Credit)。红条款信用证在澳大利亚、新西兰及南非等国的羊毛交易中使用较多。

第三节

跟单信用证流转程序

跟单信用证流转程序如图 6-1 所示。

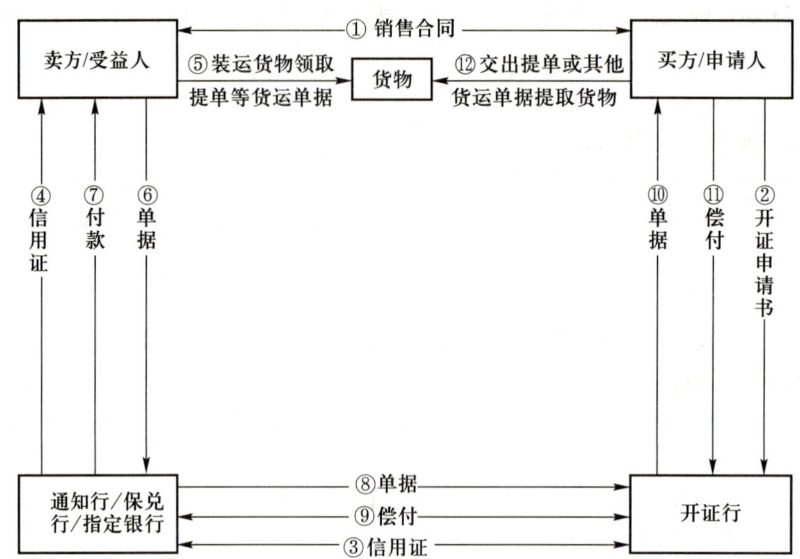

图 6-1　跟单信用证流转程序

一、进口商申请开证

进口商与出口商在签订买卖合同时，会约定结算方式，如果以信用证作为结算方式，会规定信用证开立的时间、内容等。

例：The buyers should open through a bank acceptable to the sellers a 100% invoice value irrevocable sight letter of credit to reach the sellers days before the month of shipment, valid for negotiation in China until the 15th day after the month of shipment.

进口商应根据合同条款在合约规定的期限内向银行申请开立信用证。进口商向银行申请开证须提交开证申请书。

开证申请书是进口商作为开证申请人向银行即开证行提出的开证申请，也是开证申请人对开证行的开证指示，请开证行开立信用证，接收单据，代为付款。开证申请书一般分为两部分。

第一部分是开证申请人对开立信用证的指示，即要求开证行开立什么内容的信用证，应指明信用证的具体内容，如信用证的种类、金额、有效期和交单期、当事人、汇票和单据条款等，其内容应以买卖合同为基础，不应有与买卖合同矛盾的地方。在内容描述上应注意以下几点：第一，尽可能单据化，即将对出口商提的条件以单据的形式表示；第二，尽量意思明确，避免出现歧义；第三，尽量简洁，不应罗列过多的细节。

第二部分是开证申请人和开证行的权利、义务，主要是开证申请人对开证行的声明或保证。开证申请人保证承担的责任一般包括以下几种：

（1）开证申请人承认在付款赎单之前，开证行对信用证项下的单据及申请人所缴纳的抵押品有抵押权或留置权。如果开证申请人不付款赎单，开证行有权处理单据或抵押品以抵偿开证行在信用证下所做的付款。

（2）开证申请人保证在单据到达后，或汇票付款期限内，如期付款赎单。开证申请人同时保证付清信用证中规定的开证行及其代理行的手续费及其他一切费用。

（3）开证申请人承认开证行只对单据的表面真实性负责。

UCP 600 第 34 条“关于单据有效性的免责”规定：银行对任何单据的形式、充分性、准确性、内容真实性、虚假性或法律效力，或对单据中规定或添加的一般或特殊条件，概不负责；银行对任何单据所代表的货物、服务或其他履约行为的描述、数量、重量、品质、状况、包装、交付、价值或其存在与否，或对发货人、承运人、货运代理人、收货人、货物的保险人或其他任何人的诚信与否，作为或不作为、清偿能力、履约或资信状况，也概不负责。

也就是说，在信用证项下，银行只对单据的表面真实性负责，即使单据的真实性存在问题，是伪造的，银行也不承担责任，开证申请人不得以单据伪造为理由拒绝向银行付款。开证申请人因此而造成的损失，只能凭买卖合同向出口商索赔。

（4）开证行对报文传输或信件或单据的递送过程中发生的延误、中途遗失、残缺或其他错误产生的后果，概不负责；开证行对技术术语的翻译或解释上的错误，不负责任，并可不加翻译地传送信用证条款。

UCP 600 第 35 条“关于信息传递和翻译的免责”规定：当报文、信件或单据按照信用证的要求传输或发送时，或当信用证未作指示，银行自行选择传送服务时，银行对报文传输或信件或单据的递送过程中发生的延误、中途遗失、残缺或其他错误产生的后果，概不负责。银行对技术术语的翻译或解释上的错误，不负责任，并可不加翻译地传送信用证条款。

（5）开证行对不可抗力导致的营业中断的后果概不负责。

UCP 600 第 36 条“不可抗力”规定：银行对由于天灾、暴动、骚乱、叛乱、战争、恐怖主义行为或任何罢工、停工或其无法控制的任何其他原因导致的营业中断的后果，概不负责。银行恢复营业时，对于在营业中断期间已逾期的信用证，不再进行承付或议付。

开证行在接到开证申请书后，应对申请书进行严格审核，审核内容一般包括以下几点：

第一，基础交易是否符合国家关于外贸、外汇管制的规定，是否获得了有效的进口许可证等文件。

第二，申请书内容是否完备、合理，有无遗漏、矛盾的地方，特别是是否与基础合约一致。开证指示是否简洁、明确，是否有非单据化条款。

为了降低风险保证自身资金安全，一般开证行会在对开证申请人进行资信调查的前提下根据申请人资信状况及基础交易的情况，要求申请人交付一定额度的抵押品或保证金。

一旦开证行接受申请，开证申请书即成为开证申请人和开证行之间的契约，开证行应以开证申请书为依据开立信用证并履行付款责任。

二、进口地银行开立信用证

进口地银行，即开证行，以开证申请书为依据开立信用证，并将信用证内容传递给出口地银行，以进一步通知给受益人。信用证内容应做到完整、简洁、明确，条款单据化，避免过多细节，避免出现对基础合约的援引。

UCP 600 第 14 条“审核单据的标准”规定：如果信用证中包含某项条件而未规定需提交与之相符的单据，银行将认为未列明此条件，并对此不予置理。

开证方式一般有以下三种：

1. 函开(issue by mail)

函开即开证行开立文本形式的信用证并以信函的形式，通常是航空信函(airmail)，邮寄给出口地银行。

2. 函开并同时以简电通知(with brief advice by teletransmission)

函开并同时以简电通知是指在开立并邮寄文本信用证的同时，将信用证的主要内容以简要电文的形式发给出口地银行，以便出口商能够提前按信用证要求备货装运。在这种开立方式中，一般简要电文中会有“Details to Follow”等字样，邮寄的信用证文本才是有效信用证。

3. 电开(Issue by Teletransmission)

电开信用证是指以电报、电传或 SWIFT 电文的形式将信用证内容发给出口地银行，电文本身就是有效的信用证正本。这种方式速度最快，安全性也最高，特别是 SWIFT 电开信用证已成为目前开立信用证的主要形式。

UCP 600 第 6 条“电讯传递与预先通知的信用证和修改”规定：经证实的信用证或修改的电讯文件将被视为有效的信用证或修改，任何随后的邮寄证实书将被不予置理。若该电讯文件(teletransmission)声明“详情后告”(Full Details to Follow)(或类似词语)或声明随后寄出的邮寄证实书(Mail Confirmation)将是有效的信用证或修改，则该电讯文件将被视为无效的信用证或修改。开证行必须随即不延误地开出有效的信用证或修改，且条款不能与电讯文件相矛盾。

开立信用证的费用，如手续费、邮电费、修改费等，一般由开证申请人承担，按统一的费率表执行，按信用证金额收取。

三、出口地银行通知信用证

(一) 信用证的审核

当出口地银行即通知行收到开证行传递来的信用证，其并无一定通知的责任，而有权自己决定是否通知。而一旦该银行决定通知信用证，就有责任合理、审慎地鉴别信用证的表面真实性，主要是利用签字样本、密押等控制文件。

UCP 600 第 9 条“信用证的修改及通知”规定：如果一家银行被要求通知信用证或修改但决定不予通知，它必须不延误地通知向其发送信用证、修改或通知的银行。

通知行确定信用证真实性后应对信用证内容进行审核，以决定是否有必要对信用证进行修改、是否接受该信用证。因为其往往要承担对信用证的议付责任，所以不仅要对信用证的基本内容，如金额、种类等进行审核，而且有必要对开证行的资信及信用证的条款和条件进行审核，以确定开证行的偿付能力和受益人提交合格单据的可能性，以最大限度地降低自身风险。

（二）信用证的通知

通知行认可信用证之后，会将信用证内容通知给信用证规定的受益人。如果信用证是函开的，可直接将信用证文本交给受益人；如果信用证是电开的，则需要根据电文缮制信用证通知书。

（三）信用证的接受或修改

受益人接到信用证通知后，需要对信用证进行审核，以决定是否接受信用证、是否需要修改信用证。受益人对信用证的审核要非常地详细和严格，因为这关系着受益人能否提交合格单据，及能否得到开证行的付款。一般包括以下内容：

1. 开证行

主要审核开证行的资信状况，有没有足够的偿付能力。如果受益人对开证行的资信状况不够信任，可能会提出由第三家银行对信用证予以保兑。这家银行很有可能是通知行。

2. 受益人

受益人名称、地址是否真实、准确。

3. 信用证种类

信用证是否可撤销、可转让、可循环等。

4. 装运数量、单价和金额

对单价的审核应包括价格术语，价格术语的选择与运费、保险条款不应存在矛盾。

5. 单据条款

信用证要求提供的单据种类、份数和内容，受益人是否能够提供。应特别注意汇票的付款人不应是开证申请人，必须是银行。

6. 装运期、交单期和有效期

装运期、交单期和有效期如果太短，不利于受益人装运和交单。交单地点如果在国外，也不利于受益人交单。特别要注意装运期和有效期不能颠倒，应该是装运期早于有效期。

7. 到期地点

到期地点如果在开证行所在国或第三国，将不利于受益人交单。

8. 运输和保险条款

信用证规定的装运港和卸货港，是否允许分批装运和转运以及相关费用由哪一方承担，哪一方负责投保和缴纳保费，保险金额、险别、赔付地点等。

9. 费用

按国际惯例，一般出口地的银行费用由受益人承担。

10. 责任条款

有无开证行保证付款的声明，有无开证行减轻和免除自己责任的“保留”、“限制”等条款。

11. 软条款

信用证有无不利于受益人交单的软条款。所谓软条款，是指信用证中出现的带有恶意和欺骗性的对受益人发货、交单不利的陷阱性条款。举例如下：

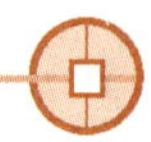

（1）对货物品质要求细微、严格，如某些产品必须满足进口国的质量标准，容易造成出口商提交的单据难以满足信用证条款的要求。

（2）对装运期、交单期规定得比较短，导致出口商难以在规定时间内提交合格单据。

（3）规定以海运提单的收货人为开证申请人，如 Full set of ocean bill of lading made out the applicant，造成出口商难以控制货物。

（4）1/3、2/3 的海运提单正本直接寄给开证申请人即进口商，如 1/3 or 2/3 original ocean bill of lading must be sentto to the applicant directly after the date of shipment，这会导致出口商失去对物权的控制，进口商无须付款即可取得单据，增加了进口商向银行拒付的可能性。

（5）规定有效期和有效地点都在开证行所在地，导致受益人交单的邮程比较长，难以在规定时间内将单据交到规定银行，加大了交单风险，不利于安全收汇。

（6）规定某些货运单据，如检验证明书，由开证申请人指定的机构签发，且签字样式要与开证行的预留签字相符，如 This document should be issued and signed by and the signature must be in strict compliance with that on our side，这样实际上是把单据是否相符的主动权交到了开证申请人的手中，可能会出现找不到指定人、签字不符或交单延期等现象，会导致出口商难以在规定期限内交出符合要求的单据。

（7）规定暂不生效条款，出口商需等到开证行另行通知，此信用证才生效。这种规定使得信用证生效的主动权完全握在开证行手里，容易出现出口商发货、交单却不能得到开证行付款的情况。

（8）规定出口商承担全部费用。按照国际惯例，一般来说进出口商须各自承担所在国银行的费用，但进口商可能会要求信用证中规定全部费用均由出口商承担，如 All bank charges are for beneficiary’s account，这会增加出口商的负担。

案例 6-2

信用证交单条件

案情：

某年英国某公司通过伦敦某银行开来信用证，有效期为 3 月 15 日，在中国到期，最迟装运期为 3 月 28 日，所有单据须于装运日后 21 天寄达开证行柜台。我方出口商于 1 月 26 日办理装运并取得单据，因为春节假期直到 2 月 10 日才向议付行交单议付。开证行于 2 月 26 日来电提出单证不符而拒付，理由是装运日是 1 月 26 日，而单据于 2 月 18 日才寄到开证行，违反了单据必须在装运日后 21 天之内到达的条款。而我方认为 1 月 26 日装运，2 月 10 日向议付行交单，并没有违反 21 天内交单的规定。问开证行的拒付是否合理？

分析：

导致开证行和受益人在交单问题上产生分歧的关键原因在于信用证中单据在规定期限内寄达开证行柜台和在中国到期的条款是自相矛盾的，而我方受益人却接受了这样的信用证。

启示：

信用证条款中的交单条件应保持一致，如到期地点与单据寄达的地点应为同一地点，受益人在审证时也应该特别注意对该条款的审核。

资料来源：姚莉，王学龙. 国际结算[M]. 北京：中国金融出版社，2002：165-166。

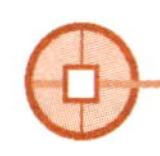

受益人对信用证的审核，应以基础合约为主要依据，如两者有差异，应及时提出修改，以保证信用证与基础合约相一致，避免以后的环节出现矛盾和纠纷。在当前普遍使用不可撤销信用证的情况下，信用证的修改应得到所有相关当事人的同意，如果开证行同意修改信用证，就会发出信用证修改书，并通过原通知行通知受益人，受益人接受后，修改书即生效。

UCP 600 第九条“信用证及修改的通知”规定：凡未经开证行、保兑行(如有)以及受益人同意，信用证既不能修改也不能撤销。自发出信用证修改书之时起，开证行就不可撤销地受其发出修改的约束。保兑行可将其保兑承诺扩展至修改内容，且自其通知该修改之时起，即不可撤销地受到该修改的约束。然而，保兑行可选择仅将修改通知受益人而不对其加具保兑，但必须不延误地将此情况通知开证行和受益人。在受益人向通知修改的银行表示接受该修改内容之前，原信用证(或包含先前已被接受修改的信用证)的条款和条件对受益人仍然有效。受益人应发出接受或拒绝接受修改的通知。如受益人未提供上述通知，当其提交至被指定银行或开证行的单据与信用证以及尚未表示接受的修改的要求一致时，则该事实即视为受益人已作出接受修改的通知，并从此时起，该信用证已被修改。

（四）受益人装运、交单

受益人认可并接受信用证后，应根据信用证条款备货、装运，并向指定银行交单，特别要注意交单期和交单地点。

四、出口地银行议付信用证

出口地银行收到受益人交来的单据后，会对单据进行审核，以决定是否议付。

UCP 600 第 14 条“审核单据的标准”规定：单据中内容的描述不必与信用证、信用证对该项单据的描述以及《国际标准银行实务》完全一致，但不得与该项单据中的内容、其他规定的单据或信用证相冲突。

总的来说，银行审核单据应以信用证条款和条件及相关的国际惯例（如国际商会制定的《国际标准银行实务》为依据，单据应与信用证内容一致，且单据与单据之间不应存在矛盾的内容。

出口地银行审核单据认为合格后，可按信用证规定对受益人进行议付。银行议付单据后，应在信用证背面批注议付日期和议付金额，然后按照信用证要求，将全套单据一次或分批寄出，向开证行、付款行或偿付行索偿。议付行寄单时一般还会寄送寄单面函（cover letter or bill of purchase）。寄单面函一般包括信用证号码和开证日期，议付金额及议付行的费用，单据的名称、份数，寄单方式和批次，偿付指示等。

如果出口地银行审核单据后认为单据与信用证不符，即存在不符点。不符点是指信用证项下所提交的单据表面上一处或多处不符合信用证条款和条件。由于信用证是有条件的付款保证，如果单据与信用证不符，银行可不履行付款责任，出口地银行发现不符点，有以下几种处理方法：

（1）退单给受益人修改。如果时间允许，出口地银行可将有不符点的单据退回受益人由其进行修改，只要在信用证规定的期限内进行交单，即可进行议付。

（2）保留付款。出口地银行可要求受益人提供担保或第三方出具的还款保函（letter of indemnity），凭以做保留付款（payment under reserve），在议付的同时保留追索权。一旦单据寄到开证行被拒付，议付行有权向受益人进行追索，将已垫付的款项追回。

（3）表提。出口地银行可将单据直接寄到开证行，并在面函上说明不符点，由开证一方决定是否对受益人进行付款，出口地银行只有在开证行付款且自己收妥款项后才对受益人付款。这实际是将信用证改为托收处理。

（4）电提。出口地银行将单据不符点以电文的形式告知开证行，由开证行审核并授权出口地银行进行兑付。

五、进口地银行审单偿付

议付行等出口地银行对单据进行兑付后，即按信用证规定的时间和方式向进口地银行即开证行进行寄单索偿。索偿可以以邮寄信函的方式，也可以是电讯方式，目前后者居多。在电索方式下，索偿银行以电报、电传或SWIFT形式发出索偿书，索偿书应包括信用证号码和开证行、索偿的本金及其他费用等内容。

进口地银行即开证行接到单据首先要对单据进行审核

开证行审单的依据与出口地银行相同，都是信用证条款和相关国际惯例。

1. 偿付

如单据合格，开证行将按信用证规定的偿付条款，向有关银行进行偿付。通常偿付条款有以下几种：

（1）主动贷记。索偿行在开证行开立有往来账户，开证行审核单据相符后直接贷记索偿行账户。

信用证中的偿付指示如下：Upon receipt of the documents in compliance with credit terms, we shall credit your account with us.

索偿书中的索偿指示如下：Please credit our account with you under your advice to us.

偿付通知如下：We have credited your account with us.

（2）授权借记。开证行在索偿行开立有往来账户，开证行审核单据相符后授权索偿行借记本行在对方的账户。

信用证中的偿付指示如下：Please debit our account with you under advice to us.

索偿书中的索偿指示如下：Please authorize us to debit your account with us.

偿付通知如下：Please debit our account with you.

（3）授权第三家银行偿付。开证行和索偿行都在货币清算国银行开立有往来账户，开证行审核单据相符后授权第三家银行即偿付行贷记索偿行账户。

信用证中的偿付指示如下：Upon receipt of the documents in compliance with credit terms, we shall authorize to credit your account with them.

索偿书中的索偿指示如下：Please pay the proceeds to for credit of our account with tem under their advice to us.

偿付通知如下：We have instruct to debit our account and credit your account with them.

2. 拒付

开证行审核单据如发现不符点，有以下几种处理方式：

（1）持有单据等候提示人即交单行进一步指示。

（2）持有单据并通知申请人，等待申请人通知，如果申请人同意接受不符点，则开证行可接受单据。

（3）拒付。开证行在拒付时，应注意以下几点：

第一，开证行应在一定时间内以最快的方式发出拒付通知。这一时间在 UCP 600 中为 5 天。

UCP 600 第 16 条“不符单据及不符点的放弃与通知”规定：拒付通知必须以电讯方式发出。如果不可能以电讯方式通知，则以其他快捷方式通知，但不得迟于提示单据日期翌日起第 5 个银行工作日终了。

第二，开证行应一次性指出不符点。

UCP 600 第 16 条“不符单据及不符点的放弃与通知”规定：当按照指定行事的被指定银行、保兑行（如有）或开证行决定拒绝兑付或议付时，必须一次性通知提示人。

第三，开证行应说明单据将退回受益人或寄单行，还是保留在开证行手中听候进一步指示。

六、进口商赎单提货

开证行接受单据并偿付后，应立即通知进口商备款赎单。进口商将对单据进行审核，如认为单据合格，应将所有的款项及相关的费用付给开证行，即可取得代表物权的货运单据以提货。

如果进口商认为单据不合格，有权对单据拒付。

如果进口商认可单据，但资金周转困难，一时没有能力赎单，可通过信托收据、担保提货等方式向开证行申请融资。

第四节

跟单信用证项下主要当事人法律关系

每张信用证至少会牵涉到三个当事人，即基本当事人，包括开证申请人、开证行和受益人。但随着国际贸易的发展，在信用证流转过程中，还会牵涉到更多的当事人，特别是银行，如通知行、议付行、保兑行、偿付行等。当然有些当事人可能会出现重合，如通知行往往会承担议付的工作等。这些当事人因为信用证形成复杂的关系，也构成了他们之间的权利和义务，即信用证项下当事人的法律关系。

一、信用证项下主要当事人的权利与义务

（一）开证申请人

开证申请人（applicant）意指发出开立信用证申请的一方，即向银行申请开立信用证的一方，一般是国际贸易中的进口商，即买方。开证申请人同时是货运单据的收货人或被通知人，也是发票和其他单据的抬头。

开证申请人享受以下的权利，并承担相应的义务。

1. 义务

（1）执行基础合约。开证申请人同时也是基础合约的买方，由于信用证是独立于买卖合同的文件，开立信用证并不能解除进口商在合同项下的付款责任，所以开证申请人应首先对买卖合同负责，应按照买卖合同的要求及时向银行申请开立信用证。

（2）作出合理、及时的指示。开证申请人应以基础合约为依据填写开证申请书，向银行申请开证，开证指示应做到简洁、明确、不前后矛盾，避免其他当事人对开证申请书和信用证理解上的出入。当信用证流转过程中出现不符点，开证行通知申请人时，申请人也应及时作出指示。

（3）提供开证担保。信用证实际上是开证行代申请人对受益人作出的付款保证，是对申请人授信行为，为防范风险，通常会要求申请人提供一定额度、一定形式的担保，可以是现金、抵押、质押或第三方担保。申请人应按开证行要求提供担保，以保证信用证的及时开立。

（4）及时付款赎单。开证行开出信用证，审单合格后作出偿付，实际上是代申请人付款。开证行履行付款义务后，申请人审核单据合格后有义务付款赎单。

2. 权利

开证申请人审核单据不符，有权利拒付并收回抵押、质押品和保证金。另外，申请人提货后如发现货物在数量、规格、质量等方面存在问题，有权利向出口商及运输商等进行索赔。

（二）受益人

受益人（beneficiary）指信用证中受益的一方，即享受信用证权益、可以凭相符单据获得开证行或其他银行付款的一方，一般是国际贸易中的出口商。受益人是开证行保证付款的对象，是货运单据的发货人、汇票的出票人和收款人。

1. 义务

（1）执行基础合约。受益人同时也是基础合约的卖方，必须承担合同项下的责任，应按照合同发货，并提供反映货物真实情况的单据，以做到单据和货物一致。

（2）审核信用证。受益人收到信用证通知后，应以基础合约为依据对信用证进行严格审核，如有不符，应提出修改，以做到信用证与基础合约相一致。

(3) 提交合格单据。受益人认可信用证后，应按照信用证条款和条件发货、交单，在规定期限内交出符合信用证条款和条件的单据。

总的来说，受益人应做到单据与货物一致、信用证与基础合约一致以及单据和信用证一致，以避免在信用证流转过程中可能产生的纠纷。

2. 权利

受益人接到信用证，如果认为其内容不合理，有权提出修改或拒绝。受益人有权凭相符单据获得开证行或其他银行的付款。

(三) 开证行

开证行(issuing bank)意指应申请人要求或代表其自身开立信用证的银行，即开出信用证的银行，一般是进口地银行。

开证行受以下三种合同的约束，分别是开证申请书、信用证以及与出口地银行的代理协议。总的来说，开证行有以下义务：

(1) 按开证申请书开立信用证。开证行开立信用证应以开证申请书为依据，还应符合相关国际惯例的要求，并按照申请人指示办理相关业务。

(2) 第一性、终局性的付款责任。开证行开立信用证是代申请人对受益人作出的有条件的付款保证，一旦受益人一方交来符合信用证条款、条件和国际惯例的单据，则必须履行付款责任。特别是目前的不可撤销信用证，开证行的付款责任是不能随意改变和撤销的。特别要注意的是两点：第一，开证行的付款责任是第一性的。受益人或寄单银行在取得合格单据后首先向开证行索偿，而不是进口商，此为第一性的付款责任。第二，开证行的付款责任是终局性的，也就是说开证行一旦对受益人或寄单行付款，则不可以向其进行追索。

同时开证行也有一定的权利，主要是有权要求申请人提供开证担保，有权对存在不符点的单据作出拒付，当开证申请人拒绝付款赎单时，开证行有权处理手中的单据和抵押、质押品以弥补损失。

(四) 通知行

通知行(advising bank)意指应开证行要求通知信用证的银行。即从开证行接收信用证并受开证行委托向受益人通知信用证的银行，一般为出口地银行。很可能是开证行在出口地的分行或代理行。

被开证行委托通知信用证的银行并没有一定通知信用证的义务，可以自行做出是否通知信用证的决定。如果一家银行被要求通知信用证或修改但决定不予通知，它必须不延误地通知向其发送信用证、修改或通知的银行。而被委托通知信用证的银行一旦决定通知信用证，便成为开证行的代理人。

通知行须合理、谨慎地核验信用证的表面真实性。合理、谨慎可以解释为一个具备办理该项业务专业知识及能力的人，在办理该项业务时所应做到的或者一般人所期望他做到的注意和谨慎。通知行核验信用证的表面真实性，主要是凭借控制文件，对于信开信用证可使用签字样本，对于电开信用证一般使用电子密押。如果银行被要求通知信用证或修改，但不能确定信用证、修改或通知的表面真实性，就必须不延误地告知向其发出该指示的银行。如果通知行仍决定通知信用证或修改，则必须告知受益人其未能核实信用证、修改或通知的表面真实性。需要注意的是，通知行通知信用证不构成兑付或议付的承诺。

（五）议付行

议付行(negotiation bank)是根据开证行授权和受益人的申请，按照信用证条件对受益人提交的相符单据进行垫款的银行，一般是出口地银行，且通知行经常承担议付的工作。

议付行有以下权利和义务：议付行只对相符单据议付，对不相符的单据有权拒付；议付行只能在信用证允许的范围内进行议付；议付行必须付对价才能构成议付；议付行对汇票和单据议付，即成为汇票的正当持票人和货运单据的所有人；议付行议付后有权向开证行或其指定银行寄单索偿；议付行享有追索权，寄单索偿后如被开证行拒付，可向受益人进行追索。

（六）付款行

付款行(paying bank)是信用证项下执行付款责任的银行，实际是被开证行委托付款的银行，一般是开证行在出口地的分行或其他关系密切的银行。

付款行的付款责任与开证行类似，付款前须对受益人或议付行提交的单据进行审核，认定相符后才作出付款。付款行作出付款后有权向开证行进行索偿，但付款行的付款是终局性的，即一旦付款就要自己承担责任，即使被开证行拒付也不可向受益人或议付行进行追索。

（七）偿付行

偿付行(reimbursing bank)是受开证行授权对议付行或付款行作出偿付的银行。偿付行的出现一般是由于信用证规定的偿付货币为进出口国以外的货币，必须通过货币发行国的银行进行清算，所以信用证须另外规定偿付行以完成偿付工作。

根据 UCP 600 和国际商会第 525 号出版物《跟单信用证项下银行间偿付统一规则》(The Uniform Rules for bank-to-bank Reimbursement Under Documentary Credits)相关条款，偿付行作偿付时应注意以下几点：

(1) 开证行必须向偿付行提供偿付授权书(reimbursement authorization)，同时信用证的偿付条款中也应有相关的规定。

(2) 偿付行有权向开证行索要已偿付款项。实际上，一般来说索偿行和开证行都在偿付行开有账户，所以偿付行一般通过直接贷记的方式从开证行的账户上扣款。

(3) 不应要求索偿行向偿付行提供证实单据与信用证条款及条件相符的证明。

偿付行实际上与信用证和受益人并无直接联系，特别是偿付行是不接收和审核单据的。因此，如果偿付是通过偿付行进行的，议付行等索偿银行在寄单索偿时会采取以下方式，那就是单据寄往开证行由开证行进行单据审核以认定是否相符，而索偿书则发给偿付行。由于索偿和偿付往往是通过电讯方式进行的，所以可能会出现偿付行已经进行了偿付，但开证行发现单据不符点的情况。由于相关国际惯例不要求偿付行审核单据，因此偿付行不承担单据不符点引发的后果。因此这不影响偿付行获得开证行的偿付，开证行蒙受的损失应向索偿行进行索赔。

另外，偿付行的费用应由开证行承担。然而，如果费用系由受益人承担，则开证行有责任在信用证和偿付授权书中予以注明。如偿付行的费用系由受益人承担，则该费用应在偿付时从支付索偿行的金额中扣除。如果未发生偿付，开证行仍有义务承担偿付行的费用。

（八）保兑行

保兑行(confirming bank)意指应开证行的授权或请求对信用证加具保兑的银行。

保兑行一旦以本行的名义对信用证予以保兑，便承担了与开证行相同且与开证行相互独立的付款责任。具体来说，保兑行承担的付款责任是独立于开证行的，也就是说即使开证行失去清偿能力，保兑行也不能推卸自己的付款责任。保兑行承担的付款责任是第一性、终局性的，保兑行在对受益人或交单银行付款后，只能向开证行进行索偿。如果遭到开证行拒付，没有权利向受益人或交单银行进行追索。

保兑行一般是与开证行关系密切的银行，如分行或代理行。通知行承担保兑行的情况比较常见，因此在信用证中一般都有是否要求通知行对信用证加以保兑的条款。当然，被要求保兑信用证的银行有权利拒绝此要求。

信用证经保兑后，如需修改，必须征得保兑行的同意。保兑行有权对信用证修改的地方不保兑，若不同意保兑，必须尽快通知开证行或受益人。如果保兑行同意修改，则自通知修改之日起对信用证负有不可撤销的义务。

二、信用证项下主要当事人的法律关系

在信用证流转过程中，围绕着信用证，各当事人建立起复杂的法律关系。

（一）申请人与受益人

申请人是国际贸易中的进口商，受益人是国际贸易中的出口商，两家法律关系的基础是买卖合同。申请人根据买卖合同规定向银行申请开立信用证，受益人按买卖合同要求发货。

（二）申请人与开证行

申请人与开证行之间是委托代理关系，其合约就是开证申请书。申请人填写开证申请书向开证行申请开立信用证，应按开证行要求提供抵押、质押、保证金或第三方

担保，缴纳相关费用，在开证行对外付款后按开证申请书要求付款赎单。开证行如接受申请人委托，应严格依据开证申请书开立信用证。

（三）开证行与受益人

开证行与受益人的关系以信用证为基础，开证行依据信用证，而不是买卖合同或其他契约对受益人承担责任。开证行开立信用证即对受益人作出了有条件的付款承诺，开证行以信用证条款和条件为依据，审核受益人所交单据，在认定相符后对受益人履行付款责任。

（四）开证行与通知行

开证行将信用证内容传递给通知行，委托通知行将信用证通知给受益人。通知行如接受委托，即与开证行形成委托代理的关系，应按开证行指示核验信用证的表面真实性并向受益人通知信用证。除非通知行愿意为信用证议付和保兑，否则不承担对受益人付款的法律责任。

（五）通知行与受益人

通知行与受益人无法律关系，无契约，通知行只需按开证行指示将信用证内容通知给受益人。如果因通知行的疏忽造成延误而使受益人遭到损失，受益人可要求通知行承担责任。

（六）开证行与付款行

付款行与开证行是委托代理的关系，付款行受开证行的委托对受益人进行付款，对受益人付款后有权向开证行进行索偿。

（七）开证行与议付行

开证行与议付行是委托代理关系，议付行在开证行授权下对受益人提交的单据进行审核并议付，议付行议付后有权向开证行进行索偿。

（八）开证行与保兑行

开证行向保兑行发出保兑的邀请，一旦保兑行接受邀请，即与开证行形成委托代理关系，但保兑行承担的责任是独立于开证行的，对受益人符合条件的单据履行付款责任。

（九）保兑行与受益人

保兑行一旦对信用证予以保兑，便以信用证为依据独立地向受益人承担与开证行相同的有条件的付款责任。受益人若提交和信用证相符的单据，保兑行有义务履行付款责任，对受益人付款，并且保兑行对受益人无追索权。

（十）议付行与受益人

议付行审核受益人提交的单据，认定相符后对受益人进行议付。议付实际上是议付行为受益人提供融资，一般议付行和受益人会签订质权书，双方的权利、义务按质权书办理。如果议付包含汇票的话，议付行会成为正当持票人，享有完整的票据权利。另外，议付行对受益人享有追索权，如议付行被开证行或其代理行拒付，有权追回对受益人所议付的款项。

■ 本章小结

1. 信用证是银行（开证行）根据买方（开证申请人）的要求和指示，向卖方（受益人）开立的在一定期限内凭规定的、符合信用证条款和条件的单据，承兑一定金额的书面承诺。跟单信用证是目前国际上普遍使用的一种贸易结算方式，是一种银行信用，承担了结算、融资等多种作用。

2. 信用证是由开证行承担第一性付款责任的书面文件。开证行履行付款责任是有限度和条件的。信用证是一项独立的、自足性的文件。

3. 跟单信用证有开证申请人、开证行、受益人、通知行、议付行、偿付行等多个当事人，包括申请开证、开证、通知、交单、议付、索偿、偿付、付款赎单等环节，在信用证流转中，主要遵循国际商会制定的《跟单信用证统一惯例》。

4. 跟单信用证按是否可撤销、是否加保兑、是否可转让、是否可循环、不同的兑付方式等可分为很多种类。

■ 关键术语

信用证　不可撤销保兑　议付　累积循环　可转让　开证申请人　开证行　受益人　不符点

■ 复习思考题

1. 如何理解信用证是由银行承担第一性付款责任的书面文件？开证行付款责任是否是无限的？
2. 试说明买卖合同、货物、单据与信用证之间的关系。
3. 简述信用证业务流转程序。
4. 简述信用证项下各主要当事人的法律关系。
5. 简述对背信用证与可转让信用证的不同点。

■ 延伸阅读

1. 顾民. UCP 600 制单兑用实务手册[M]. 北京：对外经济贸易大学出版社，2008.

2. 王瑗瑗. 信用证软条款的识别及风险防范[J]. 对外经贸，2013(6).

■ 本章参考文献

1. 贺瑛，漆腊应. 国际结算[M]. 北京：中国金融出版社，2004.

2. 苏宗祥，景乃权，张林森. 国际结算[M]. 北京：中国金融出版社，1997.

3. 陈跃雪. 国际结算 [M]. 南京：东南大学出版社，2010.

4. 姚莉，王学龙. 国际结算[M]. 北京：中国金融出版社，2002.

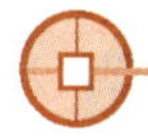

第七章

银行保函结算方式

本章导言

通过本章学习，掌握银行保函的基本概念及银行保函的业务处理方式，了解银行保函适用的国际惯例，熟悉银行保函的内容、种类和用途，掌握银行保函和跟单信用证的异同。

本章电子教案

（请扫描二维码）

本章知识结构图

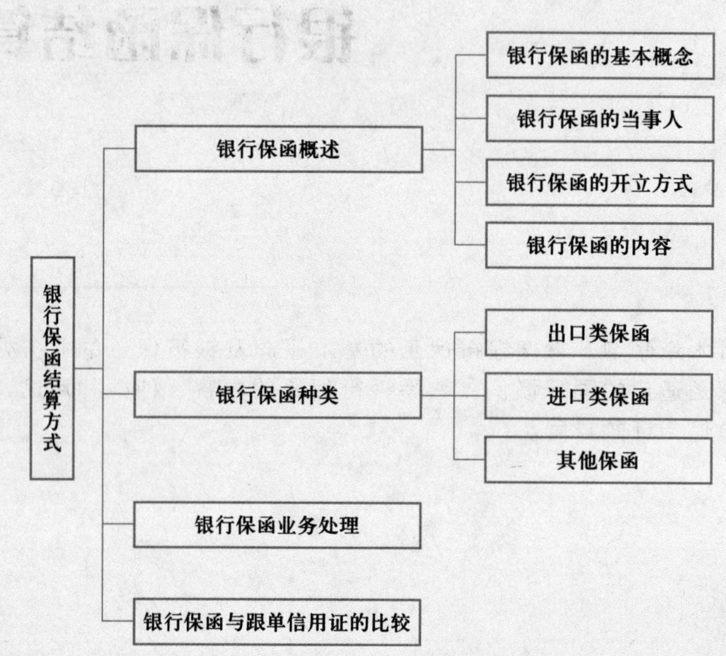
银行保函结算方式
银行保函概述
银行保函的基本概念
银行保函的当事人
银行保函的开立方式
银行保函的内容
银行保函种类
出口类保函
进口类保函
其他保函
银行保函业务处理
银行保函与跟单信用证的比较

一、银行保函的基本概念

在国际经济交往中，一方如果不履约，就会致使对方蒙受损失。因此为使交易正常进行，需要由一个第三方作为担保人，以自己的资信保证一方当事人(申请人)一定会向另一方当事人(受益人)履约，如果被担保的当事人未能履约，由担保人向另一方当事人支付一定金额或进行经济赔偿，此为保函(Letter of Guarantee)。保函一般由金融机构开立，其中银行开立的保函称为银行保函，是目前国际经济往来中使用最多的一种保函。

保函具有如下特点：首先，保函是一种书面的付款保证，是一种书面形式的法律文件，当事人依据保函合约承担相应的责任；其次，保函是第三方以自己的信用来保证一方当事人的行为或不行为，并承诺一旦出现相反的情况，保证进行某种支付；最后，保函的担保方承担的付款责任可以是第一性的，也可以是第二性的，这决定了保函的种类。

银行保函具有担保合同义务履行和保证合同价款支付的作用。

1. 担保合同义务的履行

在国际贸易等国际经济往来中，各方都寻求最大的利益并尽可能地规避风险，通过履约保函、投标保函等银行保函，当事人可以提供第三方担保，保证被担保人一定会履行合同项下的义务，一旦出现相反情况，将由开立保函的银行对对方进行经济赔偿，有助于合同的签订和交易的顺利进行。此类保函只有在被担保人未能履约、银行对另一方进行经济赔偿时，支付行为才会发生，称为信用证类保函。

2. 保证合同价款的支付

银行为在合同项下支付款项，如货款、预付款、贷款本息等的一方开立银行保函，可为合同项下价款的支付提供担保，一旦当事人不能履行付款义务，则由开立保函的银行代为履行。此类保函的基础合同本身就涉及价款的支付，称为付款保函。

小知识 7-1

保函的担保方付款责任

保函的担保方承担的付款责任分第一性与第二性两类。

1. 第一性的偿付责任

开立保函的银行即担保行承担第一性的偿付责任，也称为独立的付款承诺，即担保行的偿付责任独立于申请人在基础合同项下的责任，以保函自身条款为准，这种保函称为独立性保函。这种保函根据基础合同开立，但一经开立其本身的效力并不依附于基础合同，而是一个自足性契约（如果有受益人欺诈的确凿证据或适用法律允许的其他拒付理由除外），不受基础合同的约束。只要担保文件即保函规定的偿付条件已经具备，一般是受益人须提交保函规定的单据，担保人便应偿付受益人的索偿。而且，担保人对单据的审核责任仅限于表面相符，对其正当性、准确性、真实性不负责任，至于申请人是否确未履行合同项下的责任，是否已被合法地解除了该项责任，担保行并不理会。独立性保函业务一般遵循国际商会的《见索即付保函统一规则》（Uniform Rules for Demand Guarantee），目前适用的是国际商会制定的2010年7月1日起实施的URDG 758。其中规定：见索即付保函（Demand Guarantee）是担保人替债务人（申请人）向债权人（受益人）开出的凭规定单据赔款的承诺书，是集担保、融资、支付及相关服务为一体的多功能金融产品。

2. 第二性的偿付责任

开立保函的银行即担保行承担第二性的偿付责任，也称为从属的偿付责任，即担保行的付款责任是否成立，只能以基础合同的条款、基础交易的实际情况来确定，这种保函称为从属性保函。这种保函是基础合同的附属性合同，其法律效力随基础合同的存在而存在，随合同的变化、灭失而变化、灭失。如果申请人业已履行基础合同项下的责任，或申请人根据基础合同条款，经权力机构裁决，业已被解除了合同项下的义务，担保行则也随之免除了对受益人的偿付责任。从属性保函业务一般遵循国际商会的《合约保函统一规则》。

由于国际经济往来涉及不同国家的当事人，为了避免开立保函的银行卷入基础交易当中，目前国际保函绝大部分是独立性保函，即担保行大多承担第一性的偿付责任。

二、银行保函的当事人

（一）申请人

申请人（Applicant）是向银行提出申请，委托开立保函的一方。申请人的责任主要体现在以下方面：第一，申请人应按银行要求缴纳手续费、利息及其他相关费用；第二，如果发生索赔和赔付，申请人应向银行偿付其代为支付的一切款项；第三，申请人应按担保行要求提供抵押、质押等反担保。

（二）担保行

担保行（guarantor bank）是根据申请人的要求开立保函的银行，也是保函项下的担保人。担保行的权利、义务如下：第一，担保行一旦接受申请，应按申请人要求开立保函。第二，担保行有权根据担保金额和风险向申请人收取手续费，并要求其提供反担保。第三，担保行应依据保函对受益人的索赔支付价款或进行经济赔偿。第四，如果申请人没有在规定期限内偿还担保行已经支付的款项，担保行有权处理申请人提供的抵押、质押及保证金，弥补自己的损失。如果处置后仍不足，担保行有权向申请人追索不足的部分。第五，担保行向受益人赔付后，有权向反担保人索偿。

担保行的对受益人的赔偿责任取决于保函的性质。对于独立性保函来说，担保行只需要审核受益人所提交的单据在表面上是否符合保函的索赔条件，而对于从属性保函，还必须取得其基础合同履行情况的相关证明。一般来说，担保行对受益人所提交单据的真伪性和法律效力不负责任，对于第三方行为所造成的寄单延误、损失和差错等也不负责任。

（三）受益人

受益人是保函业务项下担保权利的享有者，即有权依据保函向担保行提出索赔的当事人。受益人的权利、义务如下：第一，受益人有权按照保函的内容规定向担保行提出索赔。第二，受益人的索赔，在期限和金额上应该符合保函的规定。如果保函规定了索赔时所须提供的单据、基础合同的履行情况的证明，则在索赔时必须按要求予以提供。

（四）反担保人

在国际经济交易中，申请人和受益人位于不同的国家，接受申请人委托开立保函的银行对于受益人来说是国外银行，往往不能为受益人所接受。同样，受益人愿意接受的银行往往不愿意接受申请人的委托。对于这一问题，解决的方法就是利用国际银行间网络，由接受申请人委托的银行转而请求受益人所在国银行开立能为受益人所接受的保函。在这种情况下，最终开立保函的受益人所在国银行是保函的担保行，而委托担保行开立保函的申请人所在国银行为反担保人（counter guarantor）。反担保人又称为指示方，权利、义务如下：第一，有权要求申请人提供抵押、质押或其他形式的担保；第二，一旦担保行作出索赔，反担保人应按照反担保合同向担保行进行偿付；第三，反担保人对担保行进行偿付后，有权向申请人进行索偿，要求偿付已支付款项，如果在申请人处未能得到偿付，有权处理其抵押、质押以弥补损失。

（五）通知行

通知行又称为转递行，是接受担保行委托办理保函通知或转递事宜的银行，一般是受益人所在地银行。通知行的责任在于通过签字样本和密押核验保函的表面真实性，并严格按照担保行的委托和指示，及时、准确地将保函内容通知或转递给受益人。通知行对保函内容正确与否，对保函在邮递过程中可能出现的延误、遗失等均不负责任。如果被委托的银行不能向受益人通知保函，应及时告知担保行。一般通知行通知保函会向担保行收取手续费。

（六）保兑行

在保函业务中，受益人可能因为对担保行的资信和清偿能力信任不足，而要求由另一家银行对保函加以保兑，保证在担保行未能履行赔付责任时由保兑行承担赔付责任，这家银行即为保兑行。保兑行对受益人进行赔付后，有权向担保行进行索赔。

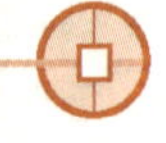

三、银行保函的开立方式

（一）直开

直开保函是指银行根据申请人的委托，直接向受益人开立保函。在这种开立方式下，担保行直接向受益人承担保证责任。直开保函可以通过受益人当地的银行进行通知或转递，这并不影响直开保函的性质，因为通知或转递行只负责对受益人通知保函，并不承担任何额外的担保责任。

直开保函的业务流程如图 7-1 所示。

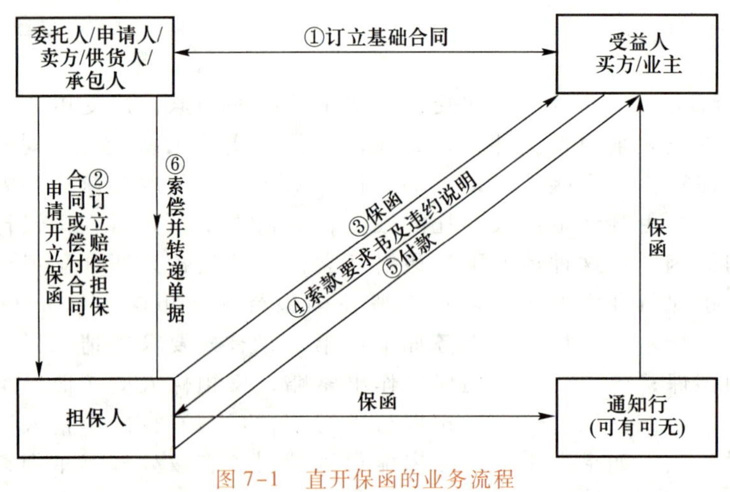

图 7-1　直开保函的业务流程

（二）转开

转开保函是指银行根据申请人的委托，以提供反担保的形式委托另一家银行，一般是受益人所在地银行，开立保函。在这种开立方式下，受益人所在地银行是担保行，向受益人承担担保责任，而申请人所在地银行是反担保人，对担保行负责。受益人应向担保行索赔，担保行对受益人进行赔付后再对反担保人索偿。

转开保函的业务流程如图 7-2 所示。

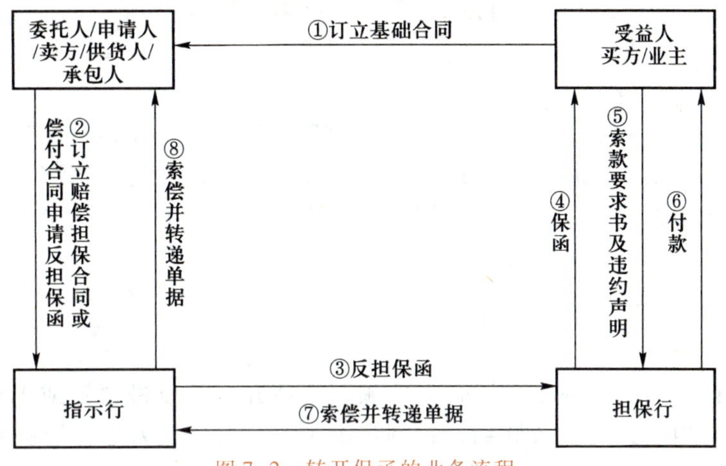

图 7-2　转开保函的业务流程

四、银行保函的内容

银行保函的种类很多，其条款也有所不同，但基本内容是相同的。一般来说，包括以下条款：

（1）申请人、受益人、担保行、通知行等当事人的名称和详细地址。

（2）保函的编号和开立日期。

（3）保函所依据的基础合同的号码、日期等。

（4）保函项下的担保金额（大小写）。

（5）保函的种类。

（6）保函的有效期，即保函的生效期和失效期。

（7）担保行、申请人、受益人等当事人的权利、义务。

（8）保函的索赔条款，即受益人根据保函条款向担保行提出索赔时应具备的条件和提交的文件。

（9）保函的仲裁条款，即在保函项下发生纠纷时，处理纠纷的仲裁机构。

根据 URDG 758，保函不应包含一项条件，却未规定表明满足该条件的单据，即保函内容应实现单据化。因此当事人在拟写保函条款的时候应该充分重视单据化的要求，应尽可能根据交易背景拟定生效、减额、到期、付款所需要的单据。

第二节

银行保函种类

银行保函有很多种类，我们可以按照开立保函的银行所在地将保函分为出口类保函和进口类保函。前者是由出口商或工程承包方所在国银行应本国当事人申请所开立的，而后者是进口商或工程业主所在国银行应本国当事人申请所开立的。

一、出口类保函

出口类保函即出口商或工程承包方向银行申请开立的以进口商或工程业主为受益人的保函。担保申请人一定会履约，否则将由担保行对受益人进行经济赔偿。

（一）承包保函

许多国家在工程建设时，采取招投标的方法选择原材料、设备的供应商和工程承包者。招投标的过程中，投标人和中标人需要向工程业主提供多种形式的银行保函，统称为承包保函。主要有以下几种：

1. 投标保函

投标保函(Tender Guarantee/Tender Bond，Bid Guarantee/Bid Security)是工程和国际贸易招投标的过程中，由投标人向银行申请开立的以招标人为受益人的保函。保证投标人履行以下义务：第一，保证在其报价的有效期内不修改原报价、不撤标、不改标；第二，保证中标后会按招标文件的要求在规定期限内与招标人签订合同；第三，按招标人要求在规定的日期内提交履约保函。

如果投标人未履行上述义务，在开标前撤回投标，或在中标后不履约，招标人有权凭保函向担保行进行索赔，索赔金额一般是投标人报价总额的 1%～5%。投标保函的有效期一般从开立保函日到开标日期后的一段时间内，有时再加一定天数的索偿期。如投标人中标，则有效期自动延长至投标人与招标人签订合同并交付履约保函为止。

2. 履约保函

履约保函(Performance Guarantee)是出口商或工程承包方向银行申请开立的以进

口商或业主为受益人的保函。保证申请人一定会履行某项合同项下的义务。如果在保函的有效期内申请人未能按合同的规定发货或完成工程或履行其他义务，则受益人有权向担保行进行索赔。履约保函的金额由招标人确定，一般为合同总价款的10%左右。履约保函广泛地应用于进出口、工程承包等国际经济交易。

（二）留置金保函

在大型机构设备的进出口和国际工程承包中，进口商和工程业主在支付货款或工程款时，常常规定先支付合同金额的90%～95%，其余5%～10%等设备安装完毕运转良好，经买方验收后再支付。这一小部分余额称为留置金，如进口方或工程业主发现机械设备与合同规定不符，将从留置金中扣抵。由于项目涉及金额比较大，出口商或承包方往往希望提前收回这部分款项以避免占压资金。留置金保函(Retention Money Guarantee)就是出口商或承包方提前收回留置金时，申请担保行所开立的保证提前收回留置金后，如果提供的货物或承包的工程与合同要求不符，会把这部分留置金退回给进口商或工程业主，否则将由担保行进行支付的保函。留置金保函的有效期一般是合同规定的索赔期满加3～15天的索偿期。

（三）质量保函和维修保函

质量保函(Quality Guarantee)和维修保函(Maintenance Guarantee)是出口商和承包方向银行申请开立的以进口商和业主为受益人的保函。保证出口商提供的货物或承包方承建的工程质量符合合同的要求。如果在规定时期内发现货物或工程与合同的规定不符，而出口商或承包方又不愿意进行更换或维修时，将由担保行向进口商或业主进行经济赔偿。质量和维修保函的金额一般为合同的5%～10%，保函有效期一般至合同规定的质量保证期满，再加3～15天的索偿期。这两种保函的区别在于适用的基础交易有所不同。质量保函主要适用于大型机构设备、运输工具的进出口，而维修保函主要适用于国际工程承包。

（四）还款保函或预付款保函

在国际贸易和工程承包等国际经济交易中，往往需要一方向另一方支付预付款或定金，一般是进口商或业主向出口商或承包商支付，金额一般为合同金额的5%～20%。支付预付款或定金的一方为避免对方收到预付款或定金却不履约，会要求对方提供保函，即还款保函(Repayment Guarantee)或预付款保函(Advance Payment Guarantee)。这是收到预付款的一方申请银行开立的以支付预付款的一方为受益人的保函，保证一旦申请人不能履约会将预付款退回，如不能退回，则由担保行向受益人支付。这种保函的金额就是预付款金额。保函的有效期一般到合同执行完毕日期为止。为受益人有足够的时间索赔，一般规定合同执行后的若干时间，如3～15天，也有的规定在预付款全部扣完后失效。

二、进口类保函

进口类保函即进口商或工程业主向银行申请开立的、以出口商或工程承包方为受益人的保函。担保申请人一定会履约，否则将由担保行对受益人进行经济赔偿。一般进口商或业主的履约内容就是支付合同价款，所以担保行的赔偿责任往往就是代为支付合同价款。

（一）付款保函

付款保函(Payment Guarantee)是进口商或工程业主向银行申请开立的以出口商或承包方为受益人的保函。保证申请人会按合同规定支付价款。这种保函是一种典型的付款类保函，除了作为额外保证工具之外，也可直接作为单独的支付工具，即由出口商或承包方凭单据直接向担保行索要款项。保函金额即为合同金额，保函有效期按合同规定付款时间再加半个月。

（二）延期付款保函

在大型机构设备、运输工具或大型工程建设中，由于涉及的金额较大，往往采用延期付款的支付方式。出口商或承包方为保证自己的利益，会要求对方提供延期付款保函(Deferred Payment Guarantee)，即由进口商或工程业主向银行申请开立的以出口商或承包方为受益人的保证延期支付的保函。如果进口商或业主不能按合同规定支付价款，则由担保行向受益人支付相应的价款及利息。

（三）租赁保函

租赁贸易是指出租方保留货物所有权，将货物租给承租方使用，承租方在取得货物一定时期使用权的同时按租赁合同的规定支付租金。为了保证租金的按期支付，由承租方向银行申请开立以出租方为受益人的保函，一旦承租方不能按期支付租金，即由担保行向受益人支付相应的租金及利息。租赁保函(Leasing Guarantee)的金额一般就是租金总额，租赁保函一般会规定担保行的付款责任随着租金的支付而递减。租赁保函的生效日一般是开立之日或租赁合同生效日，但在实际业务中也可以以租赁资产的交付日或验收合格日为生效日，以保护承租方利益，避免不合理的索赔。

（四）补偿贸易保函

补偿贸易保函(Compensation Guarantee)是在补偿贸易中，进口设备的一方向银行申请开立的以提供设备的一方为受益人的保函。保证进口方在收到与合同相符的设备后，按合同规定将以该设备生产的产品交给设备出口方，以偿付进口设备的款项。如申请人未能履约，则由担保行对受益人进行经济赔偿。补偿贸易保函的金额一般为设备的价款加利息，其有效期一般为合同规定的进口方以产品偿付设备价款的日期再加15天。

（五）加工装配保函

加工装配保函是在来料加工、来件装配等国际贸易中，由进料、进件一方向银行申请开立的以供料、供件一方为受益人的保函。保证进料、进件方会按合同规定将收到的原料和配件加工成成品并交付给供料、供件方。如申请人未能履约，也不能以现汇进行偿付，则由担保行对受益人进行经济赔偿。加工装配保函的有效期一般为合同规定进料、进件方以产成品偿付来料、来件价款的日期再加15天。

三、其他保函

（一）借款保函

借款保函(Loan Guarantee)是在国际借贷中，借款方向银行申请开立的以贷款方为受益人的保证借款人获得贷款后会按贷款合同的规定按期归还贷款本息的保函。借款保函的金额一般是借款本金加上利息。保函自开立之日起生效，在借款人还清全部本息之日失效。借款保函一般会规定担保人的付款责任随着贷款本息的偿还而递减。

（二）提单保函

提单保函(B/L Guarantee)是在国际贸易中，货物早于提单到达或者提单在邮寄过程中遗失，导致进口商不能及时赎单提货，为避免货物因不能提取而变质或费用增加等不良后果，由进口商向银行申请开立的以承运人或其代理人为受益人的保函。保证申请人在领取提单后，一旦收到或找到提单，会将提单交给受益人以赎回保函。如果申请人未能履约而给后者造成损失，担保行会对受益人进行经济赔偿。

（三）关税保付保函

承包方在国外承建工程时，须将施工设备和器械运进工程所在国，在运入该国的时候视为进口商品向海关缴纳关税，在工程完毕将设备和器械运出该国时再由海关退还这笔税金。承包方为了不支付这笔税金而占压自己的资金，可以向银行申请开立以海关为受益人的保函，保证在工程完毕后申请人将设备和器械撤离该国。如果申请人未能履约，则由担保行向海关支付这笔税金。另外，在国际展览、展销活动中，会出现临时进口的现象，展览物品临时进口时，为避免缴纳关税，展览、展销方也可向银行申请开立这种关税保付保函。这种保函的金额即海关要求支付的税金金额，有效期为合同规定的设备和器械或展览、展销品等未来撤离该国的日期再加上半个月。

（四）保释金保函

运输货物的船只或其他运输工具，由于船方或运输公司的责任而造成货物短缺、残损，而使货主蒙受损失，或因碰撞等意外事故使货主蒙受损失，在确定赔偿责任之前，被当地法院扣留，须缴纳保释金才能放行。这种情况下，可由船方或运输公司向银行申请开立保函，保证船方或运输公司会按法庭判决向货主赔偿损失。如果申请人未能履约，则由担保行对受益人进行经济赔偿。保函开立后，法庭就可凭借保函，将船只或其他运输工具放行。这种保函实质上承担了保释金的作用，所以称为保释金保函(bail guarantee)。最常见的是海事保函，适用于保释因海上事故而被扣留的船只。保函金额由法庭根据赔偿金额确定，保函有效期一般至法庭裁决日期后若干天。

案例 7-1

保函的反担保

案情：

中国某公司拟向国外 A 银行借款 7.74 亿日元用于支付进口款项，A 银行的贷款条件是必须由金融机构出具借款担保。因此该公司找到了国内的 B 银行，并向其出具了当地省建委出具的反担保。B 银行审查无误后，便开具了不可撤销的借款保函。在贷款期内，该公司由于经营不善，出现亏损，只付了一期本息后便无力偿还。B 银行便根据保函向担保行提出索赔。担保行找到反担保单位省建委要求赔款，可省建委是国家机关，本身不具备经济实力。

分析：

反担保人应对担保行负责，担保行对受益人进行赔付后可向反担保人索偿。因此本案中 B 银行在向受益人赔付后向反担保人省建委索赔。没有赔付的原因在于根据最高人民法院规定，政府部门出具的担保不具有法律效力。因此，B 银行无法获得赔付。

启示：

担保行在出具担保前应对反担保人的资质进行审核，确认其有赔付能力。

资料来源：高洁．国际结算案例评析[M]．北京：对外经济贸易大学出版社，2006：255-257。

第三节 银行保函业务处理

一、申请人申请开立保函

申请人向银行申请开立保函，一般应填写保函申请书，并与担保行签订委托担保协议书，提交保证金等形式的反担保，以及基础合同的相关文件。

保函申请书是担保行和申请人之间的契约，也是担保行开立保函的依据。申请书的主要内容包括：申请人和受益人的名称和地址、电话等详细信息；保函的基本条款，如保函种类、金额、索偿条款、开立保函方式、生效期和失效期等；申请人的责任；担保行的免责条款等。

二、担保行审核

担保行应审核申请人及其提交的申请书和基础合同的相关文件，审核内容包括：申请人的基本情况，如是否获得对外业务的资质，基础合同的项目是否符合国家的有关规定，有无进口许可证，项目是否具有可行性，基础合同的条款是否明确、合理。此外，担保行还需要对受益人的法人资格、财务状况、资信情况等进行审核，以避免风险和欺诈行为。

为了减少自身风险，担保行一般还要审核抵押品及其他反担保的情况以及申请人的履约能力，包括财务资信状况和经营管理水平等。

三、担保行开立保函

担保行接受申请人申请后，以申请书为依据缮打保函，一般一式五联，分别供申请人留存、担保行归档、作记账传票附件等，其中两联寄往通知行以通知受益人，或作为电开保函通知受益人的发电依据。

四、保函的修改

受益人对保函进行审核，如认为内容不合理，可向担保行提出修改。由于保函一经开立即为不可撤销，因此保函的修改必须通过所有相关当事人，包括申请人、受益人、担保行、保兑行等的同意，任何单方面的修改都是无效的。从修改的项目来看，主要是效期变长、金额变动等。

五、保函项下的索赔

受益人按保函条款，提供书面索赔书和相关单据，交付给担保行，进行索赔。其中违约声明是默示要求，声明应说明被担保人在那些方面违反了基础关系下的责任。担保行收到索赔书和单据后，以保函为依据对索赔书和单据进行审核，认定单据相符后对受益人进行赔付。

根据 URDG 758，保函下的单据审核借鉴了 UCP 600 的审单标准，除要求单据内容和保函条款相符外，还要求不能和单据本身或其他单据相冲突。结合第 2 条对相符交单(complying presentation)的定义，判断相符的顺序为：第一，交单应符合保函条款本身。第二，与保函条款不矛盾的《见索即付保函统一规则》。第三，在保函条款以及规则没有规定的情况下，符合国际标准见索即付保函实务。审单时间为交单后 5 个工作日内。

六、保函的失效

保函到期(on expiry)，保函已无余额可付(when no amount remains payable under it)，向担保人提交受益人签署的解除保函责任的文件是保函失效的几个前提条件。受益人签署并提交解除保函责任的文件是到期前撤销仍有余额的保函的必要条件。保函退回担保行，担保行即不再承担赔偿责任，保函业务宣告结束。一般担保行在收到受益人退回的保函后，会调出留底的保函进行核对，同时在正本和留底上作红字以进行注销。

第四节

银行保函与跟单信用证的比较

一、银行保函和跟单信用证的相同点

(1) 银行保函和跟单信用证一样，都属于银行信用，由开立银行承担付款责任。

(2) 独立性保函和跟单信用证一样，一经开立，便成为独立于基础合同的自足性文件，不受基础合同的约束，银行独立地向受益人承担付款责任。

(3) 独立性保函和跟单信用证一样，具有单据化特点，当事人处理的是单据，而不是单据所涉及的货物、服务或其他行为。

二、银行保函和跟单信用证的不同点

(1) 就适用范围而言，跟单信用证主要适用于国际贸易项下的款项结算。而银行保函不仅适用于国际贸易，还广泛地应用于国际工程承包、租赁、服务和技术贸易等多种国际经济交易，其应用范围远远大于跟单信用证。它不仅可以作为合同价款支付的保证，而且可以担保合同项下义务的履约。

（2）就所支付的款项性质而言，跟单信用证项下银行所支付的通常是货物折价款。而银行保函项下银行支付的可能是货物或其他的价款，也可能是对受益人进行的经济赔偿。

（3）就付款责任而言，跟单信用证项下，银行承担的是第一性的付款责任，只要受益人提交符合信用证条款和条件的单据，银行必须对受益人履行付款责任，而不管申请人是否履行付款义务。而在银行保函项下，担保行承担的付款责任可能是第一性的，也可能是第二性的，对于后者，只有当申请人不付款或不履约时，受益人才可凭保函向担保行进行索赔要求付款。

（4）就索赔文件而言，跟单信用证项下，受益人只需提交相符单据就可以获得银行付款。而在银行保函项下，受益人需要提供索赔书和相关文件，特别是在从属性保函项下，受益人需要提交申请人未能履约的证明，才能获得银行的赔付。

（5）就付款方式来说，跟单信用证项下，受益人可在开证行授权下向当地银行交单获得议付。而在银行保函项下，没有议付的存在。

（6）就适用的国际惯例而言，跟单信用证适用于《跟单信用证统一惯例》，而银行保函适用于《见索即付保函统一规则》和《合约保函统一规则》。

■ 本章小结

1. 银行保函是一种银行信用，广泛适用于国际贸易、国际工程承包等国际经济交易，可以起到保证合同义务履行和保证合同价款支付的作用。

2. 银行保函有申请人、担保行、受益人、通知行、反担保人等多个当事人，包括申请、开立保函、通知保函、索赔与赔付、索偿与偿付等基本环节，可分为直开和转开两种开立方式。

3. 担保行的保证责任有第一性和第二性之分，目前国际性的银行作为担保行多是第一性的付款责任，即独立性保函。

4. 银行保函可分为出口类和进口类保函，主要有投标保函、履约保函、付款保函、预付款保函、租赁保函等。

5. 银行保函与跟单信用证有一定的相似性，但也存在一些差异。

■ 关键术语

银行保函　独立性保函　担保行　反担保人　直开　转开　投标保函　履约保函　还款保函　租赁保函

■ 复习思考题

1. 简述银行保函的作用。

2. 银行保函涉及哪些当事人？他们之间的权利、义务关系如何？

3. 独立性保函和从属性保函对受益人的保障有何不同？

4. 在担保行的信誉、资金实力较差或处于外汇紧缺、政治经济局势动荡国家时，保函的受益人可以采取什么措施来保障自己的利益？

5. 银行保函的业务处理是怎样进行的？

■ 延伸阅读

1. 顾伟芝．独立性保函使用中应注意的主要问题分析[J]．对外经贸，2013(11)．

2. 李翔，于海宁．解析涉外保函中的非单据化条款[J]．中国外汇，2011(13)．

■ 本章参考文献

1. 贺瑛，漆腊应．国际结算[M]．北京：中国金融出版社，2004.

2. 苏宗祥，景乃权，张林森．国际结算[M]．北京，中国金融出版社，1997.

3. 陈跃雪．国际结算[M]．南京：东南大学出版社，2010.

4. 姚莉，王学龙．国际结算[M]．北京：中国金融出版社，2002.

第八章

备用信用证结算方式

本章导言

通过本章学习，了解备用信用证产生的背景及其发展，理解备用信用证的含义，熟悉备用信用证的基本内容和业务处理，了解备用信用证的种类，掌握备用信用证和跟单信用证的异同，以及备用信用证和银行保函的异同。

本章电子教案

（请扫描二维码）

本章知识结构图

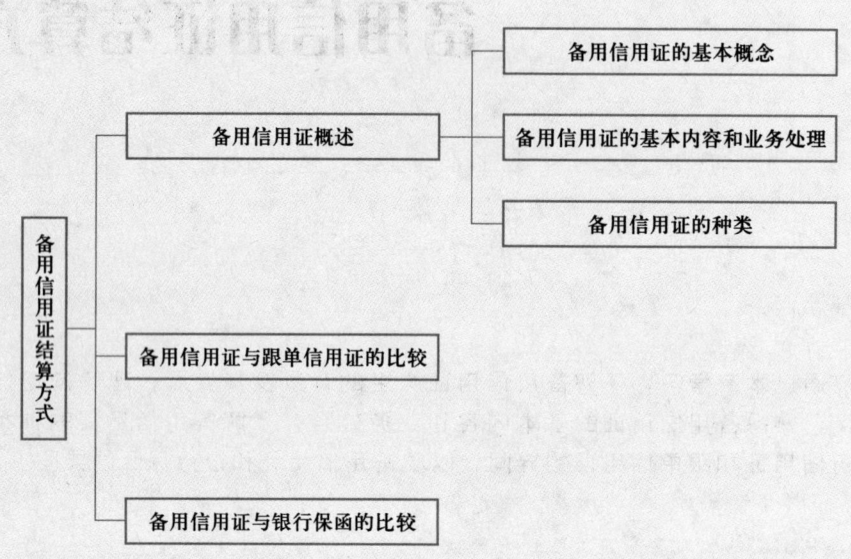

备用信用证结算方式
备用信用证概述
备用信用证的基本概念
备用信用证的基本内容和业务处理
备用信用证的种类
备用信用证与跟单信用证的比较
备用信用证与银行保函的比较

第一节 备用信用证概述

一、备用信用证的基本概念

备用信用证(Standby Credit)，又称为担保信用证(Guarantee L/C)。19世纪中后期，备用信用证首先在美国出现。Standby意为支持或援助，Standby Credit意为当债务人不能偿还债务时，银行愿意代其清偿债务，作用类似于保函。当时很多客户要求银行出具保函，但当时的美国联邦法律只允许担保公司开立保函，而禁止银行开立保函，而其他国家并无类似的法律规定。为规避法律限制，与担保公司和其他国家的银行竞争，美国银行创立了备用信用证这种信用工具来发挥银行保函的作用，受到了客户的欢迎。

美国的备用信用证最初仅限于国内使用。如果申请开立备用信用证的客户未能履行付款责任，银行则给客户发放贷款用于偿还债务，或者代客户向受益人履行付款责任。二战后，随着国际经济交往的规模越来越大，方式越来越多样化，特别是国际工程承包、项目融资等，不仅涉及的金额大，期限长，而且程序复杂，涉及的当事人比较多，也容易出现矛盾和纠纷。为了规避风险，保证交易的顺利进行，当事人往往要求对方提供银行担保，因此备用信用证的业务量逐渐增加，使用范围也越来越广。目前，备用信用证已经成为一种适用范围广、被各国银行普遍使用的信用工具。

美国联邦储备银行对备用信用证的定义如下：备用信用证是一种信用证或类似的协议，无论其如何命名或描述，开证银行对受益人承担下列责任之一：① 偿还债务人的借款或预支给债务人款项；② 支付由债务人所承担的负债；③ 因为债务人不履行契约而付款。(A standby letter of credit is any letter of credit, or similar arrangement however named or described, which represents an obligation to the beneficiary on the part of the issuer: 1) to repay money borrowed by or advanced to or for the account of the account party or 2) to make payment on account of any debtedness undertaken by the account party or 3) to make payment on account of any default by e account party in the performance of any obligation.)

国际商会《跟单信用证统一惯例》对备用信用证定义如下：备用信用证是指银行根据商业合约一方当事人的要求而向另一方当事人出具的目的在于保证申请人履行某种义务并在该方未履约时，凭受益人所提交的表面上单单一致、单证一致的单据或文件代其向受益人作出一定支付金额的书面付款保证。从定义中得知，备用信用证既具有信用证的特点，又具有担保的性质。

虽然UCP很早就将备用信用证纳入信用证的范围，特别是在UCP 500中明确指出：跟单信用证包括在其适用范围的备用信用证。但在UCP中只有有关内容适用于备用信用证，而有很多与备用信用证相关的问题未能涉及。再加上各国、各地区相关法律的差异，备用信用证在实际应用中出现的问题很多。20世纪90年代，国际商会银行技术与实务委员会与美国国际金融服务协会(IFSA)和美国国际银行法律与实务学会(IIBLP)联合制定了国际商会第590号出版物《国际备用信用证惯例》(International Standby Practice)，简称为ISP 98，于1999年1月1日起实行。ISP 98在制定时参考了UCP和URDG等相关的国际惯例，并结合备用证的特点，在内容上反映了备用信用证一般可接受的实务惯例和做法。它的公布和实施统一了国际上对备用信用证的认识和做法，使备用信用证有了自己单独的国际惯例和运行规则。

ISP规定，任何备用信用证或类似的独立担保书，只要明确注明根据ISP 98开立，则适用本惯例。因此该惯例不仅适用备用信用证，也适用于商业信用证；不仅适用于国际备用信用证业务，也适用于国内备用信用证业务；不仅适用于银行所开立的备用信用证，也适用于非银行金融机构所开立的备用信用证。

一份信用证可同时根据ISP和UCP开立。在这种情况下，同时适用《国际备用信用证惯例》和《跟单信用证统一惯例》。但ISP应优于UCP，只有当ISP条款未涉及或另有明确规定时，才可根据UCP进行解释和处理。

二、备用信用证的基本内容和业务处理

(一) 备用信用证的基本内容

备用信用证在形式上类似跟单信用证，包括开证行、开证申请人、受益人等相关当事人，及信息、开证时间和地点、开证金额、到期日、须提交单据、费用和开证行保证语句等。

(二) 备用信用证的业务处理

备用信用证的业务流程与跟单信用证大致相同。

(1) 开证申请人根据基础合同的规定向银行或其他金融机构申请开立备用信用证。

根据ISP 98，申请人(Applicant)是自己申请开立备用信用证的人，或请他人代为申请开立备用信用证的人。

（2）开证行在经过认真审核后，开出备用信用证，并通过通知行对受益人通知备用信用证。

受益人(Beneficiary)是一个根据备用信用证有提款权利的具名的人。开证行开出备用信用证后，即承担向受益人承付其所提交的表面上符合备用证条款的单据的义务。承付的方式可以是即期、承兑、延期付款和议付。

被要求通知备用信用证的银行，决定不通知时，应通知作出要求的一方；如果进行通知，应核验备用信用证的表面真实性。

（3）如果开证申请人按基础合同履行了所承担的义务，开证行就不用再履行付款义务，其担保责任在备用信用证到期时解除；如果开证申请人未能履行义务，受益人可根据备用信用证的规定提示有关索款要求(Demand)和单据向开证行索偿。

备用信用证应说明提示的时间、地点及在该地点范围以内的场所、接受提示的人和提示的载体。如果没有注明载体，单据必须以备用信用证中注明的载体作出提示。如果没有注明载体，为了相符，单据必须以纸质单据的形式提示，除非只要求提交索款要求。在后一种情况下，属于SWIFT成员的受益人或银行，通过SWIFT、加押电报或其他类似经证实的方式提出的索款要求，即为相符。如果单据是通过电子方式传送的，则不能被视为是以纸质单据的形式提示的。

索款要求是一个要求承付备用信用证的请求，或者是提出这种请求的单据。受益人提交的索款要求应包括以下内容：索款要求，提出该要求的日期，索款金额和受益人的签名。这种索款要求可以是汇票或其他指示、命令或付款请求。如果备用信用证要求一份关于违约或其他提款事由的声明、证明和其他陈述，但没有指明内容，则如果该单据中包含以下内容，该单据就是相符的：关于备用信用证中规定的提款事由已经发生、应该付款的陈述，单据出具的日期，受益人的签名。

（4）开证行在收到索偿文件后，经审核符合信用证条款和条件，应向受益人履行付款义务。

开证行审核提示是否相符，只需要在备用证规定的范围内进行。备用证可以指定另外的银行进行通知、接受提示、付款、延期付款、议付、保兑等。

（5）开证行向受益人付款后，可向开证申请人索偿，开证申请人有义务进行偿付。

三、备用信用证的种类

（一）违约付款型备用信用证

开立备用信用证的目的是当申请人违反基础合同时，由开证行对受益人进行付款，赔偿受益人损失。有以下常见种类：

1. 履约备用信用证（Performance Standby L/C）

用于担保履行责任而非担保付款，包括对申请人在基础交易中违约所造成的损失进行赔偿的保证。在履约备用信用证有效期内如发生申请人违反合同的情况，开证人将根据受益人提交的符合备用信用证的单据（如索款要求书、违约声明等）代申请人赔偿保函规定的金额。

2. 投标备用信用证（Tender Bond Standby L/C）

用于担保申请人中标后执行合同的责任和义务。若投标人未能履行合同，开证人须按备用信用证的规定向受益人履行赔款义务。投标备用信用证的金额一般为投标报价的1%～5%（具体比例视招标文件规定而定）。

3. 预付款备用信用证（Advance Payment Standby L/C）

用于担保申请人对受益人的预付款所应承担的责任和义务。预付款备用信用证常用于国际工程承包项目中业主向承包人支付的合同总价10%～25%的工程预付款，以及进出口贸易中进口商向出口商的预付款。

（二）直接付款型备用信用证

这种备用信用证突破了备用信用证备而不用的传统担保性质。

1. 融资备用信用证（Financial Standby L/C）

这种备用信用证"支持一项付款义务，包括保证借款偿还义务的证明文件"，即保证到期日不管借款人履约还是违约，皆由开证行直接付款给受益人。

2. 直接付款备用信用证（Direct Payment Standby L/C）

用于担保到期付款，尤指到期没有任何违约时支付本金和利息。主要用于担保企业发行债券或订立债务契约时的到期支付本息义务。

案例 8-1

衡水农行备用信用证诈骗案

案情：

1993年3月底，美籍华人梅直方、李卓明经人介绍来到河北省衡水市，以引资为名进行诈骗信用证的犯罪活动。他们先后向中国农业银行衡水中心支行提交了虚假的引资承诺书以及编造的美国亚联（集团）有限公司（以下简称亚联）的简介等材料，并出具了开证委托书。为了掩盖其诈骗真相，李卓明将备用信用证英文本译为中文提供给赵金荣、徐志国审查时，故意把英文本中"证明开具的汇票金额代表与给予亚联（集团）公司贷款融资相关的债务"一段内容不译。梅直方、李卓明在没有向衡水农行提供任何担保和抵押的情况下，骗使赵金荣、徐志国于4月5日开出了以亚联为申请人，衡水农行为开证行，莎物得投资（巴哈马）有限公司为受益人，一年期不可撤销可转让的200份总金额为100亿美元的备用信用证。案发后，我国司法机关和有关部门立即采取了一系列紧急措施，并在有关国家警方和金融机构的配合下，使衡水农行开出的200份总金额100亿美元的备用信用证在信用证注明的有效期内没有出现资金支付情况。河北省衡水地区中级人民法院经过公开审理认为，被告人梅直方、李卓明以引资为名，采用虚构事实、隐瞒真相、虚假承诺的手段，骗取衡水农行200份总额为 100 亿美元的备用信用证，严重侵害了中国农业银行的权益和信誉，严重扰乱了中国的金融管理秩序，其行为均已构成诈骗罪。

分析：

备用信用证具有担保性质，银行一旦开立备用信用证，即向受益人承担偿付责任。衡水农行领导并不了解备用信用证的性质，不具有专业知识和英语水平，导致被骗开备用信用证。

启示：

商业银行应对备用信用证、银行保函、国际保理等新兴结算方式和金融工具有充分的了解，具有足够的专业水平和英语能力。这样才能为客户提供高质量的服务，并避免被欺诈。

资料来源：高洁．国际结算案例评析[M]．北京：对外经济贸易大学出版社，2006：270-272。

第二节

备用信用证与跟单信用证的比较

一、备用信用证与跟单信用证的相同点

（1）两者都属于银行信用，是开证行对外作出的付款保证。

（2）两者都根据基础合同开立，但一经开立就成为独立于基础合同的自足性文件，开证行承担独立的第一性的付款责任。

（3）两者在内容、当事人及业务流程方面大致相同，且都有单据化的特点，银行处理的是单据，而不是货物、服务或其他行为。

二、备用信用证与跟单信用证的不同点

（1）跟单信用证项下，银行的付款责任是必然的，只要受益人提交的单据符合信用证条款和条件，开证行就必须要履行付款责任。而备用信用证项下，银行“备而不用”，银行的付款责任具有“或然性”，只有当申请人不履行合同项下义务时，银行才会承担付款责任。

（2）跟单信用证的适用范围较小，一般只用于国际贸易中的价款结算。而备用信用证的适用范围要广泛得多，包括招投标、国际工程承包、国际借贷等。

（3）跟单信用证项下，受益人向银行索偿时提交的是代表货物所有权的货运单

据，银行可获得物权单据为质押，且受益人可凭单获得开证行以外的银行议付。而在备用信用证项下，受益人向银行索偿时提交的是索偿书和申请人未履约的证明，银行不可获得物权，受益人也得不到议付。

（4）跟单信用证适用《跟单信用证统一惯例》，而备用信用证适用《国际备用信用证惯例》和《跟单信用证统一惯例》。

第三节

备用信用证与银行保函的比较

一、备用信用证与银行保函的相同点

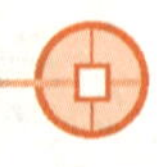

两者都是银行信用，且都是银行担保，开立备用信用证和开立保函的银行对外作出付款保证，成为担保人；两者的适用范围都比较广泛，应用于国际贸易、国际工程承包、技术贸易、国际借贷等多种国际经济交易。

二、备用信用证与银行保函的不同点

（1）备用信用证具有独立性和跟单性，备用信用证一经开立即成为独立于基础合同的自足性文件，开证行承担第一性的付款责任，处理的是单据而不是货物、服务或其他行为，受益人索偿时只需要提供索偿书和违约证明。而银行保函的独立性和担保行的付款责任取决于保函的种类，只有独立性保函的性质和银行付款责任与备用信用证类似，而从属性保函依附于基础合同，开证行承担第二性的付款责任，受益人索偿时需要证明申请人确实未履行义务。

（2）备用信用证可以由开证行以外的银行进行议付，而保函不存在议付。

（3）备用信用证适用《国际备用信用证惯例》和《跟单信用证统一惯例》，而银行保函适用《见索即付保函统一规则》和《合约保函统一规则》。

■ 本章小结

1. 备用信用证是银行根据商业合约一方当事人的要求而向另一方当事人出具的目的在于保证申请人履行某种义务并在该方未履约时，凭受益人提交的单单一致、单证一致的单据或文件代其向受益人作出一定支付金额的书面付款保证。备用信用证是一种银行信用，广泛适用于国际贸易、国际工程承包等国际经济交易，在形式上类似信用证，在作用上类似保函。

2. 备用信用证有申请人、开证行、受益人、通知行等多个当事人，包括申请、开立信用证、通知信用证、索赔与赔付、索偿与偿付等基本环节。

3. 备用信用证一般遵循国际商会制定的《国际备用信用证惯例》。

关键术语

备用信用证　　履约备用信用证　　投标备用信用证　　索偿

复习思考题

1. 何谓备用信用证？简述备用信用证产生背景。
2. 简述备用信用证业务的流程。
3. 简述备用信用证和跟单信用证的异同。
4. 简述备用信用证和银行保函的异同。

延伸阅读

1. 蒋琪，干文淼．备用信用证和独立保函在国际贸易实务中的对比与应用[J]. 现代商业，2011(36).

2. 李燕．利用备用信用证进行诈骗的常见做法及防范[J]. 对外经贸实务，2014(5).

本章参考文献

1. 苏宗祥，景乃权，张林森．国际结算[M]. 北京：中国金融出版社，1997.
2. 陈跃雪．国际结算[M]. 南京：东南大学出版社，2010.
3. 姚莉，王学龙．国际结算[M]. 北京：中国金融出版社，2002.

第九章

国际保理结算方式

本章导言

通过本章学习，了解国际保理产生的背景与国内外发展的状况，掌握国际保理的概念与服务内容，熟悉国际保理的常见类型及一般业务流程，理解国际保理对促进当今国际贸易发展的重要作用。

本章电子教案

（请扫描二维码）

本章知识结构图

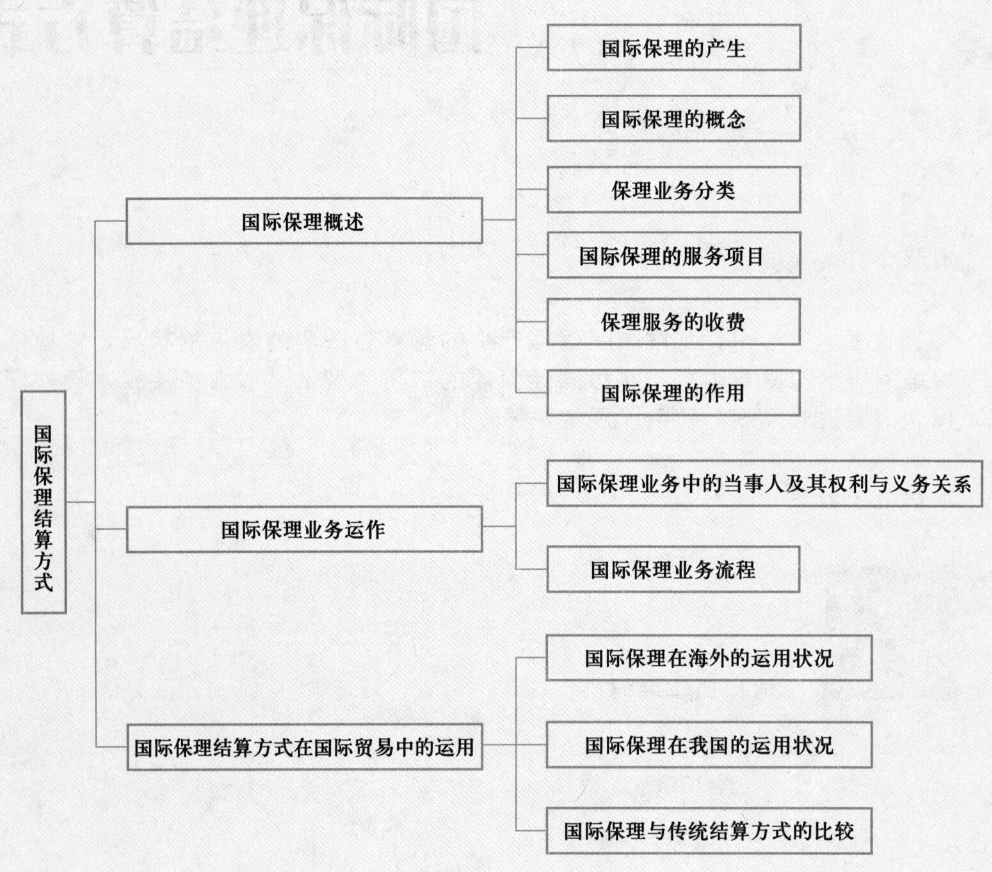
国际保理结算方式
国际保理概述
国际保理的产生
国际保理的概念
保理业务分类
国际保理的服务项目
保理服务的收费
国际保理的作用
国际保理业务运作
国际保理业务中的当事人及其权利与义务关系
国际保理业务流程
国际保理结算方式在国际贸易中的运用
国际保理在海外的运用状况
国际保理在我国的运用状况
国际保理与传统结算方式的比较

第一节 国际保理概述

一、国际保理的产生

国际保理(International Factoring)业务最早可以追溯至巴比伦时代，现代意义上的国际保理源于18世纪的欧美国家，随着国际买方市场的逐渐形成，买方的可选择性越来越多，买方的市场地位也越来越高。相反，卖方市场竞争激烈，除了尽可能提高产品质量，降低价格外，最重要的是向买方提供更为灵活的付款方式。国际保理业务应运而生。近二三十年来，由于国际贸易中买方市场的普遍形成、国际通行的贸易惯例规则的制定、电子通信在商业领域的运用等因素，国际保理在全球贸易中得到了空前的发展。在新的市场环境下，它已成为推动国际贸易发展的新动力。

二、国际保理的概念

国际保理，又称国际保付代理。它是保理商(一般是大型跨国银行及其附属机构)通过收购出口债权向出口商提供信用保险或坏账担保、应收账款的代收或管理及贸易融资的一揽子综合性金融服务。其核心内容是通过收购出口债权的方式提供出口融资和风险担保。

由于各个国家所承袭的保理历史渊源以及商业习惯的不同，目前为止，国际贸易和金融界对国际保理的定义尚未统一。

英国《简明牛津词典》(Concise Oxford Dictionary)中保理的定义为：从他人手中以比较低的价格买下属于该人的债权并负责收回债款从而获得盈利的行为。

国际统一私法协会在1988年5月通过的《国际保理公约》(UNIDROIT Convention on International Factoring)中对保理的定义是：保理系指卖方(供应商、出口商)与保理商之间存在的一种契约关系。根据该契约，卖方(供应商、出口商)将其现在或将来的基于其与买方(债务人)订立的货物销售、服务合同所产生的应收账款转让给保理商，由保理商为其提供以下至少两项服务：贸易融资、销售分户账管理、债款回收、坏账担保和信用销售控制。

国际保理商联合会(Factors Chain International，FCI)制定的《保理业务通用规则》(GRIF)规定：“保理协议意指供应商与保理商间存在的一种契约关系，根据该契约，供应商可能或将要将应收账款(本规则中亦称为“账款”，该词视上下文不同有时亦指应收账款部分)转让给保理商，其目的可能是为获取融资或为获得保理商提供的下述服务中的至少一种：分户账管理、账款催收、坏账担保。”从业界的情况看，各国保理商比较认同这一定义。

《中国银行业保理业务规范》参考 FCI 的定义，结合中国实际，将保理业务定义为：“一项以债权人转让其应收账款为前提，集融资、应收账款催收、管理及坏账担保于一体的综合性金融服务。债权人将其应收账款转让给银行，不论是否融资，由银行向其提供下列服务中的至少一项：

(1) 应收账款催收：银行根据应收账款账期，主动或应债权人要求，采取电话、函件、上门催款直至法律手段等对债务人进行催收。

(2) 应收账款管理：银行根据债权人的要求，定期或不定期向其提供关于应收账款的回收情况、逾期账款情况、对账单等各种财务和统计报表，协助其进行应收账款管理。

(3) 坏账担保：债权人与银行签订保理协议后，由银行为债务人核定信用额度，并在核准额度内，对债权人无商业纠纷的应收账款提供约定的付款担保。”

2014 年 4 月 10 日中国银监会公布的《商业银行保理业务管理暂行办法》中对保理业务也进行了界定：“本办法所称保理业务是以债权人转让其应收账款为前提，集应收账款催收、管理、坏账担保及融资于一体的综合性金融服务。债权人将其应收账款转让给商业银行，由商业银行向其提供下列服务中至少一项的，即为保理业务：

(1) 应收账款催收：商业银行根据应收账款账期，主动或应债权人要求，采取电话、函件、上门等方式或运用法律手段等对债务人进行催收。

(2) 应收账款管理：商业银行根据债权人的要求，定期或不定期向其提供关于应收账款的回收情况、逾期账款情况、对账单等财务和统计报表，协助其进行应收账款管理。

(3) 坏账担保：商业银行与债权人签订保理协议后，为债务人核定信用额度，并在核准额度内，对债权人无商业纠纷的应收账款，提供约定的付款担保。

(4) 保理融资：以应收账款合法、有效转让为前提的银行融资服务。

以应收账款为质押的贷款，不属于保理业务范围。”

随着国际贸易及保理业务自身的不断发展，国内外出现了许多新的、特殊的保理业务形式，尤其是近几年国内保理业务创新不断，保理的内涵和外延也在逐渐扩展。

小知识 9-1

国际保理组织及规则

国际保理商联合会(Factors Chain International，FCI)，成立于 1968 年，总部设在

荷兰的阿姆斯特丹，是一个由全球各国保理公司参与的开放性的跨国民间会员组织。其宗旨是在全球范围内促进保理业务的发展，为会员提供国际保理业务的统一标准、规章制度及业务培训，负责会员间的组织协调，以提高保理业务的服务水准。经过40多年的发展，FCI已经成为全球最大的国际保理业务组织，其会员国际保理业务量已经到达全球国际保理业务总量的80%左右。截至2013年年底，FCI共有270多家成员，遍布全球70多个国家和地区，会员中大多数是世界著名大银行或其他金融机构的附属保理公司。我国共有25家FCI会员单位，绝大部分为银行。FCI制定的《国际保理业务通用规则》(FCI General Rules for International Factoring, GRIF)是国际保理业务合作中普遍遵循的国际惯例。

为促进国际保理的发展，FCI于1969年制定了《国际保理业务惯例准则》(FCI Code of International Factoring Customs)。该准则的推出为FCI会员间的合作提供了法律框架，并逐渐成为国际保理领域的通用规则。随着国际保理业务的发展和变化，FCI对其进行了多次修订，并于2002年7月将其更名为《国际保理业务通用规则》(FCI General Rules for International Factoring, GRIF)。最新版本的GRIF是FCI于2013年雅典年会通过的，包括8部分32条，规定了国际保理的业务范围、应收账款转让、信用风险、争议解决和核准付款等主要内容。

GRIF不但是目前国际保理业务领域最具影响力的国际惯例，而且对很多国家国内保理业务的发展也发挥了重要的推动作用。我国自20世纪80年代末引入保理业务，经过30多年的发展，已经形成了全球领先的保理市场。为了规范和促进保理业务的发展，我国于2009年3月成立了第一个保理行业的自律组织——中国银行业协会保理专业委员会，并在GRIF的基础上结合国内市场情况制定了行业自律文件——《中国银行业保理业务规范》。2014年4月，中国银监会又公布了《商业银行保理业务管理暂行办法》。

资料来源：主要根据陈四清《贸易金融》整理而来。

三、保理业务分类

根据中国银监会《商业银行保理业务管理暂行办法》第10条的规定，可以将保理业务分为以下几类：

(一) 国内保理和国际保理

按照基础交易的性质和债权人、债务人所在地，分为国际保理和国内保理。

国内保理是债权人和债务人均在境内的保理业务。

国际保理是债权人和债务人中至少有一方在境外(包括保税区、自贸区、境内关外等)的保理业务。

（二）有追索权保理和无追索权保理

按照商业银行在债务人破产、无理拖欠或无法偿付应收账款时，是否可以向债权人反转让应收账款、要求债权人回购应收账款或归还融资，分为有追索权保理和无追索权保理。

有追索权保理是指在应收账款到期无法从债务人处收回时，商业银行可以向债权人反转让应收账款、要求债权人回购应收账款或归还融资。有追索权保理又称回购型保理。

无追索权保理是指应收账款在无商业纠纷等情况下无法得到清偿的，由商业银行承担应收账款的坏账风险。无追索权保理又称买断型保理。

（三）单保理和双保理

按照参与保理服务的保理机构个数，分为单保理和双保理。

单保理是由一家保理机构单独为买卖双方提供保理服务。

双保理是由两家保理机构分别向买卖双方提供保理服务。

买卖双方保理机构为同一银行不同分支机构的，原则上可视作双保理。商业银行应当在相关业务管理办法中同时明确作为买方保理机构和卖方保理机构的职责。

有保险公司承保买方信用风险的银保合作，视同双保理。

四、国际保理的服务项目

国际保理业务中，主要的服务项目有：

（一）贸易融资

国际保理业务中，在出口商发货或提供技术服务后，保理商通过收购出口商的应收账款，可以对出口商提供一般不超过 80% 发票金额的无追索权的预付款融资。

（二）账户管理

销售分户账是出口商每笔交易的记录。保理业务中，出口商可以将其账户管理权授予保理商，从而集中精力进行生产、经营和销售。保理商一般是大型跨国银行及其附属机构，拥有先进的管理制度、管理技术、管理经验，有能力为客户提供优质的账户管理服务。

（三）债款回收

国际贸易中，债款回收是一个难题，牵涉到不同国家和地区的贸易习惯、法律规则、语言沟通等各种障碍。这些问题可以通过保理业务解决，保理商拥有广泛的网络资源，具有专职收款人员、专业收款技术与经验，知道在什么时候用什么方式对什么对象进行债款回收。

（四）资信调查与坏账担保

国际贸易中，出口商非常关心进口商的资信水平及其变化趋势，因为其资信水平高低直接影响到收汇风险大小。一般来讲，中小公司拥有几个至几十个长期和经常性贸易客户，大公司可以拥有几百家这样的贸易客户，如何掌握这些众多客户的资信变化状况，以控制切合实际的信用销售限额和采取必要的防范措施，避免或减少存在的收汇风险，显得尤为重要，而保理商恰巧可以提供此种服务。国际保理业务中，保理商通过国际保理商联合会广泛的网络资源及相关的咨询机构，也可以利用自身的分支机构和代理网络，通过各种渠道，收集各种进口商的信息，对进口商的背景、实力、发展潜力等做出综合评估，向出口商出具资信报告，并对出口商的每个客户核定合理的信用销售额度，将出口商坏账风险降至最低。在这里，信用额度是一个风险限额的概念，反映的是针对出口商的供货，进口商所能承受的最大支付能力。这一额度可以是单笔额度，也可以是循环额度。对于出口商在已核准信用额度内的发货所产生的应收账款，保理商提供100%的坏账担保，即如果因进口商的资信原因，如破产、倒闭或无力支付货款等发生拒付，由保理商承担付款责任。需要说明的是，根据FCI的GRIF规定，由于贸易纠纷导致拒付，保理商核准的额度将被取消，即保理商无须承担坏账担保责任。

五、保理服务的收费

保理商提供保理服务，主要分以下几项收取服务费用：

（一）进出口保理商的保理费

保理费即保理商的佣金一般取决于交易性质、买方资信、应收账款金额和收款期长短等。出口保理商的保理费率一般在进口保理商的报价（约为发票金额的0.4%～1%）上另加一定的百分比（约为发票金额的0.1%～0.4%）。通常保理商还会按月、按季度或按年度收取一个最低服务费（无追索权高于有追索权）。

（二）融资利息

在融资保理中，保理商从购入应收账款向出口商支付现金开始，到从进口商那里收到货款为止，向出口商提供了一段时间的资金融通，因此可以收取相应的利息。利息一般采取预先扣除的方式，在对出口商提供融资时就予以扣除。而融资利率根据实际预支金额的大小，参照当时市场利率水平而定，通常要比银行利率高出1.0%～3.5%。

（三）单据处理费

每单一般收取一个固定费用，如 5 美元或 10 美元，发票金额越大，收取的费用越低。

（四）资信调查费

资信调查费有时包含在服务佣金中收取，有时单独收取。有的保理商以固定金额收取，对每次申请的信用额度，无论批准与否、批准多少，保理商都收取 50 美元或 100 美元。也有的保理商按 0.5% ~1% 的比例收取。

保理业务中的各项费用由出口商支付，出口商一般会通过提高货价转嫁部分成本给进口商。

六、国际保理的作用

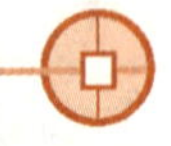

（一）对出口商的作用

1. 增加营业额

通过叙做保理业务，对新的或现有的客户提供更有竞争力的 O/A、D/A 付款条件，轻松拓展海外市场，增加营业额。

2. 有效的风险保障

通过遍布国内与国际的保理业务网络，由保理商对进口商进行信用评估，并承担进口商信用风险。出口商在受核准的额度内可以得到 100% 的收汇保障。

3. 提供融资便利，优化财务报表

在无商业纠纷等情况下银行融资无追索权，帮助企业将“应收”变为“收入”，优化财务报表。

4. 节约成本

资信调查、账户管理和账款催收都由保理商负责，减轻出口商的业务负担，节约管理成本。

（二）对进口商的作用

1. 充分利用优惠付款条件，扩大营业额

由银行承担进口商的信用风险，促成进出口双方以信用销售方式签订合同，从而使进口商能充分享受信用销售的实惠，以有限的资本购进更多的货物，加快资金流动，扩大营业额。

2. 节约成本，简化手续

保理费用一般由出口商承担，进口商省却了开立信用证和处理烦琐文件的费用，购买手续简化，进货快捷。同时，保理商提供账户管理和应收账款催收服务，减轻进口商的业务负担，节约管理成本。

3. 规避卖方履约风险

进口商在货到之后验收付款，有效避免卖方欺诈、履约风险。

第二节

国际保理业务运作

一、国际保理业务中的当事人及其权利与义务关系

（一）国际保理业务的当事人

国际保理业务中，一般有四个当事人：

1. 出口商

出口商(Exporter)或销售商(Seller)，就是国际贸易中的卖方。对所提供的货物和服务出具发票，将以发票表示的应收账款转让给保理商叙做保理业务。

2. 进口商

进口商(Importer)或债务人(Debtor)，就是国际贸易中的买方。对由提供货物或服务所产生的应收账款负有付款责任。

3. 出口保理商

出口保理商（Export Factor）就是与出口商签订保理协议，同意对出口商的应收账款叙做保理业务的一方。

4. 进口保理商

进口保理商（Import Factor）就是同意收取出口保理商转让过来的应收账款，并且承担对该项账款进行支付和风险担当义务的一方。

（二）国际保理业务当事人之间的权利与义务关系

国际保理各方当事人主要通过彼此间不同的契约来确定相互间的权利与义务关系。

1. 出口商与进口商之间的货物或服务合同关系

国际保理业务是以国际买卖合同的存在为提供服务的前提，并且通常是采用赊销等信用方式的买卖。

2. 出口商与出口保理商之间的出口保理协议关系

出口保理协议是国际保理交易中的主要合同。出口商为获得协议中所约定各项保理服务，应承担的义务主要有：将出口保理协议范围内的合格应收账款转让给出口保理商，承诺他所卖给出口保理商的每一项债权是能够有效地得到债务人清偿而不会招

致任何抗辩或反索要求的债权，在进口商基于贸易纠纷拒付时接受出口保理商的追索回购权，及时披露与转让应收账款相关信息，向保理商支付约定的费用和贴息等。出口保理商的义务：按协议规定及时核准并通知信用额度；接受协议约定的应收账款的转让；负责收款和账户管理工作；在协议规定的期限向出口商付款，或在出口商要求时，预支规定比例的款项；负责或积极协助纠纷的解决；在规定的期限内行使追索权等。

3. 出口保理商与进口保理商之间的相互保理协议关系

双保理机制中，出口保理商与进口保理商签订相互保理协议，委托进口保理商负责债权回收并提供坏账担保。双方具有债权转让人与受让人之间的法律关系，即出口保理商将从出口商手中购买的应收账款再转让给进口保理商，从而进口保理商取代了出口保理商债权人的地位。在保理业务中，进出口保理商主要依据国际保理业务惯例的有关规定来确定所享有的权利与应承担的义务。保理商之间协议的主要目的也是确认共同遵守国际保理业务惯例。

4. 进口商与进口保理商之间事实上的债权债务关系

在保理业务中，尽管进口商与进口保理商之间没有签订任何合同，没有合同上的权利与义务关系，但由于进口保理商最终收购了出口商对进口商的应收账款，只要出口商与进口商之间的买卖合同或其他类似契约未明确规定该合同或契约项下所产生的应收账款禁止转让，保理商就可以合法有效地获得应收账款，而无须事先得到进口商的同意，与进口商之间事实上形成债权债务关系，可以直接向进口商要求付款。在进口商逾期不付款时，进口保理商享有催收权。经催告，进口商仍无理拒付时，进口保理商不仅对相关货物享有留置权、停运权以及出口商可依法享有的其他权利，而且有权遵循法律途径追收债权。当然，作为债权转让的结果之一，进口商依原贸易合同可对出口商主张的抗辩事由也可对进口保理商行使。

案例 9-1

贸易纠纷导致保理商免除坏账担保责任案

案情：

中国出口商 A 公司就出口电视机到香港向出口保理商 B 银行申请信用额度。出口保理商和进口保理商联系后，进口保理商在调查评估进口商资信的基础上批准 20 万美元的信用额度。B 银行将该额度通知 A 公司后，A 公司遂与香港进口商签订 23 万美元的出口合同。发货后出口商向 B 银行申请融资，B 银行预付 16 万美元。付款到期日进口商以货物质量有问题为由拒付（理由是该批货物与以前所购货物为同一型号，而前批货物有问题）。进口保理商以贸易纠纷为由免除坏账担保责任。出口商认为对方拒付理由不成立，并进一步了解到对方拒付的实际理由是香港进口商的下家土耳其进口商破产，货物被银行控制，进口商无法收回货款。因此，出口方要求香港进口商提供质检证，未果。90 天赔付期过后，进口保理商仍未能付款。出口方委托进口保理商在香港起诉进口商。但进口保理商态度消极，仅凭香港进口商的一家之辞就认同存在贸易纠纷，结果出口商败诉。

分析：

这是一起典型的贸易纠纷导致保理商免除坏账担保责任的保理案例。但对于引发贸易纠纷的货物质量问题是否存在，进出口双方各执一词。进口商认为货物质量有问题的理由过于牵强，根本原因是自己从下家处已无法收回货款，从而面临损失的风险。为了避免自己受损，进口商自然不会配合出口商解决贸易纠纷，对出口商提出的提供质检证的要求自然也就置之不理。进口保理商由于贸易纠纷的原因免除坏账担保责任，在90天赔付期内拒付是正当的行为，符合国际保理惯例的相关规定。但同样根据国际保理惯例的规定，进口保理商有义务尽力协助解决纠纷，包括提出法律诉讼。而本案中，进口保理商作为出口商的代理在诉讼过程中，态度却十分消极，并不想打赢官司。原因很简单，因为赢了官司的后果是进口保理商自己承担付款的责任。并且因为进口商偿付困难的现实，进口保理商有可能最终是自己承担16万美元的损失。本案中，出口保理商为出口商提供了买方资信调查与坏账担保服务，因而提供的融资属于无追索权融资。如果事先与出口商未就贸易纠纷下的追索权问题达成协议，则国外拒付的风险将由出口保理商承担。

启示：

保理业务的主要风险就是出现贸易纠纷。因此，对于贸易纠纷的风险，有关当事人应事先加以防范。

(1) 对于出口商而言，为了防止进口商假借贸易纠纷理由拒付从而免除保理商的付款责任，在贸易合同中应就贸易纠纷的解决方法与进口商事先达成一致意见，比如确定一家双方都愿意接受的商检机构日后对出现质量纠纷的货物进行检验，检验结果作为判定纠纷是否存在的依据。

(2) 对于提供无追索权融资的出口保理商而言，有必要通过合同、发票、提单等文件、单据去了解、掌握交易背景的情况，也有必要在与出口商签订的保理协议中就发生贸易纠纷后的追索权重新获得问题加以明确规定，以防承担贸易纠纷产生的海外正当拒付的风险。

(3) 进口保理商的选择也非常重要。进口保理商是坏账担保人，能否勇于承担坏账担保的责任，关键在于其资信状况如何。本案中的进口保理商显然关注自己的利益胜过关注自己的信誉，资信状况欠佳。因而，实务中，出口保理商无论是为出口商着想，还是为自己的利益考虑，对进口保理商都应慎重地选择。

二、国际保理业务流程

国际保理业务根据其运作机制，有单保理和双保理。

（一）单保理的业务流程

单保理的业务流程如图 9-1 所示。

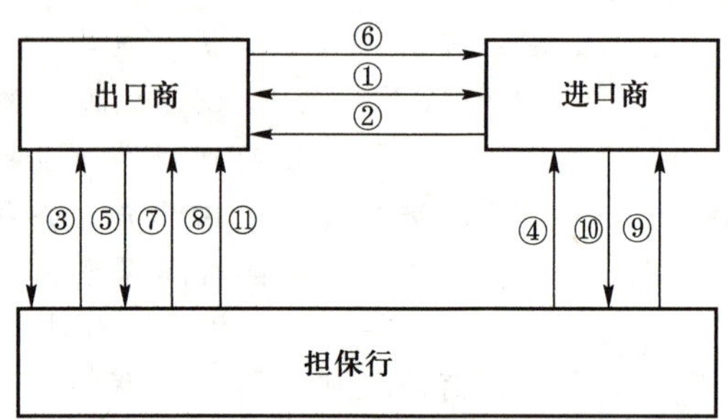

图 9-1　单保理的业务流程

① 出口商与进口商签订合同，商定使用保理结算方式。

② 进口商接受保理方式。

③ 出口商向进口保理商（即担保行）提出申请，14 天后进口保理商决定是否接受申请。如接受，双方签订保理协议，提交要确定信用额的进口商名单。

④ 进口保理商对进口商进行资信调查，确定信用额度。

如果货物到达，进口商可提货销售。

⑤ 进口保理商向出口商通知信用额度。

⑥ 出口商在信用额度内发货，缮制单据，将发票和运输单据寄给进口商或通过进口保理商转交进口商。

⑦ 将发票副本寄给进口保理商，并申请融资。

⑧ 进口保理商向出口商支付 80% 货款，将余下的 20% 货款转进口商。

⑨ 转交单据。

⑩ 到期后，进口商付货款给进口保理商。

⑪ 进口保理商将余下的 20% 货款转出口商。

（二）双保理的业务流程

图 9-2 是融资型双保理的业务流程图。

① 买卖双方经过谈判决定采用保理作为结算方式后，出口商和出口保理商签订国际保理协议。出口商填写出口保理业务申请书，用于为进口商申请信用额度。

② 出口保理商将出口商对进口商的信用额度要求传递给进口保理商。

③ 进口保理商对进口商进行资信调查和评估，并核定（或拒绝）其信用额度，通知出口保理商。

④ 出口保理商将进口保理商核定（或拒绝）的信用额度通知出口商。

⑤ 出口商与进口商签订合同，并在信用额度内发货，将正本发票、提单、原产

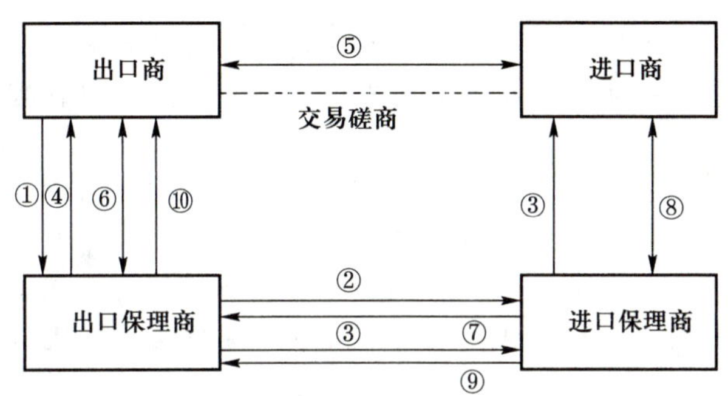

图 9-2　国际保理业务流程图（融资保理）

地证书等单据直接寄送给进口商。

⑥ 出口商将应收账款转让通知书和发票副本提交出口保理商。出口保理商按照保理协议以预付款方式向出口商支付融资款。

⑦ 出口保理商签署应收账款转让通知书并附发票副本寄送给进口保理商。

⑧ 进口保理商在规定的时间内按照商业惯例向进口商催收货款。货款到期时进口商将全部货款付给进口保理商。

⑨ 进口保理商将款项拨付给出口保理商，并及时向出口保理商寄送对账单或付款报告书。

⑩ 出口保理商扣除预付货款、佣金和有关费用后，将剩余货款付给出口商，并及时向出口商提供对账单。

一般来讲，在出口保理业务中，国内的保理商(或银行)是出口保理商；而在进口保理业务中，国内的保理商(或银行)是进口保理商。

案例 9-2

出口双保理

案情：

S 公司是一家民营企业，生产家用炊具，公司考虑拓展海外市场，但公司品牌在海外知名度不高，美欧等地的进口商拒绝开证，要求 O/A90 天付款。S 公司既要对进口商提供优惠的付款条件，又担心进口商的信用风险，同时面临资金周转的问题。

分析：

中国银行向 S 公司推荐了出口双保理业务，利用与美国进口保理商的良好合作关系，成功为 S 公司在美国的进口商核准了保理额度，为 S 公司开办了出口双保理业务，当年业务量即超过 1 500 万美元。之后中国银行又为 S 公司对欧洲和香港的出口提供了出口双保理服务。受惠于中国银行出口双保理业务，S 公司成功开拓了海外市场，销售额和利润率节节攀升，并最终成功上市。

启示：

在双保理模式下，由出口商与出口国所在地的保理商签署协议，另外出口保理商与进口保理商双方也签署协议，相互委托代理业务，并由出口保理商根据出口商的需要，提供融资服务。

(1) 出口商与出口保理商签订协议后，一切有关问题均可与出口保理商交涉，并可由此获得全部的保理服务，从而消除在语言、法律、贸易习惯等方面存在的障碍。

(2) 出口商有可能获得条件较为优惠的融资。如进口保理商的贴现率比出口保理商低，可要求进口保理商以预付款方式或贴现方式提供融资。进口保理商按自己的贴现率将融资款项付给出口保理商，并由其转交给出口商。在这种情况下，出口保理商必须代出口商向进口保理商担保，对发生纠纷或违约行为的应收账款保证退还相应的融资款项。

(3) 出口保理商不必深入细致地研究债务人所在国的有关法律、贸易习惯等就可提供各项专门服务，因为债务人所在地的进口保理商将负责这方面的工作，并为债务人核定相应的信用额度供出口保理商和出口商参照执行。尽管进口保理商对贸易纠纷不承担责任，但出口保理商可以要求进口保理商予以协助。尤其在出口商发生破产倒闭的情况下，进口保理商的这种协助对收回债款、减少损失将发挥非常重要的作用。

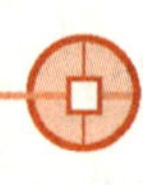

(4) 对于进口商来讲，它仅需同本国的进口保理商打交道，也免除了在语言、法律、商业习惯等方面可能存在的困难。

(5) 有了进口、出口两个保理商，才能使出口商的债权得到保障，督促进口商清偿债务。

资料来源：中国银行网站、互动百科。

第三节

国际保理结算方式在国际贸易中的运用

一、国际保理在海外的运用状况

保理业务在海外的发展历史很长，原始保理的雏形可以追溯到数千年前的古巴比伦时代，它以委托代理为基础，保理商作为主要代理人起到供应商业务的延伸作用。这时的保理业务起到推销、储存、运输管理和收款的作用，偶具坏账担保和预付款融资功能。

在现代商品交换中，随着科技与市场的不断发展，现代保理业务 18 世纪起源于英国，19 世纪在美国正式出现。1889 年，澳尔博·多梅利克公司明确放弃货物销售的代理和储存服务，继续为其委托人(欧洲出口商)提供诸如收购债权和坏账担保功能标志着现代保理业务的形成。由于交通与通信的发展，这一时期保理业务中贸易双方可以迅速、便捷地进行异地交易，早先保理业务储藏、运输、推销的功能不断弱化。同时由于市场竞争愈加激烈，买方要求的支付条件和结算方式更趋苛刻，对流动资金的需求成倍增加。19 世纪后半叶，保理制度作为国际贸易活动中一种融资结算的方式和法律性制度，得到了长足进展。到了 20 世纪，保理制度在英国、美国、法国、日本等发达国家有了更为普及的发展。

二、国际保理在我国的运用状况

和国外保理业务的迅猛发展相比，我国的国际保理业务起步较晚，发展也十分缓慢。1987 年 10 月，中国银行与德国贴现和贷款公司签署了国际保理总协议，这标志着国际保理业务在我国正式登陆。1992 年 2 月，中国银行加入了 FCI，同时，中国银行北京分行与 FCI 会员。美国鹰师保理公司签署了保理协议，正式以出口保理公司的身份进行业务活动，这也使得我国的国际保理业务逐步驶向了规范化、国际化的良性轨道。截至 2006 年 11 月，我国加入 FCI 的商业银行已有中国银行、交通银行、光大银行和中信实业银行等 12 家。虽然国内各家银行在拓展国际保理业务方面做了积极的尝试，但从整体上看，我国商业银行的国际保理业务还处在起步阶段，无论是业务的拓展、风险的防范，还是人员的素质和服务的水平，都难以满足我国对外经济贸易快速发展和金融创新不断深化的需要。据联合国贸发中心统计，1999—2005 年，欧美国家的保理业务一直占据主导地位。2005 年，在全球 1 万多亿欧元的保理业务量中，欧美占 84% 以上，亚洲地区仅占 13%，我国保理业务量为 58 亿欧元，尽管比 2004 年增长了 35%，但市场占比却少得可怜。特别是考虑到我国进出口大国的地位和中小企业出口产品特点，国际保理业务还有很大的提升空间。

三、国际保理与传统结算方式的比较

国际保理作为一种新型结算方式，与传统结算方式在风险、融资方式、付款责任等方面存在下列区别。

(一) 承担风险不同

托收方式下，收汇依靠商业信用。由于出口商发货在前，委托银行收款在后，故需承担商业风险，而进口商掌握着付款主动权，商业风险相对较少。因此，在托收方式下，进出口双方承担的风险大小悬殊。信用证方式下开证行承担第一性付款责任，最大限度地转移了出口商收汇风险。国际保理是转嫁托收、赊销收汇风险的较为理想的方式，只要出口商提供的货物的品质、数量、价格、交货期符合合同要求，如果遇上进口商资金周转不灵或倒闭，进口保理公司将负责付款，承担100%坏账担保。因此，对出口商来讲，摆脱了托收项下进口商无力付款、倒闭或无故拖延付款的风险。

（二）融资方式不同

托收方式下，出口商的资金负担较重，融资方式主要有托收出口押汇和托收信托收据(T/R)借单。两种融资方式都基于商业信用，银行融资风险大，一般只限于进出口双方资信较好的贸易往来。信用证方式下，进口商开证时，需要支付一定的开证押金及开证费用，在一定时期内占用了进口商的资金。对出口商，银行可提供货物发运前的打包放贷(Parking Credit)，以信用证作抵押，放款金额一般为信用证金额的80%左右，期限一般不超过信用证有效期。银行还可提供货物出运后的出口押汇(Outward Bills)和票据贴现(Bills Discount)，银行以单据作为抵押。进口商同样，申请开立信用证时，可获得开证额度，不必将信用证全部金额存入开证行作担保。在远期付款交单情况下，进口商还可以开立信托收据(T/R)借单，先行提货。信用证下融资与信用证结算紧密相连，融资范围大，融资风险也较小。而保理业务一般是在发货之后才申请融资。进口商收到货物一段时间后才付款，这是出口商对进口商提供的融资。而出口商为了解决资金周转的困难，可以从保理公司得到不超过发票金额80%无追索权的预付款融资。无追索权的融资是保理业务融资的特点。对已核准应收账款的融资，如果进口商发生倒闭、资金周转不灵等，保理公司也无权收回其融资。

（三）付款责任不同

托收和信用证是国际贸易中传统的结算方式。在托收方式下，买卖双方受合同约束，进口人是唯一承担付款责任的人。银行在办理托收业务时，只是按委托人的指示办理，并无承担付款人必然付款的义务。在信用证方式下，买卖双方既受合同约束，又受信用证约束，但合同和信用证是相互独立的文件，开证行承担有条件的独立的付款责任。只要受益人(出口人)提交符合信用证规定的单据，银行就保证付款。而在国际保理业务中，买卖双方既受合同约束，又有保理公司的付款担保，而且两者是紧密联系的，即只有出口商按合同发货，保理公司的担保才能成立。因此，出口商必须重视货物品质、数量和按时发货。

（四）费用不同

从费用支付的方面看，国际保理一般只向卖方收费，与信用证方式比较，显然有利于买方，使买方从昂贵的开证费中解脱出来。

国际保理与传统结算方式的比较如表9-1所示。

表 9-1　国际保理与传统结算方式的比较

项目 \ 种类	国际保理	汇款	托收	信用证
债权信用保障	有	无	无	有
进口商费用	无	有	有	有
出口商费用	有	有	有	有
进口商银行抵押	无	无	无	有
出口商银行抵押	无	无	有	无
提供进口商财务灵活性	较高	较高	较高	较低
出口商竞争力	较高	较高	较高	较低

资料来源：梁琦．国际结算[M].2 版．北京：高等教育出版社，2009：345。

本章小结

1. 国际保理是保理商(一般是大型跨国银行及其附属机构)通过收购出口债权向出口商提供信用保险或坏账担保、应收账款的代收或管理及贸易融资的一揽子综合性金融服务，其核心内容是通过收购出口债权的方式提供出口融资和风险担保。

2. 国际保理可分为国内保理和国际保理、有追索权保理和无追索权保理、单保理和双保理。

3. 国际保理业务中，一般有四个当事人：出口商、进口商、出口保理商和进口保理商。国际保理与传统结算方式在风险、融资方式、付款责任与费用上存在异同。

关键术语

国际保理　　无追索权保理　　单保理　　双保理

复习思考题

1. 什么是国际保理？简述其适用的市场条件。
2. 简述国际保理结算方式的基本作用。
3. 国际保理有哪些基本类型?
4. 试以图示的方式描述国际保理结算方式的一般业务流程。
5. 国际保理与传统结算方式相比有何业务优势?
6. 如何加快发展我国的国际保理业务?

■ 延伸阅读

1. 黄斌．国际保理：金融创新及法律实务[M]．北京：法律出版社，2006.

2. 中国保理业二十年发展历程与展望[EB/OL]．http：//finance. china. com. cn/roll/20130707/1615658. shtml.

■ 本章参考文献

1. 贺瑛．国际结算[M].2版．上海：复旦大学出版社，2008.

2. 陈四清．贸易金融[M]．北京：中信出版社，2013.

3. 徐进亮，李俊．国际结算实务与案例[M]．北京：机械工业出版社，2012.

4. 梁琦．国际结算[M].2版．北京：高等教育出版社，2009.

5. 刘铁敏．国际结算[M]．北京：清华大学出版社，2010.

6. 马欣，稽惠娟．银行国际业务实验教程[M]．上海：上海财经大学出版社，2014.

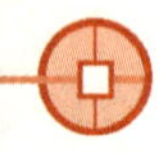

第十章

福费廷结算方式

本章导言

通过本章学习，了解福费廷业务产生的背景、发展的现状以及我国福费廷业务发展与国际上的差距和存在的主要问题，理解、把握福费廷的概念、特点、作用，能够区别福费廷业务与一般贴现业务，熟悉福费廷的运作模式及流程，特别是信用证项下福费廷业务的一般做法，了解福费廷业务的成本问题，掌握福费廷与传统结算方式的区别，其中重点掌握福费廷与国际保理的异同。

本章电子教案

（请扫描二维码）

本章知识结构图

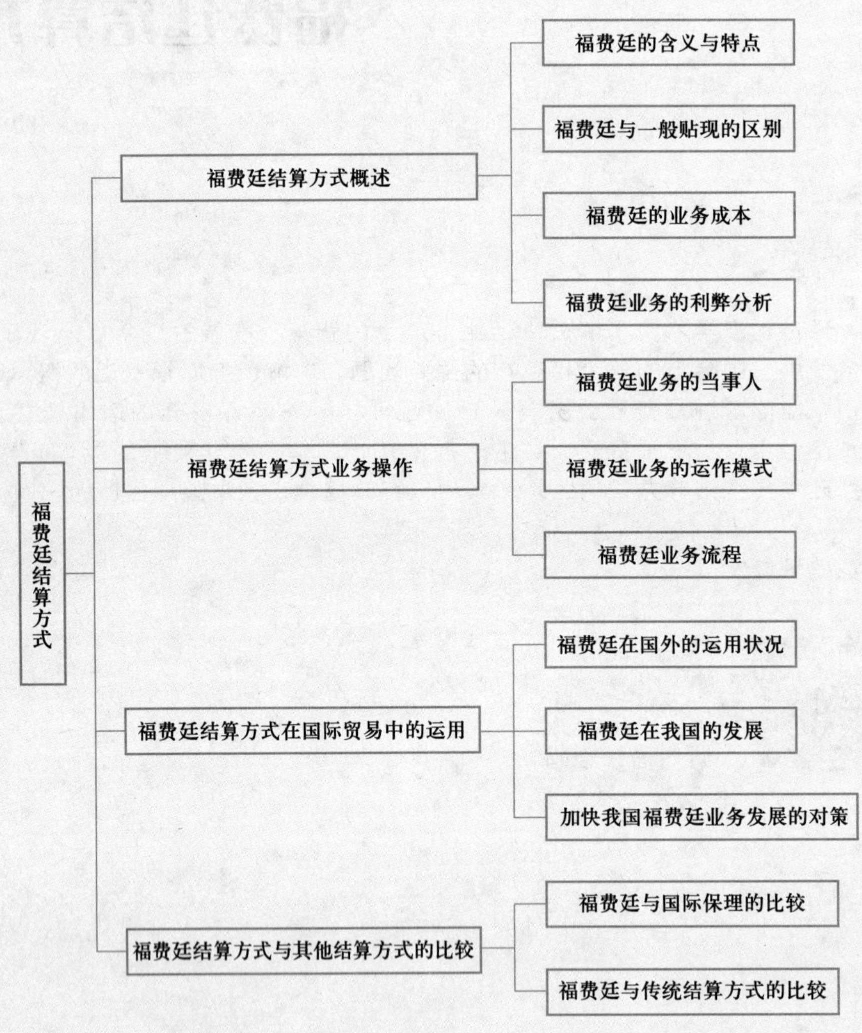
福费廷结算方式
福费廷结算方式概述
福费廷的含义与特点
福费廷与一般贴现的区别
福费廷的业务成本
福费廷业务的利弊分析
福费廷结算方式业务操作
福费廷业务的当事人
福费廷业务的运作模式
福费廷业务流程
福费廷结算方式在国际贸易中的运用
福费廷在国外的运用状况
福费廷在我国的发展
加快我国福费廷业务发展的对策
福费廷结算方式与其他结算方式的比较
福费廷与国际保理的比较
福费廷与传统结算方式的比较

第一节 福费廷结算方式概述

福费廷是第二次世界大战后为鼓励大型生产设备的出口，由苏黎世世界银行协会首创的一种以融资为目的的金融服务业务。在此融资方式下，包买商无追索权地从出口商处买断经承兑并通常由进口商所在地银行担保的远期汇票或本票等票据，出口商提前获得资金的融通，故此业务又叫包买票据。其英文为 Forfaiting，因此就将此种业务音译为福费廷。无追索权是福费廷的运作基础，也是它最显著的特征。

我国国内第一家开办福费廷业务的是中国银行，其福费廷产品种类齐全，不受结算方式限制，可融资的债权工具灵活多样，不仅包括信用证，而且包括汇票/本票、付款保函/备用信用证担保债权、出口信用保险承保债权等多种形式，还可以根据项目的具体情况，提供个性化解决方案。并在国内率先以保兑行身份加入 IFC、EBRD、ADB、IDB① 四家国际组织贸易融资项目，通过与这些组织紧密合作，中国银行将风险承担范围进一步拓展到亚、非、拉等新兴市场国家。融资期限灵活，不仅可以提供 1 年以下的短期融资，而且可以提供 3～5 年，甚至更长期限的中长期融资。

一、福费廷的含义与特点

（一）福费廷的含义

福费廷（Forfaiting）是英文单词 Forfaiting 的音译，来源于法语 A FOR-FAIT，即放弃权利或无追索权的意思，又称为包买票据或票据买断，是商业银行等包买商（Forfaitor）（专业从事福费廷业务的机构）为国际贸易提供的一种融资方式。它是指银行等包买商从出口商那里无追索权地购买由银行承兑/承付或保付的远期汇票，而向

① IFC（International Finance Corporation）国际金融公司；EBRD（European Bank for Reconstruction and Development）欧洲复兴开发银行，简称欧银；ADB（Asian Development Bank）亚洲开发银行，简称亚行；IDB（Inter-American Development Bank）美洲开发银行。

出口商提供融资的业务。

通常发生在延期付款的大型机械设备和成套设备的贸易中，出口商把经过进口商承兑的、期限在6个月以上的远期汇票(一般5至6年)，无追索权地售与出口地银行(或金融公司)，从而提前获得现款。出售远期汇票的过程，实质上就是出口地银行向出口商融资的过程，只是汇票到期时该笔款项不向出口商索取，而向进口商索取。

小知识 10-1

国际福费廷协会

国际福费廷协会(International Forfaiting Association，IFA)是1999年8月在瑞士苏黎世成立的福费廷国际组织。该协会的宗旨是在全球范围内推动福费廷业务的发展，促进会员间的业务合作，并致力于在国际上推广规范的福费廷市场惯例及对从业者进行相关的业务培训等。目前，IFA已经成为国际贸易融资业务领域中重要的国际组织之一，现有会员160多个，均为各国从事福费廷业务的银行或专业福费廷商。IFA先后颁布了《福费廷二级市场交易指引》和《福费廷一级市场业务指南》。其中《福费廷一级市场业务指南》用于建立有关福费廷一级市场业务的标准银行实务，旨在对全球金融机构开展福费廷业务提供科学、详细的操作指引。而《福费廷二级市场交易指引》则主要规范银行之间进行的福费廷转让交易。此外，IFA还与ICC(The International Chamber of Commerce，ICC)联合推出了《福费廷统一规则》(U-niform Rules for Forfaiting，URF 800)。

为了促进福费廷业务在全球范围内的发展，ICC与IFA联合起草并发布了《福费廷统一规则》。福费廷业务自第二次世界大战结束后开始萌芽，几十年的时间形成了一套比较成熟的市场惯例，这成为《福费廷统一规则》(URF 800)的实务基础。从2009年开始起草工作至2012年11月ICC银行委员会在墨西哥会议上正式通过，《福费廷统一规则》(URF 800)的诞生历时近4年。该规则的内容共14条，规定了福费廷一级市场业务、福费廷二级市场业务、无追索权买断和福费廷交易各方的权利、义务等主要内容。该规则的创新之处在于，它突破了传统的福费廷概念，将目前贸易融资市场上流行的代付融资业务也纳入了规则的范畴。此外，规则的附录还提供了福费廷总协议和单笔协议文本供业界参考使用。

《福费廷统一规则》(URF 800)于2013年1月1日起正式生效。该规则不仅为福费廷参与各方提供了一套福费廷业务操作指南，而且还提供了福费廷合作协议范本，操作性很强。

福费廷业务对商业银行来说，不仅可以获得贴现利息、承担费等收入，而且安全性和流动性也比较好。因此，在现代金融市场上，福费廷业务受到各家银行的青睐。

资料来源：陈四清. 贸易金融[M]. 北京：中信出版社，2014。

（二）福费廷业务的特点

福费廷业务的最大特点是无追索权。具体来讲有如下特点：

（1）福费廷业务中的远期票据产生于销售货物或提供技术服务的正当贸易，包括一般贸易和技术贸易。

（2）福费廷业务中的出口商必须放弃对所出售债权凭证的一切权利，做包买票据后，将收取债款的权利、风险和责任转嫁给包买商，而银行作为包买商也必须放弃对出口商的追索权。

（3）出口商在背书转让债权凭证的票据时均加注“无追索权”（Without Recourse）字样，从而将收取债款的权利、风险和责任转嫁给包买商，包买商对出口商、背书人无追索权。

（4）福费廷业务融资期限可以是短期或长期，按照票据的期限一般在 1～5 年，属中期贸易融资，但随着福费廷业务的发展，其融资期限扩充到 1 个月至 10 年不等，时间跨度很大。

（5）传统的福费廷业务属批发性融资工具，是 100% 合同金额的融资，融资金额由 10 万美元至 2 亿美元，可融资币种为主要贸易货币。

（6）包买商为出口承做的福费廷业务，大多需要进口商的银行做担保，没有官方出口信贷担保机构或私人保险公司的担保或保险。

（7）固定利率融资。

（8）各项费用较高（除按市场利率收取贴现利息，尚需收取管理费和承担费）。出口商支付承担费（Commitment Fee），在承担期内，因为包买商对该项交易承担了融资责任而相应限制了他承做其他交易的能力，以及承担了利率和汇价风险，所以要收取一定的费用。

（三）福费廷的分类

在实务中，福费廷产品可以分为以下几类：

1. 跟单信用证项下福费廷

是指根据《跟单信用证统一惯例》开立的远期承兑/远期议付/延期付款信用证结算方式下，包买商作为受益人（出口商）的银行，收到开证行真实、有效的到期付款确认后，从受益人处无追索权地买入未到期债权。跟单信用证项下福费廷是目前办理最为广泛的一种。

2. D/A 银行保付项下福费廷

是指在承兑交单（D/A）的跟单托收项下，包买商应出口商要求无追索权地买入经进口银行保付的已有进口商承兑的商业汇票。

案例 10-1

D/A 银行保付项下福费廷

案情：

国内出口商与土耳其某进口商约定结算方式为 D/A 90 DAYS AFTER SHIPMENT。出口商希望国内的银行为其办理福费廷业务。中资银行设计了由进口商当地 C 银行保付后为出口商办理福费廷的方案。

分析：

国内中资银行将出口商提交的 D/A 项下单据寄送 C 银行，并告知 C 银行托收方式为 "DOCUMENTS AGAINST ACCEFTANCE AND AVALIZED BY BANK C"，并注明："THIS DOCUMENTARY COLLECTION IS ON 'PERAVAL' BASIS, I. E. , YOUR BANK' S GUARANTEE OF PAYMENT AT MARURITY IS ALSO REQUIRED BEFORE RELEASING THE DOCUMENTS." 另外，考虑到叙做福费廷业务后可能转卖给其他银行的需要，中资银行希望对方能够将保付后的汇票寄回，因此进一步注明："FOR FINANCIAL PURPOSE, PLS RETURN THE AVALIZED DRAFTS TO US."

寄单之后不久，中资银行收到代收行 C 银行的加押电文，证实了汇票已经该行保付："DRAFTS ACCEPTED AND AVALIZED BY US AS FOLLOWS: AMOUNTS USDXX AND MATURITY AT XXX. WE HEREBY CONFIRM THAT OUR AVAL OF THE DRAFT CONSTITUTES THE LEGAL, VAVL AND BINDING OBLIGATION OF OUR BANK TO PAY AT MATURITY. WE SHALL PAY THE NET PROCEEDS OF USDXX AT MATURITY."

中资银行随后收到付款人承兑和 C 银行保付的汇票正本。中资银行凭已保付的汇票为出口商办理了福费廷业务。该汇票到期日，C 银行即向中资银行付款，并声明其保付责任自动解除。

启示：

D/A 是跟单托收业务中的承兑交单方式的英文缩写。D/A 银行保付项下福费廷是在承兑交单(D/A)结算方式下，银行从出口商处无追索权地买入经进口商银行保付的已承兑商业汇票。保付是一种特有的担保形式，即担保银行在已承兑的商业汇票或本票上加注 "Per Aval" 或类似字样，同时签注担保银行的名称并由有权签字人签署，从而构成担保银行不可撤销的担保责任。国外的银行经常采用这种方式对本票或 D/A 项下商业承兑汇票加具担保。

D/A 银行保付项下福费廷属于票据项下福费廷的一种。票据因具有如下特性，在办理福费廷时具有一些优势：

票据易于流通。通过在票据上背书然后将其转交后手，可以实现票据权利即债权的转让。

票据项下债务人的付款义务独立于有关的贸易合同而存在，因而票据的持票人无须担忧有关的贸易合同所要求的付款条件是否得到满足，其权利受到票据法的保护。

3. 保函/备用信用证下福费廷

是指对于有明确的保函/备用信用证担保的应收账款，包买商从出口商处无追索权地买入未到期债权。

4. 银行保单福费廷

是指银行作为被保险人在向出口信用保险公司投保出口信用保险的基础上，无追索权地买入根据《跟单信用证统一惯例》开立的远期承兑/远期议付/延期付款信用证项下已承兑/承付的远期汇票或远期付款责任对应债权的福费廷业务。

5. 国际组织担保项下福费廷

是指在银行与国际金融公司(IFC)、亚洲开发银行(ADB)、欧洲复兴开发银行(EBRD)及美洲开发银行(IDB)等组织签署的全球贸易融资下，银行为客户及新兴市场国家的出口贸易和项目工程提供福费廷业务。但是，在办理此类福费廷业务前，国内的银行必须事先与相应的国际组织签署双边协议。

1997 年的亚洲金融危机重创了新兴市场国家的对外贸易。为了恢复国际金融市场对发展中国家的信心，促进全球贸易发展，特别是东欧地区国家的对外贸易，欧洲复兴开发银行率先推出贸易促进计划，旨在通过它对东欧地区银行的信用证、汇票、本票等金融工具提供担保，吸引并带动商业银行等金融机构提供贸易融资，从而实现贸易的增长。此后，亚洲开发银行、国际金融公司等金融机构纷纷效仿，推出各自的贸易促进计划，而今基本形成了相互补充、相互促进的全球新兴市场风险覆盖网络。亚洲开发银行主要担保中亚、南亚地区风险；欧洲复兴开发银行主要担保东欧等独联体国家风险；IFC 范围较广，对亚、非、拉等多数新兴市场国家都可担保。在国际组织担保的福费廷业务下，国际组织承担开证行的国家风险和银行风险。当开证行不付款时，国内银行可凭国际组织的见索即付担保向其提出索赔，从而规避开证行的风险，防止资金损失。

二、福费廷与一般贴现的区别

(一) 追索权

在福费廷业务中包买商放弃了追索权，这是它不同于一般贴现业务的典型特征。在一般的贴现业务中，银行或贴现公司在有关票据遭到拒付的情况下，可向出口商或有关当事人进行追索。

(二) 票据期限

福费廷业务中的票据通常是与大型设备出口有关的票据，期限通常是远期的，一般在 1~5 年，属于中期融资业务，近年来国际上发展出最短为 180 天(6 个月)的福费廷业务，最长的可至10年，同时由于涉及多次分期付款，票据通常是成套的。在贴现业务中的票据可以是国内贸易或国际贸易往来中的任何票据，期限通常是短期的。

（三）票据金额

福费廷业务适合于100万美元以上的大中型出口合同，票据金额一般比较大。中国进出口银行1995年颁发的《中国进出口银行福费廷业务试行办法》则要求融资金额不少于50万美元，融资期限在90天以上（没有规定上限）。贴现业务可以是国内贸易，也可以是国际贸易，金额没有特别规定。

（四）出票背景

福费廷业务的出票一般是以国际正常贸易为背景的，通常限于成套设备、船舶、基建物资等资本货物交易及大型项目交易。

（五）业务程序

福费廷业务中，包买商不仅要求进口地银行担保，而且可能邀请一流银行参与风险，业务比较复杂。贴现业务中，只需经过银行或特别著名的大公司承兑，一般不需要其他银行担保，贴现业务的手续比较简单。

（六）业务风险

福费廷业务中，出口商将票据拒付的风险完全转嫁给银行等包买商，这是福费廷与贴现的最大区别。银行等包买商承担的风险较大，当然出口商付出的代价也高。贴现业务中，如票据到期拒付，贴现公司或银行对出票人能行使追索权，可以要求汇票的出票人付款。因此，贴现公司或银行承担的风险较小，当然贴现率也较低。

（七）融资成本

福费廷业务的费用负担较高，贴现一般仅按当时市场利率收取贴现息。

三、福费廷的业务成本

福费廷业务涉及的成本费用主要有：

（一）银行报价构成（银行报价时要计算承担费、贴现费和宽限费）

1. 承担费

银行与出口企业签订福费廷协议之日起就要准备好资金随时付款，如果出口企业因某种原因未能履行协议，银行就要蒙受一定的资金损失。因此，银行要收取相应的承担费。承担费的计算公式为：承担费=票面值×承担费率×承诺天数/360。承担费率是银行事先的固定费率，一般为年率 0.5% ~2%。承诺天数为福费廷协议签订之日起至银行贴现付款的实际天数。这一期间实际就是出口企业履行合同取得贴现所需票据的时间，这是一个可控制的因素。

2. 贴现费

贴现费的计算方式有两种：直接贴现法和半年复利贴现法。影响贴现费高低的最主要可变因素是贴现率和融资期限，即从付款日至票据到期日的实际天数。以直接贴现法为例，其计算公式为：贴现费＝票据面值×直接贴现率×融资期限/360。

3. 宽限费

银行不一定能在票据到期日就收到票据款，为了弥补在到期日向进口商或进口地银行索偿可能遇到的拖延，在报价时一般要加上宽限费，其计算公式为：宽限费＝票据面值×贴现率×宽限期/360。宽限期就是从票据到期日至银行实际取得票据款的天数，这是一个变量，出口企业不能预见和控制。

（二）出口企业融资成本控制

分析以上报价构成，可以知道有四个变量影响融资成本，即承诺天数、贴现率、融资期限和宽限期。企业要控制融资成本就必须从这四个变量入手。

1. 承诺天数

企业履行合同，取得经承兑或保证的汇票或本票。实践中出口企业将合同项下的商品装上运输工具发运就取得货运单据。在信用证支付方式下，出口企业将远期汇票连同其他商业单据交通知行。通知行邮寄单据到开证行或付款行，由其承兑后再交通知行，出口企业取得承兑的远期汇票到银行处贴现。在托收方式下，出口企业将这些商业单据、远期汇票交托收行，托收行交代收行，代收行取得进口地银行的承兑后交托收行，出口企业取得经承兑或保证的远期汇票后到银行贴现。由此可以看出，承诺天数＝企业履行合同的天数＋单据/汇票的往返天数。

（1）一般情况下，出口企业将货物装上运输工具发运即可取得货运单据，可视为履行合同完毕。出口企业必须依据贸易合同所确定的装运日期发运货物，因此在贸易合同中必须确定履行期限。使用 FOB、FCA 等进口商派船的贸易术语时，在有能力发货的情况下应该尽量缩短派船的期限，因为此种贸易术语下，进口商在约定的最后一个派船日安排船只到港运输也不算是违约。在使用信用证支付方式的情况下，要注意对 UCP 600 装运期限有正确的理解，以做到单证相符，避免承兑时不必要的麻烦。

（2）由于进口商所在的地区不同，单据、汇票的往返天数不同。往返天数受单据在途时间和进口地银行承兑所需时间两方面制约。

2. 贴现率

银行在接到询价后，要根据每笔交易的具体情况，综合考虑银行核定的进口商所在国的信用额度、担保人（绝大多数情况下是进口地银行）的资信情况、汇率风险等几个方面确定贴现率。

（1）一些国际性银行有专门的风险评估部门考察不同国家的政治风险、外汇管制风险、经济安全等，也可借助于世界上权威的评级机构如商业风险信息机构、国际报告集团等进行国家风险评级，核定各个国家的信用额度。出口企业应优先选择政治稳定、经济发展良好的国家的客户。

（2）福费廷业务中，银行买断的票据要经过银行认可的机构承兑或保证。绝大多数情况下，都是进口地银行在出口商签发的远期汇票或进口商签发的远期本票上承兑，或者由进口地银行出具不可撤销、无条件支付的保函或备用信用证。一旦进口地银行承兑就承担了票据法上第一性的付款责任。在出具不可撤销、无条件支付的保函、备用信用证的情况下，只要进口商未在到期日履行付款责任（不是履行不能）银行就要承担付款责任，加之对方银行的信用更容易评估而且更有保障，故贴现银行关注的是承兑行/保证行的资信情况。有一家信誉良好的承兑行/保证行，银行不但更加容易提供该笔福费廷融资服务而且贴现率会相应降低。因此出口企业在与进口商谈判贸易合同时应该确定融资银行更容易接受的承兑行/保证行。

（3）福费廷业务银行买断票据，提供融资服务的期限较长，一般是 6 个月至 5 年，有的长达 10 年，期间货币汇率风险极大。虽然银行可以按浮动利率的方式报价，但出口企业希望在订立合同之时就确定成本，因此大多选择固定利率的报价方式，这使得银行承受的汇率风险变大。不同的币种，汇率的预期走势不同，汇率变化的幅度不一致。不稳定的货币所涉及的各种风险会使福费廷的交易费用极其高昂。出口企业在进行贸易合同谈判时要注意以下几方面：① 出口企业应该选择硬通货币作为支付货币，要考虑这些货币可否再融资。美元、英镑、欧元等在欧洲市场上被广泛使用，银行趋向于接受这几种货币。② 在中长期的情况下，分析判断某一种货币汇率的长期走势极为重要，因为银行在预期汇率下降的情况下必然会提高报价以弥补贴现日至票据到期日的汇率差。③ 出口企业可以与进口商订立分期付款条件，出口企业/进口商出具按约定在固定时间分期付款的远期汇票/本票以减少风险，因为付款的间隔期限越短汇率风险也就越小。④ 出口企业可以与进口商约定货币保值条款，即约定一种或几种货币或黄金作为保值货币，实际支付款项时按保值货币与支付货币汇率相应调整支付货币数额。出口企业甚至可以与进口商约定，按合同签订之日的汇率计算在固定时间支付的票据金额。这样就把汇率风险转移给了进口商承担，必然会大大降低银行承担的风险从而降低融资成本。⑤ 出口企业可以要求进口商用多种货币支付，在这种情况下只要选择的几种支付货币汇率变化不完全正相关，就能降低汇率风险，也就相应降低融资成本。

3. 融资期限

融资期限的长短虽然直接关系到融资成本大小，但提供进口商需要的融资期限是福费廷融资的基本功能。出口企业应提前告知银行预计的融资期限以便正确估算融资成本。

4. 宽限期

宽限期可能存在也可能不存在，但在福费廷协议中，银行必定会制定此条款以保证己方利益不受损失，由出口企业还是由进口商承担此笔费用银行并不关心。宽限费的产生实际上是由于进口商在票据法上的违约行为引起，理应由进口商承担此笔费用。故出口企业可以在贸易合同和福费廷协议中约定由进口商承担可能产生的宽限费并取得承兑行/保证行的同意。在信用证支付条件下，根据 UCP 600 第 37 条 b 款，只要在信用证上注明此笔费用在信用证项下支付，银行就可以在票据到期日取得超过信用证金额的宽限费。

四、福费廷业务的利弊分析

（一）对出口商的利弊

1. 有利方面

（1）无追索权买断。银行等包买商无追索权买断应收账款，使客户应收账款“落袋为安”。

（2）规避各类风险。客户将国家风险、买方信用风险、汇率风险、利率风险等全部转移给银行，达到规避风险的目的。

（3）无须占用客户授信额度。客户在没有授信额度或授信额度不足的情况下，仍可从银行获得融资。

（4）增加流动资金。客户获得 100% 资金融通，将未来应收账款转化为当期现金流入，避免资金占压，增加现金流。

（5）优化财务报表。客户在不增加银行负债情况下，减少应收账款，改善现金流量，达到优化财务报表的目的。

（6）提前获得出口退税。根据外汇管理局规定，办理福费廷业务，客户可以获得提前出口核销和退税，从而节约财务成本。

2. 不利方面

（1）出口商要充分了解进口商所在国的相关法律规定。

（2）出口商有时候不能找到一个令包买商满意的担保人。

（3）费用较高。

（二）对进口商的利弊

1. 有利方面

（1）所需要的交易单据简单，办理迅速。

（2）可获得中短期贸易融资。

（3）在一定程度上节省了信用额度的占用。

2. 不利方面

（1）必须支付银行担保费。

（2）银行担保在一定程度上要长期占用进口商的信用额度。

（3）融资费用较高。

（三）对包买商的利弊

1. 有利方面

（1）所需要的交易单据简单，办理迅速。

（2）可获得中短期贸易融资。

（3）在一定程度上节省了信用额度的占用。

2. 不利方面

（1）必须支付银行担保费。

（2）银行担保在一定程度上要长期占用进口商的信用额度。

（3）融资费用较高。

第二节
福费廷结算方式业务操作

一、福费廷业务的当事人

（一）出口商

就是福费廷业务的卖主，将经进口商承兑的远期汇票或本票无追索权地售给银行等包买商，出口商可以提前取得现款，出口商把收取款项的责任和风险转嫁给了银行等包买商。

（二）进口商

就是福费廷业务的债务人，承担到期支付票据款项的主要责任。一般是缺乏外汇资金又急需大宗商品的企业。

（三）包买商

包买商(Forfaitor)专业从事福费廷业务的机构，通常为出口地银行或其附属机构，或大金融公司，或福费廷公司。

（四）担保人

通常是进口地银行，为进口商的按期支付提供担保。担保方式一般有两种：一种是保付签字，即担保银行在已承兑的汇票或本票上加注“Per Aval”字样，并签上担保银行的名字，从而构成担保银行不可撤销的保付责任；另一种是由担保银行出具单独的保函。

二、福费廷业务的运作模式

根据福费廷业务项下结算工具，福费廷业务的运作模式可以分为两种：一种是普通票据项下的福费廷业务；一种是信用证项下的福费廷业务。

（一）普通票据项下的福费廷业务

在此运作模式下，包买商直接对出口商提供的经进口商银行担保或者承兑的商业汇票或者本票进行贴现，对出口商无追索权地融资付款。担保行可通过出具单独的保函或直接在票据上保付签字，即加具“Per Aval”字样并加上保付行签字来承担对商业票据的担保责任，出口商将经保付行担保的票据交给所在地包买银行，经该行确认无误后，向出口商无追索权地付款。

（二）信用证项下的福费廷业务

此种运作模式是在信用证结算方式下进行的，实际上是信用证结算方式的一个环节。在出口商将单据交给包买商并提出叙做福费廷业务的申请后，包买商审单并寄给开证行，开证行在确认单单相符、单证一致的基础上，通过 SWIFT 系统向出口商出具承兑电文。包买商根据开证行的承兑电文向出口商无追索权地贴现付款，完成包买票据业务。

三、福费廷业务流程

从银行来看，国内大部分银行的福费廷业务操作流程如下：

（1）客户与银行签订福费廷业务合同。

（2）客户提交福费廷业务申请书。

（3）取得对债务人的授信额度或确定转卖后，与客户签署福费廷业务确认书。

（4）债权转让。客户在持有票据情况下，将票据背书给银行；在无法取得票据的情况下，签署债权转让书。

（5）贴现付款。银行取得信用证项下开证行/指定银行的承兑/承付通知，或其他符合银行要求的债权凭证后，扣除贴现息和有关费用后将款项净额支付给客户。

（6）出口贸易项下，为客户出具出口收汇核销专用联，供其办理出口收汇核销和退税。

案例 10-2

福费廷业务操作流程

案情：

我国机械设备制造企业A公司拟向中东某国B公司出口机械设备。该种设备的市场为买方市场，市场竞争激烈，A公司面临以下情况：(1) B公司资金紧张，但在其国内融资成本很高，希望A公司给予远期付款便利，期限1年。A公司正处于业务快速发展期，对资金需求较大，在各银行的授信额度已基本用满。(2) B公司规模不大，信用状况一般。虽然B公司同意采用信用证方式结算，但开证银行C银行规模较小，A公司对该银行了解甚少。(3) A公司预计人民币在一年内升值，如等一年后再收回货款，有可能面临较大汇率风险。A公司与中国银行联系，希望提供解决方案。

分析：

为满足A公司融资、规避风险、减少应收账款等多方面需求，中行设计了福费廷融资方案，A公司最终采用了中行方案，并在商业谈判中成功将融资成本计入商品价格。业务过程如下：(1) C银行开来见票360天远期承兑信用证。(2) A公司备货发运后，缮制单据交往中行。(3) 中行审单无误后寄单至C银行。(4) C银行发来承兑电，确任到期付款责任。(5) 中行占用C银行授信额度，为A公司进行无追索权贴现融资，并结汇入账。(6) 中行为A公司出具出口收汇核销专用联，A公司凭以办理出口收汇核销和退税手续。

启示：

通过福费廷业务，A公司不但用远期付款的条件赢得了客户，而且在无须占用其授信额度的情况下，获得无追索权融资，解决了资金紧张的难题，有效规避了买方信用风险、国家风险、汇率风险等各项远期收汇项下风险，同时获得提前退税，成功将应收账款转化为现金，优化了公司财务报表。

资料来源：中国银行网站，http：//www. boc. cn/cbservice/cb3/cb35/200806/t20080627_ 887. html。

（一）普通票据包买的业务流程

普通票据包买业务流程如图10-1所示。

普通票据包买业务流程如下：

① 进口商就进口货物向出口商发盘，提出长期延付要求；

② 出口商接洽包买商，递交福费廷业务申请书，寻求包买意向及包买价格；

③ 包买商根据交易风险评估结果以及当时市场利率情况提出参考性报价，并给出选择期长短，规定选择费的收取方法；

④ 出口商根据包买商的报价提出远期货物交易价格，继续与进口商谈判，就交易各方面细节内容达成一致意见后，接受报价，与包买商签订正式包买协议，包买商出具确认书或承担书，并由出口商签字接受后，对双方具有约束力；

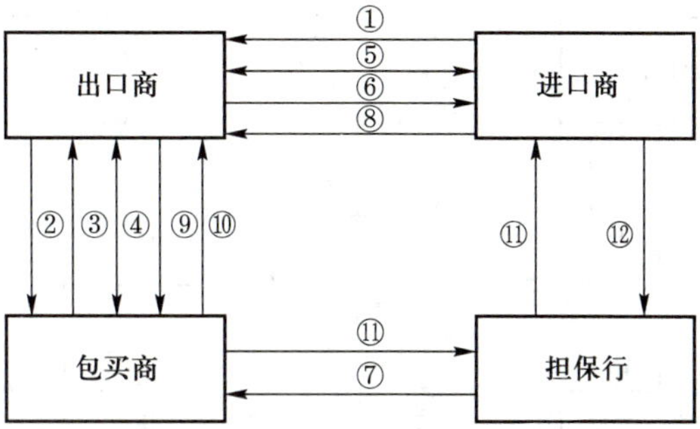

出口商　进口商　包买商　担保行

图 10-1　普通票据包买业务流程

⑤ 出口商与进口商签订贸易合同，明确规定使用福费廷融资；

⑥ 出口商按照合同要求发运货物，自行（O/A）或通过银行（托收）寄交单据给进口商；

⑦ 进口商收到单据后，按约定承兑出口商的汇票或签发本票，并从担保行获得对票据的担保；

⑧ 进口商将包买所需的单据自行（O/A）或通过银行（托收）寄送出口商；

⑨ 出口商对票据做无追索权背书后，连同规定的单据一并交给包买商贴现；

⑩ 包买商审核单据符合要求后，支付贴现净额给出口商；

⑪ 票据到期前，包买商向担保行提示汇票要求付款；

⑫ 票据到期日，担保行支付票款并获得进口商偿付，如果票据遭到拒付，包买商承担损失，对出口商无追索权。

（二）信用证下票据包买的业务流程

当前，福费廷业务的实务操作中，通过信用证来办理的福费廷业务占大多数，原因是信用证作为银行一种有条件支付工具，既可加强对信用证项下商务交易贸易背景的审核，又可使用各国普遍接受的、国际上通行的惯例对债权债务双方进行约束，较好地保证了福费廷融资商的权益，故一直在福费廷市场上占有主流地位。具体业务流程如图 10-2 所示（以远期信用证为例）。

图 10-2 的说明如下：① 包买询价。② 签订贸易合同。③ 申请开证。④ 开出信用证。⑤ 通知信用证。⑥ 发运货物。⑦ 签订包买协议。⑧ 提交证下单据。⑨ 寄单请求承兑。⑩ 承兑汇票通知。⑪ 承兑汇票通知。⑫ 提交包买单据。⑬ 无追索权贴现。⑭ 提示到期票据。⑮ 支付票据面值。⑯ 偿付证下付款。

（三）福费廷的二级市场转卖与风险参与

福费廷作为一种无追索权的融资产品，可在二级市场上开展多种形式的再交易。即除工商企业向福费廷融资商申请办理福费廷业务外，福费廷融资商之间还可就某一笔福费廷业务进行相互转卖或共担风险交易。

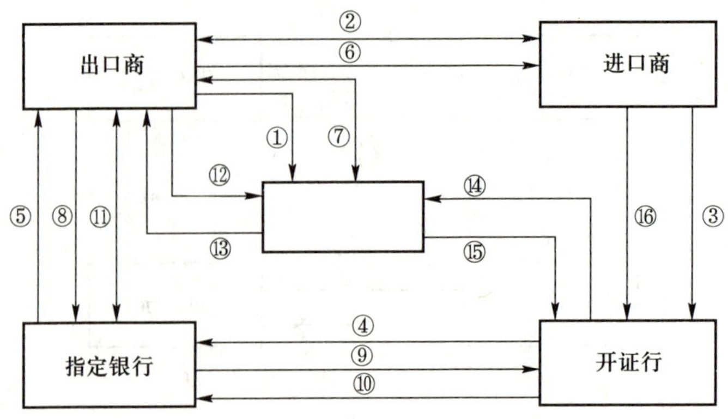

图 10-2 信用证下票据包买业务流程

福费廷业务二级市场通常包括公开转让(Open Assignment)和风险参与(Risk Paticipation)两种形式，其中风险参与又分为融资性风险参与与非融资性风险参与两种。

当前，福费廷融资商由于资金头寸流动性管理和资产风险管理的需要，形成了一个非常发达的福费廷业务二级市场，如欧洲的英国伦敦福费廷市场和亚洲的新加坡福费廷市场等。

1. 公开转让

公开转让指在福费廷二级市场上福费廷融资商之间通过款项让渡或背书的形式，将原办理福费廷业务的应收账款收款权无追索权地进行再次转让。这种形式易于在二级市场上自由转让，后手福费廷融资商可获得应收账款完全债权并成为善意持有人，但是转让前通常需要前手提供原办理福费廷业务的贸易背景文件，转让后通常还需要应付账款保付人对转让进行再次确认。业务流程如图 10-3 所示。

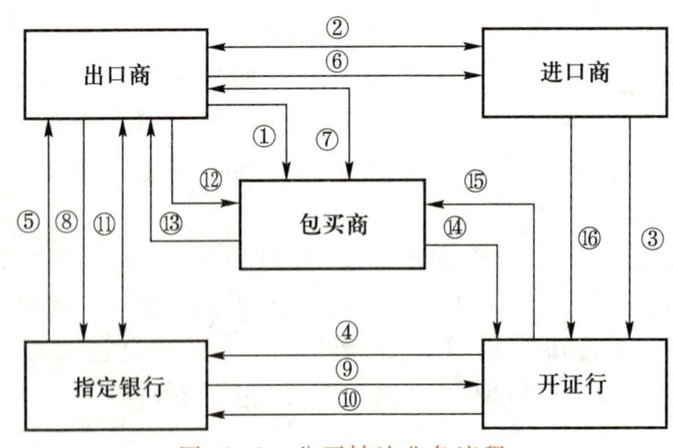

图 10-3 公开转让业务流程

(1) 福费廷融资商前手与后手之间协商确定某笔福费廷业务公开转让价格。

(2) 福费廷融资商后手向前手发出包含已商妥转让价格在内的转让协议书。

(3) 福费廷融资商前手签回协议书并提交款项让渡函和有关该笔福费廷业务的贸

易背景文件，如信用证及修改书、开证行承兑电、出口商有关债权转让文件、运输单据等复印件，同时向应收账款保付人发出款项让渡通知书并将复印件一并交给后手。

（4）应付账款保付人根据福费廷融资商前手（原债权人）的指示向后手发出款项让渡确认（如需）。

（5）福费廷融资商后手将用于购买让渡款项下的资金支付给前手。

（6）应付账款保付人到期将应付款项支付给福费廷融资商后手。

2. 风险参与

风险参与指福费廷融资商前手在获得后手书面确认风险参与意向及价格后，无追索权地买入工商企业提交的经保付人担保的应收账款并持有到期，同时与后手签订风险参与协议，向其支付风险承诺费，获得其承担全部或部分应收账款金额的风险参与承诺。根据福费廷融资商后手是否实际出资，风险参与可分为融资性风险参与和非融资性风险参与两种。其中，非融资性风险参与方式下，如果保付人到期未能按期付款，前手向后手索偿其承担的全部或部分风险限额。业务流程如图 10-4 所示。

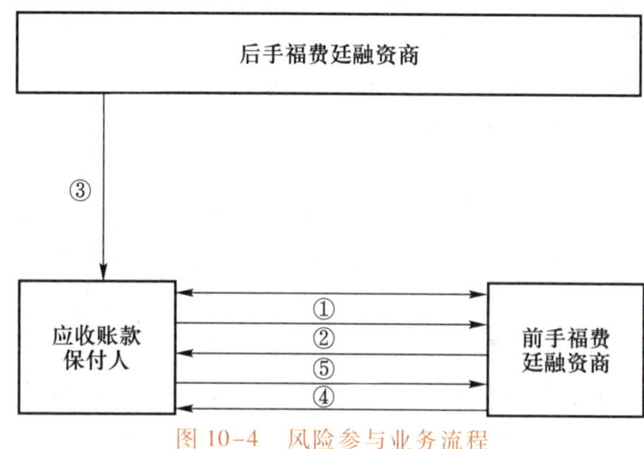

图 10-4　风险参与业务流程

（1）福费廷融资商前手与后手之间经协商达成某笔福费廷业务风险参与方式和价格。

（2）福费廷融资商前手向后手发出风险参与协议书。

（3）福费廷融资商后手签回协议书，对于融资性风险参与的则给付资金。同时通常情况下前手应将有关该笔福费廷业务贸易背景文件，如信用证及修改书、开证行承兑电、出口商有关债权转让文件、运输单据等复印件交给后手。

（4）保付人在应付款项到期时向福费廷融资商前手付款。

（5）对于非融资性风险参与的情况，则前手向后手支付风险参与承诺费；对于融资性风险参与的情况，则前手支付后手所承担的风险份额款。

（6）对于非融资性风险参与情况下，如应付账款保付人到期未将应付款项支付给福费廷融资商前手，则后手向前手支付所承担的风险份额款。

小知识 10-2

上海市银行同业间福费廷二级市场业务操作规范

《上海市银行同业间福费廷二级市场业务操作规范》于 2014 年 12 月 17 日全国首创正式发布。福费廷业务是一项与国际和国内贸易密切相关的贸易融资业务产品，受到全球各地区银行业金融机构的广泛认可和接受。福费廷业务在上海银行业贸易融资中的占比不容小觑，但银行在福费廷资产转入后出路便很窄。同业间福费廷二级市场业务的开展有利于银行盘活现有资产，合理配置资产负债，优化业务收入结构。为加强上海市银行同业间福费廷二级市场业务合作，促进上海地区福费廷业务健康发展，上海市银行同业公会多方征求意见，形成该规范。这是上海银行业主动自律、促进行业科学发展、提升行业竞争力的又一项有力举措。该规范发布前已由律师事务所出具法律意见并得到金融管理部门的认可。该规范实施名单制管理，以自愿参加和遵守本规范及其交易文本为前提，签署承诺函后，参与成员单位可自行开展业务，目前已有第一批 19 家银行签署了承诺函。依托示范文本，参与成员单位可直接开展业务交易，极大缩短买卖双方交易文本商谈时间，提高交易速度，减少时间和人力成本耗费，有效提升业务效率，降低业务成本。该规范强调依法合规交易，各参与成员单位需遵循"展业三原则"，按"反洗钱"、"反恐怖融资"、"反避税"三反要求开展业务，明确价格管理及会计核算，确定了客户与银行、转卖银行之间的收费科目；规范转让资产出表、进表的时点，进一步规范了市场操作，提升了二级市场业务的合规性和审慎性。该规范的发布将有力促进上海地区乃至全国同业间福费廷二级市场业务开展，同时推动国内福费廷业务的规则制定、修订和完善，为成员间业务合作提供便利。上海市银行同业公会将根据试行情况，不断完善该规范，并在时机成熟时向长三角地区推广。

第三节

福费廷结算方式在国际贸易中的运用

一、福费廷在国外的运用状况

一般认为，福费廷业务起源于 20 世纪 50 年代后期至 60 年代初期。当时西方各国的经济实力较二战结束初期多有恢复，出口竞争加剧，世界商品市场（尤其是资本货物市场)逐渐向买方市场转变。买方日益要求延长延期付款的信用期限，希望突破90~180天，而卖方自身却难以承受长达数年的信贷期限，希望得到银行融资的支持。在这种情况下，富有长期贸易融资经验的瑞士苏黎世银行协会便以美国向东欧国家出口谷物为背景，率先开办了以融资为目的的福费廷业务。

1965年瑞士的第一个福费廷公司——苏黎世的Fj-nanz AG开始营业，这标志着福费廷业务作为一种融资新产品正式走上国际金融舞台。此后该业务迅速扩展到欧洲其他国家，但瑞士在这方面仍然保持着领先地位，并一直被视为福费廷市场发展的中心。尽管福费廷业务起源于消费性物资商品交易，但其付款期限较长、金额较大等特点使它更适合于资本性物资的商品贸易。因此，福费廷业务的服务重点逐渐由消费性货物的进出口贸易转向资本性货物的进出口贸易。福费廷业务发展初期，西方工业国家对苏联、东欧以及发展中国家和地区出口资本货物，如成套设备等，不少就是通过福费廷业务进行的。

在欧美国家的贸易融资领域，福费廷业务始终是一项不可或缺的方式。近几年来，欧美国家银行之间在贸易融资业务上的激烈竞争已使得传统福费廷业务的利润空间越来越小，福费廷业务的发展趋势呈现明显的新特征：一是融资期限不再以中长期为主，趋向短期化，融资对象也由资本品向一般消费品拓展；二是由银行风险转向商业风险；三是包买商的风险控制机制更趋向多样化，这个新趋势正是在福费廷风险由银行风险向商业风险转化的情形下出现的；四是在较长期限贸易融资业务中不再单独使用，而是与其他融资工具相结合，对企业提供结构贸易融资；五是地理格局有所转变，外资银行和包买商开始密切关注中国的市场机会。

二、福费廷在我国的发展

自20世纪90年代初，中国银行一些海外分行就陆续开办了福费廷业务，到2001年，国内商业银行基本都开展了福费廷业务，主要有直接买断和间接买断两种方式。随着业务经验的不断积累和客户基础的不断扩大，我国商业银行(包括中国境内的外资银行)的福费廷业务取得了比较快的发展，2004年福费廷业务的交易额有几十亿美元。国际福费廷协会(IFA)非常看好我国未来的福费廷业务市场，正积极帮助我国银行规范和推动福费廷业务。2005年6月8日，国际福费廷协会东北亚地区委员会在北京正式成立，这标志着我国商业银行的福费廷业务进入了一个新的发展时期。中国市场逐渐成为国际福费廷业务最具潜力的市场之一，中资及外资金融机构正在大力拓展福费廷这一高收益率的贸易融资业务品种，且随着出口商风险规避和优化财务报表意识不断提高，福费廷业务在中国仍有着广阔的发展前景。

凭借在国际结算及贸易融资领域的领先地位，中国银行于2003年6月成为IFA会员，并于2005年筹建了IFA东北亚地区委员会，中国银行的代表担任了IFA非执行董事及东北亚地区委员会主席。该委员会将进一步致力于加强中国福费廷业界的合作与交流，推进IFA规则在成员行之间的运用，引进IFA的有关培训课程，吸引更多的银行加入 IFA，携手开拓和培育一个活跃、规范、专业和高效的福费廷市场。

出口商风险规避和优化财务报表意识不断提高，福费廷业务在中国仍有着广阔的发展前景。

我国福费廷业务的开展是在改革开放以后，起步较晚。20 世纪 90 年代中期，我国在外资银行对中资银行从业人员的培训中开始引进福费廷业务。1994 年我国成立了专门支持机电产品出口的政策性银行——中国进出口银行，自此中国的银行才开始开展福费廷业务。中国银行国内分行自 2001 年正式推出福费廷业务，推出后立刻受到出口企业的欢迎。近几年我国出口企业对福费廷业务的需求不断增多，这项业务一方面满足了银行客户的需求，便于我国对外贸易的开展；另一方面也丰富了我国银行贸易融资品种，增强了市场竞争力，带来了经济效益。最新的《中国银行业公司业务创新与营销专题研究报告》显示，目前我国商业银行福费廷业务开展较好的有中国进出口银行、中国银行、中国工商银行、中国建设银行、中国农业银行、交通银行、光大银行、中信银行、广东发展银行 9 家。

三、加快我国福费廷业务发展的对策

我国应积极拓展福费廷业务，使其成为重要的贸易融资方式，促进我国外贸企业和商业银行的蓬勃发展，提高企业和银行的国际竞争力，达到双赢的效果。

（一）积极开展福费廷营销

针对出口企业对福费廷业务认识不足的现状，商业银行应加大宣传，适时向企业介绍福费廷业务，让他们了解福费廷灵活方便的付款方式可有效提高资金良性循环使用、增强企业的市场竞争力等特点。商业银行应走访目标客户，并做好同业相关业务开展情况的市场调研，积极开展福费廷营销活动。

（二）加大专业人才的培养

对银行而言，福费廷业务实质上是一项综合性国际金融业务，它要求从业人员既精通外语和国际银行业务，又熟知国际商业法律、法规的惯例。因此，要拓展福费廷业务，专业人才的培养是关键。

（三）建立完善的票据市场

要使福费廷业务中买进的贴现票据能够及时流通转让，应逐步建立完善的二级市场，同时对大型成套设备的出口可考虑福费廷业务与 BOT（build-operate-transfer，建设—经营—转让）相结合的复合投资、融资方式。这样既带动了出口，又鼓励了对外直接投资，对出口企业占领海外市场、增加海外投资起到了积极的促进作用。

（四）构建相应的风险预警机制

商业银行应建立专门的市场调研部门，加强对各国政治经济形势的信息收集和研究，增强对外国客户和国外银行的了解，建立完善的信用评估体系。这样才能对客户的询价做出积极的反应，对业务的风险状况做出准确的评价。

（五）选择适合自身发展的福费廷买断方式

为有效防范风险，同时保障丰厚的利润，各银行在办理福费廷业务时，应选择适合自身发展的方式。

1. 中介型福费廷

针对我国商业银行在福费廷市场运作和风险防控方面欠缺经验的情况，可采用向出口商买断应收账款，再转卖包买银行，从中赚取差价的方式实现盈利。

2. 国内银行自行买断应收账款

为扩大收益，国内银行可在进一步完善代理行授信管理、有效防范风险的基础上，积极拓展一级市场福费廷业务。在国内商业银行核定的担保行授信额度范围内，各银行可自行买入出口单据，待单据到期时向担保行索汇。

3. 福费廷辛迪加

为分散风险，同时获取丰厚的利润，可同几家银行联合组成辛迪加，共同对某笔大额业务提供福费廷融资，类似辛迪加贷款。同时，与有经验的外资银行合作福费廷业务辛迪加也是我国商业银行大力发展此项业务的可鉴之举。

（六）健全相关的金融法律法规

福费廷业务在欧美国家已有 50 多年的发展历史，我国应借鉴其立法，制定出适合我国国情并符合国际惯例的业务管理规范和操作规程，依法开展、规范运作福费廷业务，并保障业务相关当事人的合法权益。

第四节

福费廷结算方式与其他结算方式的比较

一、福费廷与国际保理的比较

保理业务是近年来发展较快的固定利率融资业务，通常仅提供 180 天以内的短期贸易融资。保理与福费廷适用于不同领域和期限的业务。保理业务适用于托收项下短期贸易融资，而福费廷适用于信用证或银行担保项下的中长期贸易融资。另外，保理业务中出口商最多只能得到发票金额80%的融资，而且还要承担有关汇价和迟付方面的残留风险，而在福费廷业务中，出口商可按票面金额获得融资，而且不承担任何风险，原因在于出口商是以无追索权的形式将远期票据出售给银行。出口商能否取得福费廷融资取决于国外承兑或担保银行的信用。出口商能否获得国际保理融资取决于进口商的信用。

（一）信用基础不同

国际保理业务是在赊销（O/A）或承兑交单托收（D/A）的结算方式背景下产生，赊销或承兑交单均属于商业信用，所以国际保理业务是基于商业信用。福费廷业务依托的结算方式包括L/C、银行保函、经银行保付或担保的汇票和本票，它是基于银行信用。福费廷业务的主要载体为各种票据，这就成功地将复杂的金融问题转换成票据问题。而票据具有无因性、文义性、强制性等优势特点。

（二）融资期限及业务背景不同

国际保理业务主要针对非资本性的生产物资、消费品等小额的贸易，所以往往其应收账款期限比较短。中国银监会的监测报告显示，我国出口商品以纺织品、鞋类、电子产品为主，出口商分期分批交货，收款期一般在90～120天，都在国际保理的常规融资期限以内。因此，国际保理业务特别适用于我国外贸业务。福费廷业务主要针对金额比较大、资本性商品（如大型机械设备）的贸易，其应收账款期限均在半年以上，有的甚至长达数年。

（三）有无追索权不同

国际保理业务存在有无追索权的分别，即使在无追索权的国际保理中，保理商也可以因为商务合同纠纷造成的拒付而向出口商行使追索权。从定义可以看到，福费廷业务是以无追索权方式办理贴现的业务，所以包买商不得对出口商行使追索权，除非贴现的票据存在虚假或欺诈。

（四）业务范围不同

国际保理业务范围更广，福费廷业务相对单一。根据国家外汇管理局《关于出口保付代理业务项下收汇核销管理有关问题的通知》中的相关定义可以看出，国际保理业务为出口企业提供应收账款管理与信用风险控制、收款服务与坏账担保以及贸易融资等至少两项的综合性结算、融资服务的业务。而福费廷的业务范围只是无追索权票据贴现，为出口商提供贴现融资，不涉及其他业务范围。

（五）业务费用不同

国际保理业务中，出口商向保理商支付保理费、融资费、单据处理费等。福费廷业务中，出口商向包买商支付票据贴现利息。

二、福费廷与传统结算方式的比较

（一）与国际商业贷款相比

银行对中期贸易融资一般仅提供浮动利率的商业贷款。因为，国际资本市场上利率变化反复无常，加上国际贸易品种、方式的多样化，相互之间的影响作用不断加大，往往一种货币的利率变化会引起国际金融市场上其他货币利率的连锁反应。如果银行同意对个别借款人提供固定利率贷款，那么利差也会很高，以避免或减少利率上浮给银行造成的损失。

在商业贷款当中，银行贷款利差的高低主要是根据借款人的资信情况好坏、贷款金额大小、期限长短以及担保或抵押等情况来确定。福费廷业务最主要的一个特点就是可以提供固定利率的中期贸易融资，满足客户控制利率风险、确定融资成本的需要。

（二）与出口信贷相比

出口信贷是政府为鼓励本国资本性货物的出口而提供的一种带有利息补贴性质的信贷融资。这种融资方式对出口商来讲最有吸引力，但所需条件也很严格。而且，在出口信贷项下，一般还要求出口商投保出口信用险，并要求银行提供还款担保或出口商提供财产抵押。这样一来，不仅手续烦琐，而且增加了费用开支。况且尽管出口商投保了出口信用险，但保险公司一般只承保应收账款的90%左右，而且通常是在应收账款变为呆账后6个月才予以赔付，若通过法律程序索债，赔付期可能会更长。而出口商欠银行的贷款却必须到期归还，不能延续。因此出口商还要承担一定的收汇风险。

在福费廷业务中，银行买断了出口商的远期票据，这就使出口商避免了所有收汇风险、商业风险和政治风险。

福费廷业务与其他贸易融资方式的比较如表10-1所示。

表10-1　各种融资方式比较

内容＼种类	国际商贷	出口信贷		国际保理	福费廷
		卖方信贷	买方信贷		
融资对象	进口商/出口商	出口商	进口商	出口商	出口商
融资范围	项目融资	机电产品、成套设备		消费品、一般品	一般贸易
融资比例	注册资本以外资金缺口	85%合同金额		80%发票金额	100%票面金额
利率	商业利率（浮动）	政府补贴（固定）		商业利率（固定）	商业利率（固定）

续表

种类 内容	国际商贷	出口信贷		国际保理	福费廷
		卖方信贷	买方信贷		
期限	不限	中长期一年以上		短期 180 天以内	中长期 180 天以上
风险	还本付息	还本付息		视具体情况而定	无追索权
文件条件	复杂多样	复杂多样		简便	简便
债券凭证				托收单据	汇票/本票保函
出口商品国内制造部分		一般机电产品 75% 以上，船舶 50% 以上			
担保/抵押	银行担保/物业	银行担保/财产抵押			
投保信用险		一般需要			

资料来源：梁琦．国际结算[M].2 版．北京：高等教育出版社，2009：325。

本章小结

1. 福费廷又称为包买票据或票据买断，是商业银行等包买商(Forfaitor)(专业从事福费廷业务的机构)为国际贸易提供的一种融资方式。它是指银行等包买商从出口商那里无追索权地购买由银行承兑/承付或保付的远期汇票，而向出口商提供融资的业务。

2. 福费廷业务的当事人主要有出口商、进口商、包买商和担保人。

3. 根据福费廷业务项下结算工具的不同，福费廷业务的运作模式可以分为两种：一种是普通票据项下的福费廷业务；一种是信用证项下的福费廷业务。

4. 福费廷作为一种无追索权的融资产品，可在二级市场上开展多种形式的再交易，包括公开转让(open assignment)和风险参与(risk paticipation)两种形式，其中风险参与又分为融资性风险参与与非融资性风险参与两种。福费廷与其他融资方式存在异同。

关键术语

福费廷　　承担费　　宽限费　　公开转让　　风险参与

复习思考题

1. 简述福费廷业务的产生背景与发展现状。

2. 普通票据包买的基本流程包括哪些环节?
3. 如何做信用证下的票据包买业务?
4. 福费廷与国际保理的异同体现在哪些方面?
5. 福费廷与一般贴现业务有哪些区别?

■ 延伸阅读

1. 查忠民,金塞波. 福费廷实务操作与风险管理[M]. 北京:法律出版社,2005.

2. Ward. The Legal Context of Forfaiting Trade Finance. Business Law Review, 1991: 47.

■ 本章参考文献

1. 贺瑛. 国际结算[M]. 上海:复旦大学出版社,2005.
2. 蔡慧娟. 国际结算[M]. 北京:清华大学出版社,2010.
3. 刘铁敏. 国际结算[M]. 北京:清华大学出版社,2010.
4. 梁琦. 国际结算[M].2版. 北京:高等教育出版社,2009.
5. 周红军. 福费廷[M]. 北京:中国海关出版社,2008.

第十一章

支付方式的选择与综合运用

本章导言

通过本章的学习，学生应掌握支付方式选择的原则，熟悉各种支付方式的利弊所在，了解如何合理搭配不同支付方式以及支付方式与融资方式、担保方式的结合。

本章电子教案

（请扫描二维码）

本章知识结构图

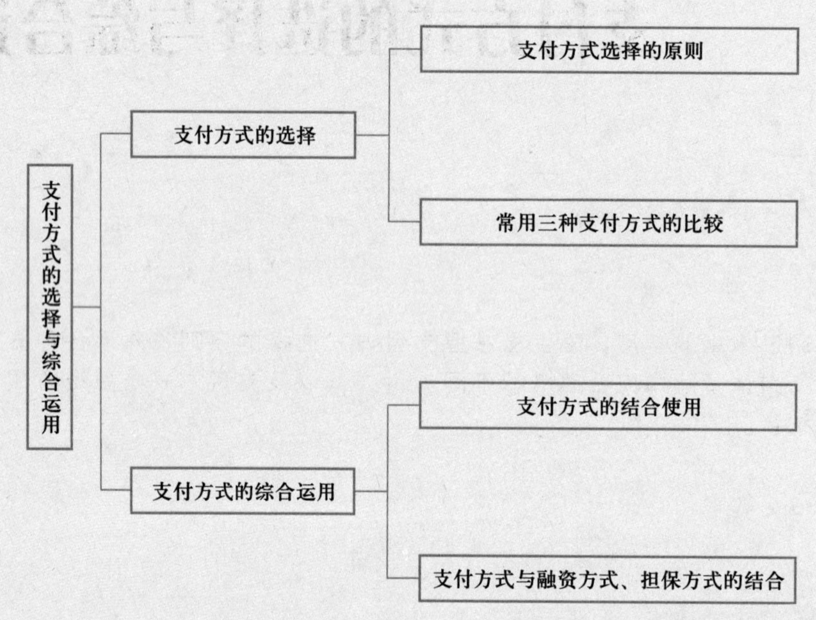

支付方式的选择与综合运用
支付方式的选择
支付方式选择的原则
常用三种支付方式的比较
支付方式的综合运用
支付方式的结合使用
支付方式与融资方式、担保方式的结合

一、支付方式选择的原则

支付方式也即结算方式，是国际贸易结算的核心所在，也是贸易谈判的重点之一。支付方式的选择直接关系到国际贸易中交易双方的风险偏向和资金负担，影响交易双方的利益。因此，交易双方在磋商交易时应尽可能争取对己方有利的支付方式。一般来说，支付方式在具体选择过程中应遵循如下原则：

（一）根据交易对手资信状况选择支付方式

交易对手的资信状况对交易的顺利进行起着关键性的作用。在交易双方正式签订合同之前，都需要对对方的资信状况进行调查，这直接影响出口商能否安全、及时收款，进口商能否安全、及时收货。当对交易对手信用不了解或认为其信用不佳时，尽量选择风险较小的支付方式，如信用证结算方式，或多种方式结合使用，如汇款方式加上保函方式等。而当对方信用良好，交易风险很小时，则可选择对交易双方都有利的手续简便、费用少的方式，如汇款方式。

（二）根据货物的销路情况选择支付方式

若出口商所销货物是畅销商品，则其在贸易谈判中处于优势地位，不仅可以以较高的价格达成交易，而且可以选择有利的支付方式，比如预付货款方式。而在商品滞销时，为了吸引进口商，出口商在支付方式的选择上就比较被动，进口商可能要求货到付款方式或托收方式。

（三）根据贸易条件的种类选择支付方式

贸易条件在国际贸易中往往通过贸易术语体现出来，贸易术语明确了进出口双方在货物交接方面各自应承担的责任、费用和风险，说明了商品的价格构成。因此，不同的贸易条件也会直接影响支付方式的选择。比如跟单托收和跟单信用证结算方式一般适用推定交货(Constructive Delivery)条件下的交易，如 CIF 和 CFR 等贸易术语。此时卖方或银行可通过单据控制货权，从而控制进口商付款。而在实际交货(Physical Delivery)条件下，如 EXW、DAF 和 DDP 等贸易术语下，是不宜采用跟单托收和跟单信用证结算方式的。因为在这类交易中卖方向买方直接交货，卖方或银行不能通过控制单据而控制货权。在 FOB 和 FRC 等贸易术语下，虽然买方也是凭单付款，但由于买方安排运输，货物装在买方指定的船上，也是不宜使用托收方式的。

（四）根据运输单据的性质选择支付方式

国际贸易中货物的运输方式多种多样，由此产生了各种不同性质的运输单据。货物海运时，出口商发出货物后，可以取得物权凭证——海运提单。通过控制海运提单，出口商可以控制货物，因此可以采用跟单托收方式。但货物在空运、铁路运输或邮寄时，出口商得到的运输单据非物权凭证，不能控制货物，因此不宜采用跟单托收。

此外，在选择支付方式时，双方还应考虑销售国家或地区的商业习惯、商品竞争情况、交易数额大小及卖方在销售点是否设有代表机构等因素，以减少风险。

二、常用三种支付方式的比较

汇款、跟单托收和跟单信用证支付方式是在国际贸易中最为传统、使用最广的结算方式。下面对三种传统的结算方式以表格的形式加以比较，如表 11-1 所示。

表 11-1　汇款、跟单托收和跟单信用证支付方式比较

<table>
<tr><th colspan="2">特点
方式</th><th>卖方风险</th><th>买方风险</th><th>银行风险</th><th>手续</th><th>费用</th><th>资金负担</th></tr>
<tr><td rowspan="2">汇款</td><td>预付货款</td><td>最小</td><td>最大</td><td>没有</td><td rowspan="2">简便</td><td rowspan="2">低廉</td><td>买方负担重</td></tr>
<tr><td>货到付款</td><td>最大</td><td>最小</td><td>没有</td><td>卖方负担重</td></tr>
<tr><td rowspan="2">跟单托收</td><td>付款交单</td><td>较大</td><td>较小</td><td>没有</td><td rowspan="2">较繁</td><td rowspan="2">较高</td><td rowspan="2">卖方负担重</td></tr>
<tr><td>承兑交单</td><td>极大</td><td>极小</td><td>没有</td></tr>
<tr><td colspan="2">跟单信用证</td><td>较小</td><td>较小</td><td>有</td><td>最繁</td><td>最高</td><td>平衡，双方融资便利</td></tr>
</table>

除此之外，交易双方还可以根据需要选择使用银行保函、保理和福费廷等担保或融资方式。

第二节

支付方式的综合运用

在国际贸易中支付方式的选择是非常重要的，它不仅关系到交易各方的利益，也关系到交易的成功与否。支付方式的综合运用有两种情形：一是支付方式的结合使用，即不同支付方式的搭配；二是支付方式与融资方式、担保方式的结合。

一、支付方式的结合使用

（一）信用证与汇款的结合使用

信用证与汇款的结合使用是指一部分货款用信用证方式结算，另一部分用汇款方式支付。汇款部分若在货物发运前支付，通常用作定金或部分预付款；若在货物发运后支付，通常用在某些数量不易控制，而且容许有较大幅度上下的商品。后者在实践中的操作如下：在货物发运前先开立信用证，规定凭装运单据支付若干金额；待装运完毕核算装运数量或货物到达目的地经检验后，余款用汇款方式支付。信用证和汇款相结合方式如下：

Payment by irrevocable letter of credit to reach the seller 30 days before the latest date of shipment stipulating that the 70% of the invoice value available against documentary draft, while the remaining 30% be remitted in favor of the seller by telegraphic transfer within 15 days after the date of contract. If the buyer fails to pay the full invoice value, the shipping documents shall be held by the issuing bank at the seller's disposal.

案例 11–1

支付方式的选用

案情：

甲国的 A 公司出口农产品给乙国的 B 公司。双方商定用信用证方式结算。由于商品的数量不易控制，B 公司在申请开证时，难以确定金额。请分析在这种情况下，可以怎样结合不同的支付方式，既可以保证收汇，又有数量和金额变化的灵活性。

分析：

本案可以采用信用证与汇款相结合的方式，即主体货款用跟单信用证方式，余款用汇款方式在货物发运后支付。在货物发运前，B 公司向银行申请开立信用证，规定凭装运单据支付若干金额；待货物装运完毕核算装运数量，或货物到达目的地经检验后，B公司将余款用汇款方式支付。

启示：

本案中主体货款用信用证方式支付，出口商A公司在货物发运前收到了银行开来的信用证，可以保证收汇的安全。余款用汇款方式，在货物到达进口国后支付，又考虑到了数量和金额变化的灵活性。通过不同支付方式的结合，满足了本案中交易双方的需要。

（二）信用证与托收的结合使用

信用证与托收的结合使用是指交易金额的一部分采用信用证方式结算，余款采用托收结算方式。通常信用证规定受益人(出口商)开立两张汇票，一张用于信用证结算而另一张用于托收结算。属于信用证部分货款，凭光票付款。而全套货运单据则附在托收部分汇票项下，按即期或远期付款托收。信用证和托收相结合的方式对进口商来说，可减少开证金额，从而少付开证押金，少垫资金。对出口商来说，因有部分信用证的保证，且信用证规定货运单据跟随托收汇票，开证银行(也即代收行)只有待全部货款付清后，才能向进口商交单，所以收汇比较安全。在实践中为了防止开证银行未收妥全部货款前，即将货运单据交给进口商，出口商可要求信用证必须注明“在全部付清发票金额后方可交单”的条款。在出口合同中，也应规定相应的支付条款，以明确进口商的责任。信用证与托收相结合的支付方式如下：

Payment by irrevocable letter of credit to reach the seller 30 days before the latest date of shipment stipulating that the 50% of the invoice value available against clean draft, while the remaining 50% against the draft on D/P sight basis; The full set of shipping documents shall accompany the collection draft and, shall only be released after full payment of the invoice value. If the buyer fails to pay the full invoice value, the shipping documents shall be held by the issuing bank at the seller's disposal.

出口商银行在处理这种业务时，可在致开证行的索偿书上注明如下：

Please collect from the applicant on D/P sight basis for USD 10 000. 00, being 50% of invoice value, and credit the same to our/our H. O, Beijing account under airmail/cable advice to us quoting our BP. NO. 78641.

（三）托收与汇款的结合使用

托收是出口商备货发运后委托银行收款的方式，总体而言对进口商较为有利；而汇款中的预付货款是进口商在出口商发货前预先支付一定款项的方式，对出口商较为有利。这两种方式的结合使用，可以使进出口商的利弊悬殊缩小或接近。在国际贸易实务中出口商为了收汇更有保障或加速资金周转，在采取托收方式收款的同时，要求进口商在货物发运前通过汇款方式预付一定金额的定金(Down Payment)作为保证，或一定比例的货款。该部分款项可以在货物发运后出口商托收货款中扣除；如托收金额被拒付，出口商可将货物运回，该预付的款项则可以抵偿运费和利息等损失。关于定金或预付货款规定多少，可视客户的不同资信和不同商品的具体情况确定。托收与汇款结合方式如下：

Shipment to be made subject to an advanced payment (or down payment) amounting USD 10 000.00 to be remitted in favor of the seller by telegraphic transfer (or mail transfer) with indication of S/C No. NK1345, and the remaining part on collection basis, documents will be released against payment at sight。

案例 11-2

汇款 VS 托收

案情：

2013 年 12 月，甲国 A 公司和乙国 B 公司洽谈合同，由 A 公司出售机电设备给 B 公司。合同其他细节双方都达成了一致，但是在支付方式的选择上双方意见不同。A 公司为了收汇安全，希望 B 公司预付货款；而 B 公司为了保证能收到货物，希望采用托收的结算方式。双方需要寻找一种较平衡的结算方式。考虑到信用证结算费用较高，它们不打算使用信用证结算方式。

请问在这种情况下，应该如何综合运用不同的支付方式同时满足两家公司的要求？

分析：

本案可以采用托收与汇款相结合的结算方式。A 公司为了收汇更有保障和加速资金周转，可以要求进口商 B 公司在货物发运前，使用汇款方式，预付一定金额的定金作为保证，或预付一定比例的货款；在货物发运后，由出口商 A 公司委托银行办理跟单托收，收取剩余款项。如托收金额被拒付，出口商可将货物运回，以预收的定金或货款抵偿运费和利息等一切损失。关于定金或预付货款规定多少，可视不同客户的资信和不同商品的具体情况确定。

启示：

托收方式是一种对进口商较有利的结算方式，预付货款方式是一种对出口商较有利的结算方式。两种方式的结合，往往可以平衡进出口商的利益和风险。

二、支付方式与融资方式、担保方式的结合

（一）信用证与保函的结合使用

在成套设备或工程承包交易中，除了支付货款外，还要有预付定金或保留金的收取。在这样的交易下，一般货款可用信用证方式支付，保留金的支付及出口商违约时预付定金的归还可以使用保函解决。

（二）汇款与保函的结合使用

在汇款方式中，付款时间和交货时间的不一致，往往使得出口商或进口商单方面承担较大的风险或资金负担。在实践中，如果采用预付货款方式，进口商可以要求出口商提供银行出具的履约保函，防止出口商不交货或货物不合格的风险；如果采用货到付款方式，出口商可以要求进口商提供银行出具的付款保函，防止进口商不付款的风险。

（三）托收与保函的结合使用

在托收方式下，出口商先把货物装船发运后再提交单据委托银行收款。为了收款安全，出口商可以要求进口商提供保证付款的银行保函。如果进口商在收到单据后没有在规定的时间内付款，出口商有权向开立保函的银行索取出口货款。

（四）承兑交单或赊销与保理的结合使用

在一些特殊的市场环境下，如出口商产品处于买方市场，或者产品刚进入某一市场，而这一市场又有众多客户时，为使自己的商品能很快有销路，出口商可以选择托收承兑交单（D/A）或赊销（O/A）支付方式，给进口商以支付方式上的好处。同时，为了解决资金周转的问题，出口商可以向银行或保理公司申请保理服务，获得坏账担保和资金融通等服务。

承兑交单或赊销与保理的结合使用，使出口商既可以扩大业务、提高经济效益，又可以在一定程度上控制业务风险和解决资金周转问题。

小知识 11-1

出口信用保险

出口信用保险是各国政府为提高本国产品的国际竞争力，推动本国的出口贸易，保证出口商的收汇安全和银行的信贷安全，为企业在出口贸易、对外投资和对外工程承包等经济活动中提供风险保障的一项政策性支持措施。

出口信用保险承保的对象是出口企业的应收账款，承保的风险主要是国外进口商的信用风险和进口商所在国的国家风险。其中，信用风险主要包括进口商因破产而无力支付债务、进口商拖欠货款、进口商因自身原因而拒绝收货及付款等情形；而国家风险则主要包括因进口商所在国禁止或限制汇兑、实施进口管制、撤销进口许可证、发生战争或暴乱等无法控制的情形，导致进口商无法支付货款等风险。

对于贸易企业来说，投保出口信用风险可在一定程度上规避无法预计、难以计量的国家风险，借助专业的信用保险机构获得单个企业无法实现的风险识别和判断能力，并获得改进内部风险管理流程的协助。

此外，随着出口信用保险机构和商业银行之间合作的不断深入，投保出口信用保险的企业在规避风险的同时，可获得商业银行提供的融资便利，因此出口信用保险在保障企业经营稳定性的基础上，还可帮助企业运用更加灵活的贸易手段参与国际竞争，不断开拓新客户和占领新市场。

资料来源：陈四清．贸易金融．北京：中信出版社，2014：160。

各种支付方式各有其特点，进口商和出口商的风险偏向和资金负担也各不相同。在实际业务中应该根据市场背景、产品特点和交易双方关系等情况选择和综合使用支付方式，使各种支付方式充分地发挥其功能，并在一定程度上平衡进出口双方的利益。

案例 11-3

基于打开市场减少风险的支付方式选择

案情：

中国A公司生产纺织品并出口到一些国家，最近该公司试图打开B国的市场。在B国，纺织品市场的竞争比较激烈。A公司与正在商谈中的C公司是第一次交易。A公司应该如何选择支付方式，才能既有利于打开市场，又能减少收汇风险？

分析：

在国际贸易中，当事人应根据交易对手的资信情况、货物的销路情况、贸易条件的种类和运输单据的性质等选择支付方式。其中，交易对手的资信情况对交易的顺利进行起着关键性的作用。出口商要想安全地收款，进口商要想安全地收货，都必须调查对方的信用。本案中A公司与C公司第一次交易，对C公司的资信了解并不充分，为了收汇的安全应该选择跟单信用证或者预付货款支付方式。但是A公司刚进入B国市场，而这一市场又竞争激烈，为使自己的商品能很快有销路，A公司需要提供对进口商比较有吸引力的支付方式。本案中，A公司可以选择承兑交单托收(D/A)或赊销方式(O/A)吸引进口商，同时申请保理服务，保障自身收款的安全，需要时还可以获得资金融通。

启示：

支付方式的选择是一个综合各方面情况后买卖双方博弈的结果，要根据实际业务的情况，综合地使用支付方式，这样才能使各种支付方式充分地发挥其功能。对出口商来说，既要发展业务，争取市场，又要保证收汇安全。在本案的买方市场下，出口商为了达成交易可以在支付方式上做出一定让步，同时通过保理服务来解决进口商资信问题带来的风险和相应的资金融通问题。

■ 本章小结

1. 支付方式是国际贸易结算的核心所在，也是贸易谈判的重点之一。支付方式的选择不仅关系到交易各方的利益，也关系到交易的成功与否。在具体选择过程中，应根据交易对手的资信情况、货物的销路情况、贸易条件的种类和运输单据的性质等选择支付方式。

2. 在国际贸易中支付方式的综合运用有两种情形：一是支付方式的结合使用，即不同支付方式的搭配；二是支付方式与融资方式、担保方式的结合使用。前者有信用证与汇款的结合使用、信用证与托收的结合使用、托收和汇款的结合使用等；后者有信用证与保函的结合使用、汇款与保函的结合使用、托收与保函的结合使用以及承兑交单或赊销与保理的结合使用等。

■ 关键术语

支付方式　　汇款　　托收　　信用证　　保函　　保理

■ 复习思考题

1. 试述支付方式选择的原则。

2. 按照出口商承担的风险由小到大的顺序，将跟单信用证、预付货款、货到付款和跟单托收进行排列并说明理由。

3. 简述支付方式综合运用的两种情形。

4. 将你所学过的国际结算支付方式进行比较，谈谈在国际贸易中支付方式的选择与综合运用的问题。

■ 延伸阅读

1. 赵越．国际结算中常用支付方式的比较与选择．[J]．山西财经大学学报，2013(8).

2. 陈四清．贸易金融．[M]．北京：中信出版社，2014.

■ 本章参考文献

1. 贺瑛．国际结算．[M]．上海：复旦大学出版社，2005：第十一章．

2. 贺瑛．国际结算习题与案例．[M]．上海：复旦大学出版社，2008：第十一章．

3. 庄乐梅，李菁．国际结算实务精讲．[M]．北京：中国海关出版社，2013.

4. 林俐，马元．国际结算．[M]．上海：立信会计出版社，2010.

第十二章

国际结算单据

本章导言

通过本章的学习，学生应熟知单据的作用，了解单据缮制的一般要求，知晓并能正确使用不同种类的单据，重点掌握提单、保险单及发票等重要单据，掌握单据审核的原则并能熟练运用这些原则审核单据。

本章电子教案

（请扫描二维码）

本章知识结构图

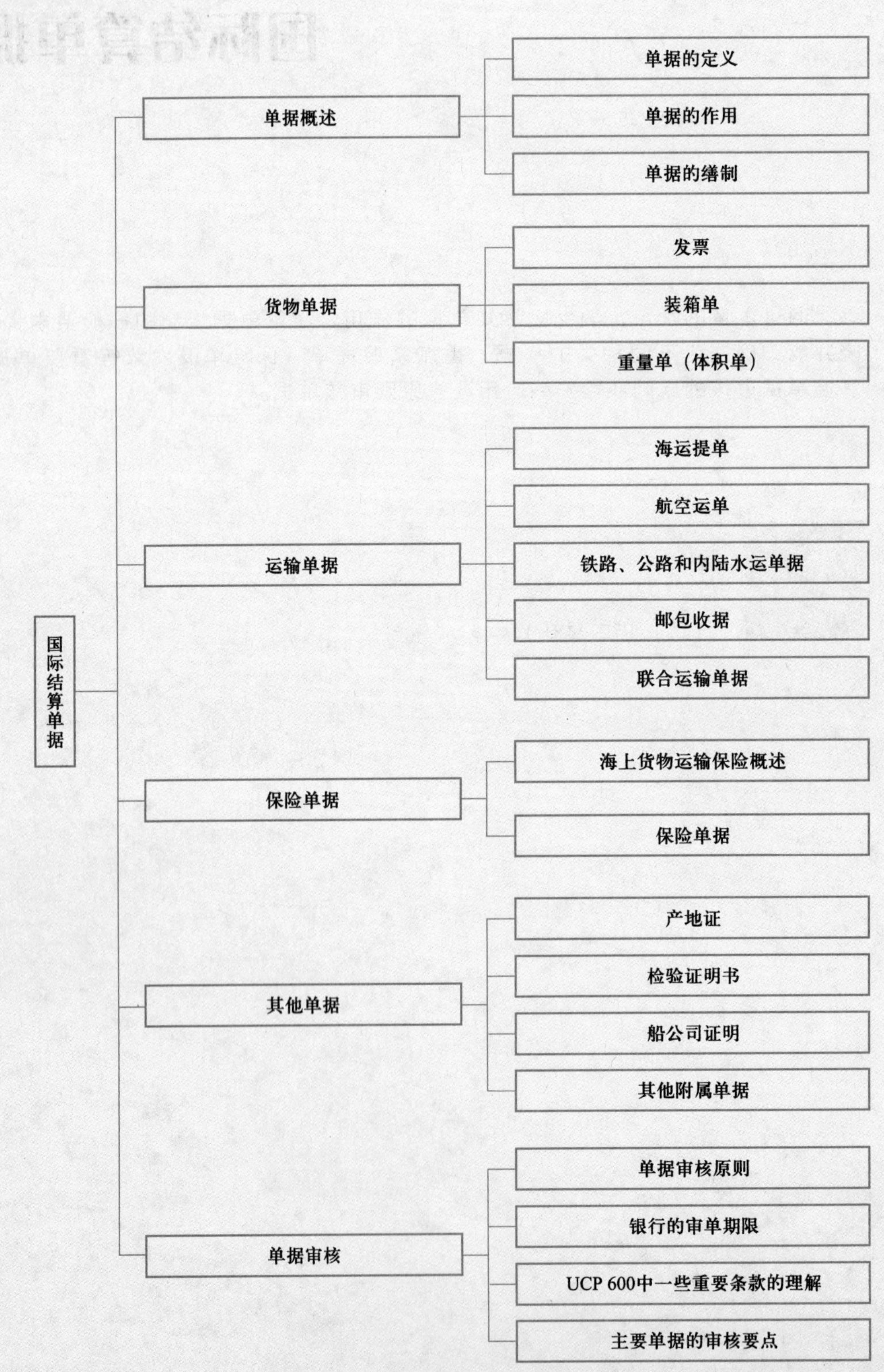
国际结算单据
单据概述
单据的定义
单据的作用
单据的缮制
货物单据
发票
装箱单
重量单（体积单）
运输单据
海运提单
航空运单
铁路、公路和内陆水运单据
邮包收据
联合运输单据
保险单据
海上货物运输保险概述
保险单据
其他单据
产地证
检验证明书
船公司证明
其他附属单据
单据审核
单据审核原则
银行的审单期限
UCP 600中一些重要条款的理解
主要单据的审核要点

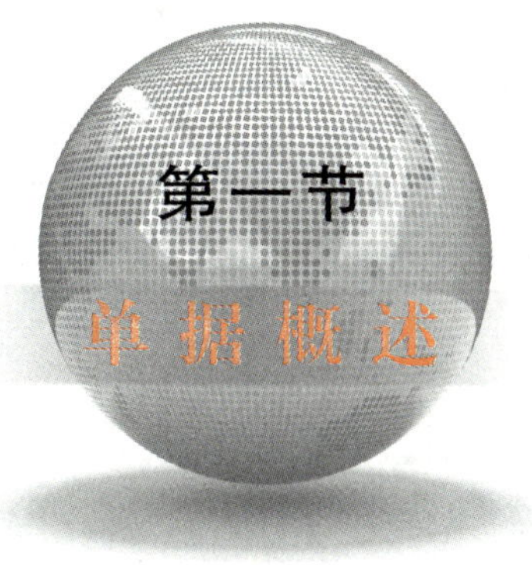

一、单据的定义

单据(documents)是贸易过程中的一系列票据、证书或证明文件的统称。通常意义上的单据指的是贸易单据，是国际贸易过程中凭以证明货物品质、规格、重量、装运和保险等众多情况的文件。贸易单据根据作用不同可以分为两大类：基本单据和附属单据。基本单据是在交易中不可缺少的单据，如在 FOB 和 CFR 价格条件下出口商需要提供商业发票和运输单据，而在 CIF 价格条件下，则还需要加上保险单据。附属单据是进口商根据进口地当局的规定和货物的特点等要求出口商特别提供的单据，如海关发票、领事发票、原产地证书及附属于商业发票的单据，如装箱单、尺码单等。根据用途的不同，贸易单据可分为四大类：① 货物单据，如发票、装箱单和重量单等；② 运输单据，如提单、航空运单和邮包收据等；③ 保险单据，如总保单、保险证明书等；④ 其他单据，如电报、电抄、产地证及检验证书等。

二、单据的作用

（一）履约的证明

托收与信用证结算都规定，卖方通过提供合格的单据来证明他履行了合同规定的义务，单据就是他提供的履约证明。从法律上讲，这些单据就是书面证据。

（二）货物的代表

买方通过单据可以对货物进行全面了解，以判断货物是否符合要求，进而决定是否付款，即“见单如见货”。同时，单据中往往有凭以提取货物的物权凭证，单据的转移代表了货物的转移，单据的控制意味着货物的控制。

（三）银行办理国际结算的前提

货物单据化和履约证书化，使贸易和结算得以分离，从而为银行办理国际结算创造了有利条件。银行只需凭审核合格的单据付款，而不凭货物付款，这就使不熟悉商品专门知识的银行，能够介入国际贸易，从事结算、担保和资金融通等业务。

三、单据的缮制

（一）制作方法

传统的单据制作方法是打字机打字加复写纸复写，从而区分正本（original）和副本（copy）。目前，由于复印机的普及，复制方法制作的单据也为银行所接受，但须在正本上注明“正本”字样。

（二）签字盖章

单据上的签字盖章是识别单据真伪的手段，也是确定签字人责任的标志，表明制单人对单据内容责任的认可。传统的签字盖章是先盖公司印章，再加有权签字人的签字。目前，由于国际贸易的迅速发展和现代通信技术的广泛运用，签署除手签之外，传真复印、打绣花字、盖戳、记号或用机械与电子证实方法制成的签章也广为人们所接受。

（三）一般要求

1. 正确

单据的缮制要求正确无误。制单人必须根据实际情况来制单，并且整套单据中相应的内容必须严格一致，以真实反映其履约的情况。在信用证支付方式下，单证操作人员必须根据信用证的要求，参照《跟单信用证统一惯例》及《国际标准银行实务》等国际惯例的要求，结合相关的法律法规和行业习惯，进行单据的缮制和审核。在托收等其他结算方式下，则根据合同的要求及结算方式的特点缮制单据。

2. 完整

单据的缮制要求完整。出口商应该按照所要求的名称以及正本、副本份数提交所有单据，同时单据上的信息应该完整，以发挥它所应该具备的功能。关于单据的具体要求在信用证中有具体的条款明确，其他结算方式下应该在合同中注明。出口商若不能提供完整的单据，则可能遭到拒付或者给交易对方带来不便。

3. 及时

在信用证项下，出口商必须在信用证的有效期和规定的交单期内交单。及早交单可以使出口商尽早收回货款，同时万一发现单据存在问题，他可以有较充裕的时间修改单据或换单。

4. 整洁

缮制单据时，单据内容应该在单据上妥善安排，以使其表面美观。如缮制发票时，如果涉及多款商品，规格、数量、单价及金额应该纵、横对齐，单价以及金额的小数点应该纵向对齐。制单时万一需要更改，一般需要加盖该单据签单人的更改章。在国际结算中，很多单据都是由出口商缮制后交有关机构或部门签章的，比如提单、产地证和许可证等。此时出现错误需要修改，则应由签单人(或他的代理人，而不是打单的出口商)证实。

第二节

货物单据

货物单据由发票、装箱单和重量单组成。前者是货款价目表，后两者则是货物明细单。

一、发票

(一) 发票概述

通常意义上的发票(Invoice)即指商业发票(Commercial Invoice)，是卖方向买方开立的、凭以向买方收款的发货清单，也是卖方对于一笔交易的全面说明，内容包括商品的规格、价格、数量、金额和包装等。商业发票是卖方必须提供的全套出口单据的核心，其余单据均需参照它进行缮制，在内容上不得与发票的记载相矛盾，所以发票又被称为中心单据。它同时是履约证明、记账依据、报关凭证及索赔的根据等。

在国际贸易中，商业发票主要有以下几方面的作用：

第一，交易的证明文件。商业发票是卖方向买方发运货物或说明履约情况的书面凭证，其内容必须是对所装运货物的情况作出的详细、全面的描述。买方可从发票上了解卖方所发运的货物是否符合合同的要求及信用证规定的条款，并作为核对所收货物的主要依据。所以，商业发票是卖方最重要的履约证明文件。

第二，交易双方的记账凭证。尽管世界各国和地区的发票格式各不相同，但所包含的内容却大同小异，通常都详细记载了货物的名称、单价和总价等，因此进出口企业都以发票作为记账凭证。

第三，报关纳税的依据。商业发票中关于货物的描述、单价及产地等各项记载是绝大部分国家海关确定税额、税率的依据。一般只有海关认为商业发票的单价不能正确反映货物的价值时，才会启动海关估价程序。

第四，汇票的替代。在不使用汇票的情况下，商业发票可以代替汇票作为支付货款的凭证。因为在征收印花税的国家，使用汇票须计征印花税，所以一些国家的进口商在信用证条款中订明不要求卖方提供汇票，而以发票代替，以免除印花税的负担。这种做法在对欧洲客户的贸易中，特别是在信用证业务中非常普遍。

第五，索赔依据。商业发票由于列明了装运货物的价目详情，一旦货物发生损失，受损方就可以以发票作为依据之一，向有关责任方索赔。

（二）商业发票的内容

商业发票的形式并不固定，不同的国家、不同的出口企业有不同的格式，而且合同不同，商业发票的内容也不一样。就通常情况而言，商业发票可以分为首文、正文和结文三个部分，参见附式 12-1。

1. 首文

首文(heading)部分主要写明基本情况，内容一般包括发票名称、发票开立人和抬头人的名称与地址、发票号码、发票开立的地点和日期、合同号码、装运货物的船名、装运港和卸货港名称、信用证号码等。

（1）发票名称。注明“发票”字样，通常以 Invoice 代替 Commercial Invoice。

（2）发票开立人的名称与地址。发票开立人即出口商，他必须是买卖合同中签约的卖方。在信用证方式下，除可转让信用证外，一般应是信用证的受益人。发票的顶端必须有醒目的出口商名称、详细地址、传真和电话号码等信息。

（3）发票抬头人的名称与地址。发票抬头人即收货人，是买卖合同的买方。在信用证方式下，除非另有规定，发票抬头人应是信用证的申请人。发票抬头人的地址应是合同买方的地址。

（4）发票的号码、开立地点和日期。发票应单独编号，发票的开立地点即是开立人所在地点。发票一般是买卖合同签订后即开出的，因此发票日期可能早于信用证开证日期，但不应迟于信用证有效期。

（5）合同号码。合同号码即订单号码。发票上需记载合同号码，因为发票是卖方履行合同义务的证明，买方将以发票来核对装运货物是否符合合同的规定。在买卖双方各有编号的情况下，还应将买方编号在发票上注明。一笔交易有几份合同的，所有合同号码都应打在发票上。

（6）装运货物的船名、装运港和卸货港名称、信用证号码等内容。虽然从证明履约与单证相符角度看，这些内容对发票并不是绝对必要的，因为出口商是以一整套单据来做履约证明的，但是相关内容在发票上列示，可方便核查。

2. 正文

商业发票的正文(Body)是用以说明履约情况的部分，主要是描述货物和货价的情况。内容包括：

（1）唛头(Shipping Mark)，即运输标志，一般刷印在货物的外包装上，是运输时承运人和收货人用以识别货物的标志。货物外包装一经刷制上唛头后，即确定了其合

附式 12-1　商 业 发 票

INVOICE

<table>
<tr><td colspan="2">Exporter (Name, Address.)
SHANGHAI YONGLI IMP. AND EXP. CO., LTD.
NO. 124, ZHANGYANG RD., SHANGHAI 201208 CHINA</td><td colspan="2">上海永利进出口有限公司
SHANGHAI YONGLI IMP. AND EXP. CO., LTD.
NO. 124, ZHANGYANG RD., SHANGHAI 201208, CHINA
Tel: 021 67854678　Fax: 021 685643243
E-mail: yongli@vip.163.com</td></tr>
<tr><td colspan="2">To: Messrs
COUNTRY CASA
233 AVENUE DE L'EUROPE ZA DE L'EUROPE 77310 ST FARGEAU PONTHIERRY</td><td>Invoice No. & Date
CAN121445 JUL. 20, 2014</td><td>L/C No. 00241011076942
Issued by
CM-CIC BANKQUES PARIS</td></tr>
<tr><td>Marks & Nos.

10HDSRA

EQUALLY</td><td colspan="2">Quantity and Descriptions of Goods

1,500 DOZEN OF BOYS' COTTON T-SHIRTS,
ART. NO. 76896, SIZE: 20, 22, 24.

ASSORTED. COLORY: WHITE ONLY.
BRAND: SWAN.

PACKING: EACH PIECE IN A "SWAN" POLYBAG, 1 DOZEN PER "SWAN" INNER BOX,

50 DOZEN TO A CARTON

ALL DETAILS AS PER S/C NO. 10HDSRA & PHONE CONFIRMATION DATED 20/5/2013

……………………………………</td><td>Unit Price Amount

FOB SHANGHAI PORT CHINA

USD 5.80/DOZ　USD 8,700.00

……………………</td></tr>
</table>

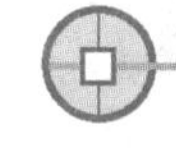

同关系。因此作为交易货物总说明的商业发票上，必须正确地反映出这一标志，且须与提单及装箱单等单据上相应的内容保持一致。

（2）货物的描述。这是发票的主要部分，要列明商品的名称、规格和数量。商业发票中的货物描述必须与信用证的描述逐字对应。而在所有其他单据上，货物描述则可在不与信用证内容有抵触的前提下，使用统称。

（3）包装与重量。包装方式如箱、袋、包装件数，货物的毛重、净重，一般在商业发票中也应打出。这些内容都是货物描述的一部分，应与其他单据上相应内容保持一致。

（4）数量、单价与发票金额。如果涉及分别计价的多种规格的商品，应该将规格、数量、单价及金额对齐统打。若贸易合同中规定有价格条件，则必须在发票上予以体现，并符合信用证的有关规定。因为价格条件既表明了买卖双方的各自责任，也说明了货物单价与货值的内容。全套单据中凡涉及这些内容，必须保持一致。发票总金额应与汇票相符，一般不得超过信用证金额。

（5）其他加注内容。信用证有时要求在发票上加注各种费用金额（如运费、保险费和扣除的佣金等）、特定号码（如进口证号、海关进出口税则税号等）、有关证明句（如澳大利亚来证常要求加注原料来源证明句等），一般可将这些内容打在发票商品栏以下的空白处。

3. 结文

商业发票的结文（Complementary Clause）部分内容主要是开立人即出口商的签字与盖章。在信用证方式下，发票的结文部分应与信用证的规定相符。根据《跟单信用证统一惯例》（UCP 600）有关条款，除非信用证另有规定，商业发票无须签署。但在实务中，大部分信用证均要求提供“签署的商业发票”（Signed Commercial Invoice），在这种情况下出口商应满足此项要求。

（三）发票种类

世界各国对进出口货物申报所需发票内容及形式的规定不尽相同。在实际业务中，除了商业发票以外，有些国家的进口商要求出口商提供形式发票、领事发票、海关发票、制造商发票和证实发票等发票形式。

1. 形式发票

形式发票（Proforma Invoice）是指出口商应进口商要求，向其提供的一份列有出口货物的名称、规格、价格条件和单价等内容的非正式、参考性发票，供进口商向其本国贸易管理当局或外汇管理当局申请进口许可证或外汇。形式发票上的价格，是由出口商根据当时情况估计的价格，对买卖双方都无约束力。在正式交易达成后，出口商仍需另外开立正式的商业发票。

2. 领事发票

领事发票（Consular Invoice）是某些进口国特别规定需要的，作为课税、审核商品原产地及有无倾销情况的依据。有些国家规定了领事发票的固定格式，出口商从进口商驻出口国的领事馆领取领事发票后填写，并经领事签章。实务中，信用证也可规定由进口国领事在商业发票上签章实现。

3. 海关发票

海关发票(Custom Invoice)是出口商根据进口商的要求填制进口国海关规定格式的发票。海关发票作为进口国海关统计和估价完税的依据，也可用于检查出口商有无倾销或虚报价格以串通进口商逃税的情况，或供进口国海关核定货物原产地以按照差别税率征收不同的海关关税。美国、加拿大、澳大利亚和新西兰等国家要求提交海关发票。

4. 制造商发票

制造商发票(Manufacturer's Invoice)是生产出口商品的厂商，开给出口商的以其为抬头人，详述出口商品具体情况的售货发票。该发票的计价货币应该为本币，主要作用是便于进口国掌握所进口商品在出口地的销售价格情况，以核查出口交易中是否存在倾销。

5. 证实发票

证实发票(Certified Invoice)是指按照要求在商业发票上由卖方或指定人加注证实文句或宣誓文句的商业发票。证实文句等一般加注在货名栏下空白处，然后由证实人签章。此项文句的内容通常包括：声明发票内容确实无讹；证明货物确为某一地区所生产。常用文句如下：

We hereby certify that the above merchandises are genuine and are origin of Shanghai and the prices are true and correct 。

除上述分类以外，还有宣誓发票(Sworn Invoice)、收讫发票(Receipt Invoice)、样品发票(Sample Invoice)、装运发票(Shipping Invoice)、签证发票(Visaed Invoice)等发票形式。

二、装箱单

装箱单(Packing List)是说明货物包装内在详细情况的单据，也是商业发票的附属单据。在国际贸易中，除散装货物外，一般都要求提供装箱单。装箱单可以补充商业发票内容的不足，通过表内的包装件数、规格、唛头等项目的填制，明确阐明货物的包装情况，便于买方了解进口商品和掌握包装及数量情况，也便于进口地海关检查和核对货物。

装箱单一般用于花色品种较多的商品，其内容因货物不同而各异，但一般包括：合同号码、发票号码、装箱单号码及出单日期、唛头、商品名称、商品及包装规格、每件包装的毛重或净重及商品数量、总计包装件数及重量或数量、进口商或收货人名称及地址、载货船名和目的地等。装箱单有时还被称为“规格明细单”(Specification List)或“详细包装单”(Detailed Packing List)等。其内容除了说明每件大包装的内容外，还得说明其中每件小包装内的商品详情。

装箱单一般由受益人出具，记载的各项内容应与货物实际包装相符，并与发票和提单等相关单据内容一致。通常情况下，装箱单的内容和格式都与发票基本一致，但内容比发票更全面、更详细，只是没有金额一栏，也无须签字。装箱单的出单日期应尽可能迟于信用证的开证日或与其一致。但只要信用证没有特殊规定，银行应接受出单日期早于信用证开证日的装箱单。

三、重量单(体积单)

重量单(Weight List)或体积单(Measurement List)是出口商签发的用以标明货物重量或体积的单据，也是商业发票的附属单据。以重量或体积为计价单位的商品在装运前由商检机构、公证行、重量或体积鉴定人进行计量后，出具证明书，作为船公司计算运费、安排舱位及出口商履行合同义务和办理议付的依据。其作用与装箱单基本相同。在实际业务中，一般根据进口方来证的要求及商品的性质提供这两种单据，或只提供其中一种。

重量单或体积单在缮制中应注意，其内容应与货物实际重量及体积等内容相符，并与其他单据内容保持一致。

第三节

运输单据

运输单据(Transport Documents)是证明货物载运的单据，由承运人签发给出口商，证明货物已发运、已装上运输工具或已由承运人监管的文件。运输单据往往还是物权凭证，因此它是国际结算中最重要的基本单据。在国际货物运输中，由于运输方式的不同，运输单据也不同，通常包括由船公司或其代理人签发的海运提单、由铁路部门签发的铁路运单、由航空公司签发的航空运单、由邮局或快递公司签发的邮包收据、由多式运输营运人签发的联合运输单据等。

一、海运提单

(一) 海运提单概述

海运提单(Marine Bill of Lading 或 Ocean Bill of Lading，B/L)，简称提单，是承运人或其代理人(轮船公司)签发的证明托运的货物已经收到或装载船上，约定将该项货物运往目的地交提单持有人的物权凭证。《汉堡规则》对提单下的定义如下：

Bill of Lading means a document which evidences a contract of carriage by sea and the taking over or loading of the goods by the carrier, and by which the carrier undertakes to deliver the goods against surrender of the document. A provision in the document that the goods are to be delivered to the order of a named person, or to order, or to bearer, constitutes such an undertaking.

提单是国际贸易中重要的运输单据，具有以下三个作用：

1. 货物收据(Receipt for the Goods)

作为货物收据，提单上描述的货物就是承运人收到的货物。承运人收到托运货物后，应当根据托运人的要求签发提单，表明货物已装船或已收妥待运。这种收据的法律效力具有绝对证据性质，即使提单上有错误记载，承运人也要对此负责，不能据以对抗托运人以外的第三者。

2. 运输合同的证明(Evidence of the Contract of Carriage)

承运人为托运人运送货物是因为他们之间有运输合同，提单的背面通常载有运输合同条款或注明运输合同出处。但是作为一个完整的合同，则还应该包括托运人订约时以托运单等其他方式与承运人约定的内容。根据英国与美国的法律，在约定(托运单)与提单记载不一致时，以约定为准，因此，提单也就只能称为“运输合同证明”了。

3. 物权凭证(Document of Title)

提单是承运人向托运人签发的提货凭证，谁持有提单就有权向承运人主张货物。转移提单就转移了货物，掌握提单就掌握了货物。承运人只能向正本提单的持有者交付货物，如果将货物交付给了非正本提单持有人，则承运人应承担赔偿责任。提单可以转让、抵押或据以索赔。

案例 12-1

信用证项下货物运输单据的物权凭证属性

案情：

2014 年 3 月国内 A 公司与某国 B 公司签订了一份金额为 USD 155 000 的纺织品出口合同，4 月初收到 C 银行开出的不可撤销信用证。该信用证要求出具记名 B 公司的提单，并指定货物由 D 船公司装运。货物装运后，A 公司准备全套单据经寄单行寄到开证行索汇。随后，寄单行收到开证行的不符点电报，称单据有一处不符点，申请人拒绝赎单，全套单据由开证行保留。与此同时，A 公司向 D 船公司查询货物下落，被告知货物已被收货人提走。鉴于全套正本提单仍在开证行处，A 公司亦未有任何放货指令，A 公司要求船公司对此作出解释。船公司答复说，其出具的是记名提单，记名提单项下可以不需正本提单，仅凭收货人的身份证明即可放货，船公司并无责任。A 公司要求申请人赎单及船公司赔偿都未果，不久全套索汇单据被退回。

出于无奈，A 公司将 D 船公司告上法庭。被告辩称提单背面条款中已约定，记名提单项下承运人可以不凭正本提单放货，只要收货人提供证明自己合法身份的有关文件即可。法院认定提单无论记名与否都是物权凭证，裁定承运人D公司必须凭作为物权凭证的正本提单放货，被告无单放货已严重侵权，应赔偿原告全部货款和利息损失。

分析：

本案涉及的核心问题是信用证项下货物运输单据的物权凭证属性。尽管一般说来海运提单具有物权凭证的作用，但是在某些国家和地区，按照当地的法律规定和某种业界惯例，往往把记名提单和不可转让海运提单等同对待，记名提单项下承运人可以不凭正本提单放货，只要收货人提供证明自己合法身份的有关文件即可。由此可能导致信用证项下凭单提货出现纠纷。

启示：

在信用证项下，使用记名提单须十分谨慎。一般来说提单宜作成指示式抬头，若进口方坚持使用记名式抬头，则有必要弄清原委，并了解运输业务所涉及国家对记名提单物权凭证属性的法律规定，设法确保我国出口企业对货物的控制权，保证贸易的安全性，避免欺诈的产生和损失。

（二）海运提单的内容

提单的格式虽然有所不同，但基本内容不变。一张提单有正、反两方面记载，参见附式12-2。

1. 提单的正面内容

（1）承运人(Carrier)。承运人是指与托运人签订运输合同的关系人。根据运输合同，承运人应对运送货物负责，并对运送过程中货物的损坏与灭失负责。承运人的名称和地址一般出现在提单右上角。

（2）托运人(Shipper, Consignor)。托运人是指与承运人签订运输合同的人，或称发货人，一般是国际贸易合同的卖方或出口商。

（3）收货人(Consignee)。收货人是指有权领取货物的当事人，一般是国际贸易合同的买方或进口商。

（4）被通知人(Notify Party)。被通知人是指货物到达港口后，船公司通知到港信息的对象。被通知人无权提货。出口商为了控制货权，往往将提单的抬头做成指示式，即收货人写成To Order或To Order of Shipper等，没有收货人的实际名称和地址。因此提单上通常有“被通知人”一栏，记载实际收货人(通常为进口商)或其指定的报关运输行的名称和详细地址，以便货物到达港口后船公司可以按地址通知准备办理进口报关、提货等手续。

（5）提单号码(B/L No.)。提单号码是由承运人编制的号码，便于承运人开展通知、查阅和处理等业务。

（6）船名和航次(Name of Vessel, Voyage Number)。装运货物的船舶名称和航次，承运人需根据实际装运情况填写实际承运船舶名称和航次。

附式 12-2 海 运 提 单

<table>
<tr>
<td colspan="2">Shipper
LUCKYTEX（THAILAND）PUBLIC COMPANY LIMITED. 5TH FLOOR, BUBHAJM BUILDING, 20 NORTH SATHORN ROAD, BANGRAK, BANGKOK</td>
<td colspan="4" rowspan="3">正利航业股份有限公司
Cheng Lie Navigation Co. , Ltd.
BILL OF LADING
C. N. C. Lines
(FOR COMBINED TRANSPORT AND PORT TO PORT SHIPMENT)
Received the goods in apparent good order and condition as specified below unless otherwise stated herein. The carrier in accordance with the provisions contained in this document.
1) undertakes to perform or to procure the performance of the entire transport from the place at which the goods are taken in charge to the place designated for delivery in this document and
2) assumes liability as prescribed in this document for such transport. One of the Bills of Lading must be surrendered duly indorsed in exchange for the goos or delivery order.</td>
</tr>
<tr>
<td colspan="2">Consignee
TO SHIPPER'S ORDER</td>
</tr>
<tr>
<td colspan="2">Notify Party
1) SHANGHAI NEWSTAR IMPORT & EXPORT CORPORATION LTD.
2) NAJMAT ARRIYADH TRADING CORP.</td>
</tr>
<tr>
<td>Ocean Vessel
PARVAT</td>
<td>Voyage No.
PV401N</td>
<td colspan="2">Precarriage by</td>
<td colspan="2">Place of Receipt
BANGKOK, THAILAND</td>
</tr>
<tr>
<td colspan="2">Port of loading
BANGKOK, THAILAND</td>
<td colspan="2">Port of discharge
SHANGHAI PORT</td>
<td colspan="2">Place of Delivery
SHANGHAI PORT</td>
</tr>
<tr>
<td>Marks and Numbers</td>
<td>No. of pkgs or Containers</td>
<td colspan="2">Description of Packages and Goods</td>
<td>Gross Weight kgs</td>
<td>Measurement M^3</td>
</tr>
<tr>
<td>SCIEC/NAJMAT
SIDE MARK
C/T NO. 1-118
NAJMAT FABRIC TIEM NO. : AB4598WL
SHANGHAI COLOR NO.
WHITE H-6-J-1W#9
CREAM H-6-J-2C#4
G. W. 10, 110. 30 KGS
DYE LOT NO. 3E/ I37030DW
N. W. 9, 526. 70 KGS
558 PCS.
52, 524 MTR MADE IN THAILAND</td>
<td>118 CARTONS</td>
<td colspan="2">CY/CY SAID TO CONTAIN
(1×20′ CONTAINERS)
52, 524 MTRS TEXTILE PIECE GOODS
DETAILS AS PER INVOICE NO. DC-06/12
L/C NO. TF0329188075
L/C NO. LC78907909
* * 10500 THAILAND
* * * CO. , LTD. , P. O BOX 33/972
RIYADH 11373, K. S. A.
“SHIPPER'S LOAD & COUNT & SEALED”</td>
<td>G. W.
10, 110. 30
KGS</td>
<td>17, 820 M^3</td>
</tr>
<tr>
<td></td>
<td colspan="5">TOTAL: ONE HUNDRED AND EIGHTEEN CARTONS ONLY
“PARVAT” V. PV401N PORT OF LOADING BANGKOK, THAILAND</td>
</tr>
</table>

续表

Freight and charge	Revenue Tons	Rate	Prepaid	Collect
"FREIGHT PREPAID"				
BL No. BKSHT-1159 (F/F)	Number of Original B(s)L THREE (3)			
	Place of B(s)L Issue/Date BANGKOK 20××/03/14		Payable at BANGKOK	Payable at
Exchange Rate	On Board Date 20××/03/14			Cheng Lie Navigation Co., Ltd. By 吴天浩 AS CARRIER

(7) 起运港(Port of Loading)和卸货港(Port of Discharge)。起运港是货物实际装船起运的港口，也是承运人责任的起点。卸货港又称目的港，是承运人责任终止的港口。当使用集装箱运输时，提单上还记载收货地(Place of Receipt)和最后目的地(Final Destination)。

(8) 运费和费用(Freight and Charges)。通常提单上需注明运费是否支付的情况。如在 CIF、CFR 等价格条件下，提单应注明"运费已预付"(Freight Prepaid)或"运费已付"(Freight Paid)；在 FOB 等价格条件下，提单应注明"运费到付"(Freight Payable at Destination)或"运费代收"(Freight Collect)。除非信用证特别规定在提单上标明运费的具体数据，提单表面一般都不显示运费的具体数额。

(9) 装船批注(On Board Notation)。装船批注是指提单上以印戳的形式给出或者以填写单据上 Laden On Board The Vessel 栏目(如有)的形式表示的部分。装船批注的基本内容是说明 On Board 并记载装船日期，该日期将被视为装船日。

(10) 唛头和箱号(Marks and Numbers)。提单上的唛头应该按发票填写。如果涉及集装箱运输的情况，应在唛头下标出集装箱号及封箱号。

(11) 包装种类及件数(Number and Kind of Packages)。如果实际装运的货物为散装货，可以在该栏目填写 In Bulk；如果为包装货，则在该栏目填写外包装件数(小写)及包装名称，如 50 bales 或 40 CTNS 等。用文字描述包装总数和包装名称并用 only 封尾填写在大写包装一栏(Total Packages in Words)或填写在小写包装数下的空白处(如没有大写包装栏)，如 TOTAL IN FIFTY BALES ONLY。

(12) 货物描述(Description of Goods)。提单上必须有货物的描述，但通常不应该将信用证货物条款上的商品名称、规格、数量以及单价照搬至提单上，以免造成不便。货物的描述可以使用统称，但不得与信用证中货物的描述相抵触。

(13) 毛重及体积(Gross Weight and Measurement)。大部分船公司采用公制单位计量，并按通常的计费单位保留 3 位小数。因此，提单上的毛重一般以千克(KGS)为单位，取整数(重量吨计费单位为公吨)；体积用立方米(CUM 或 CBM)为单位，保留 3 位小数(尺码吨计费单位为立方米)。提单的毛重和体积通常应该和包装单据上的毛重和体积的总和相符。

（14）签单日期和地点（Place and Date of Issue）。已装船提单的签单日就是装船日。备运提单的签单日仅为承运人收货日，必须等货物实际装船后加注“装船批注”，注明装船日。提单的签单地点应该是装运港或收货地。

（15）正本提单份数（Number of Original Bills of Lading）。提单是物权单据，持有正本提单的当事人就有权向承运人主张货物。因此提单上必须说明承运人出具的正本提单份数，以便当事人控制物权。航运公司一般出具两份或三份正本提单。

（16）签字（Signature）。正本提单必须签署，副本提单则不需签署。按照 UCP 600，承运人或船长可以签署海运提单，但同时必须表明其身份 as carrier 或 as master。承运人或船长的代理人也可以签署提单，但必须同时表明自己的姓名或组织名称和作为代理人的身份以及被代理人的身份。

（17）特别标注（Special Notation）。除了上述内容，根据信用证的规定，提单上可以加注必要的信息，如信用证的编号、进出口许可证号码等。

2. 提单的背面内容

提单背面是印定的运输条款，作为确定承运人和托运人之间，承运人和收货人及提单持有人之间的权利义务的主要依据。印定的主要条款，大致分为下述几点：

（1）首要条款（Paramount Clause）。这项条款主要是说明提单的法律依据。如发生有关货物运输的法律纠纷应按何国法律解决，由何国法院审理。管辖提单的国际公约有三个，它们是《海牙规则》、《维斯比规则》和《汉堡规则》。

（2）承运人责任条款（Carrier's Responsibility Clause）。该条款主要说明承运人从装船开始到卸船为止，对货物所应负的责任。承运人的责任概括起来讲有两方面：一是适航；二是适货。所谓适航，是承运人在船舶开航前和开航时，应使船舶处于适航状态，配备适当的船员，装配船舶和配备供应品。所谓适货是指承运人应使船舶的货舱、冷藏舱和其他载货处所适宜，并安全地接收、载运和保管货物。如承运人员对上述规定已尽职尽责，谨慎处理，但仍未能防止损害的发生，则可不负责任。但承运人应对其已谨慎处理的事实有详细证明之责。

（3）免责事项（Immunities）。承运人对于在驾驶或管理船舶中船长、水手或其他船方雇佣人的失职，对于人力不可抗拒原因造成的海上危险，对于军事行动、政府禁令和罢工暴动，对于装货人过失，对于货物的本身特点或潜在缺点，对于为了援助或企图援助海上人命或财产所造成货物灭失或损害，不负责任。

（4）承运人权利（Carriers' Right）。承运人有收取运费的权利、转船绕航的权利和对货物留置权。

（5）损害赔偿（Damage）。货物到达时如遭受损坏且其损坏明显的，收货人应立即向承运人提出书面通知；如不明显则应在提货后三天内发出书面通知。关于货物灭失或损坏赔偿的要求，应自交货之日或应交货之日起一年内提出，否则承运人得以解除责任。

（三）海运提单的种类

在国际航运中使用的提单种类较多，从不同的角度可以分为不同的类型。

1. 根据提单签发时货物是否已装船分类

根据提单签发时货物是否已装船，提单可以分为已装船提单和备运提单。

(1) 已装船提单(On Board B/L, Shipped B/L)是指货物装上船后，承运人向托运人签发的提单。《跟单信用证统一惯例》规定出口商向银行议付货款所提交的单据，必须是已装船提单。已装船提单的持有人根据提单上的记载，可以明确知道承运人不仅收到了货物，而且已装上指明的船只，从而可以按照其既定的航程计算货物到达目的地的时间，对托运人、收货人和议付银行都比较有利。

(2) 备运提单(Received for Shipment B/L)指承运人在收到托运货物后在等待装船期间内，应托运人的要求而签发的提单。由于货物实际上并未装上船只，究竟由何船装运亦不肯定，所以增加了买方或提单持有人的风险。但对卖方来说，如买方同意接受这样的提单，他可以提前交单议付，提早收汇。承运人签发备运提单后，在货物装船后应托运人的要求，可收回原签发的备运提单并另签已装船提单；或在原签备运提单上加注承运船名和装运日期并签字，使之变成已装船提单。

2. 根据提单上有无不良批注分类

根据提单上有无不良批注，提单可以分为清洁提单和不清洁提单。

(1) 清洁提单(Clean B/L)是指货物在装船时外表状况良好，承运人未加添表明货物或包装有缺陷的附加条文或批注。通常在提单的正面印有“除非本提单有其他说明，货物应在外表良好的状态下装船”(Shipped On board, in apparent good order and conditions, unless otherwise stated here on...)或类似文句。清洁提单的承运人有责任将同样外表状态良好的货物交与收货人。这类提单对收货人的利益提供了充分的保障。

(2) 不清洁提单(Unclean B/L)指承运人在提单上批注有关承运货物外表状态不良或存在缺陷等文句，如货物包装不固、破残、渗漏、潮湿、翻钉及标志模糊等。除非信用证规定可以接受，银行应拒绝不清洁提单。

3. 根据提单收货人记载的不同分类

根据提单收货人记载的不同，提单可以分为记名提单、不记名提单和指示提单。

(1) 记名提单(Straight B/L)是指记载收货人具体名称的提单。这种提单只能由指定收货人提货，不能转让，一般只用于运输贵重物品或有特殊用途的货物。

(2) 不记名提单，又称空白提单(Blank B/L, Open B/L)是指不记载收货人的具体名称而仅记载交付提单持有人的提单，如 To Bearer。不记名提单不需背书即可转让，但是风险较大。

(3) 指示提单(Order B/L)是指记载收货人姓名时只填写 To order 或 To order of...字样的提单。这种提单只要经过背书就能提货或转让给第三者。

4. 按照运输方式分类

按照运输方式，提单可以分为直达提单、转船提单、联运提单和联合运输提单。

(1) 直达提单(Direct B/L)是指货物从装运港装船后直接运到目的港卸货的提单，中间不转船。货物直运时，由于中途不转运且不需卸下又装上，因此收货人可以较快收货，并且货物损失较小。

（2）转船提单（Transshipment B/L）是指船舶从货物装运港装货后，中途停靠港口，经换船而驶抵卸货港卸货而签发的提单。一般认为转运对收货人不利，因为货物中途转船必然造成费用增加、货物易于损耗、延迟到达时间等问题。转船提单上注有“在某港转船”的字样。

（3）联运提单（Through B/L）是指提单上所列货物经由海运和其他运输方式组合运输，第一承运人或其代理人收取全程运费后，在起运地签发到目的港的全程运输提单。第一承运人或其代理人签发全程联运提单并负责衔接后续运输，但只负责其自身运段的责任，后续运段的责任由履行后续运输的承运人或其代理人负责。

（4）联合运输提单（Combined Transport B/L）是指由联合运输经营人签发给托运人的对联运全程负责的提单。联合运输必须是两种不同运输方式的组合。联合运输经营人收取全程运费，并承担自接管货物起到交付货物时止的全程运输责任以及对货物在运输途中因灭失损坏或延迟交付所造成的损失负赔偿责任。

5. 按照提单内容的繁简分类

按照提单内容的繁简，提单可以分为全式提单和简式提单。

（1）全式提单（Long Form B/L）又称繁式提单，是指提单背面详细记载承运人和托运人之间权利、义务和免责事项等条款的提单。目前使用的提单大多是全式提单。

（2）简式提单（Short Form B/L）指提单背面仅印就了部分运输合同条款或未印就任何运输合同条款的提单，并同时指出详细运输合同条款参见提单以外的另一文件。例如，提单背面仅印就如下文句：

All transactions and contracts entered into with the company incorporate the company's printed terms and conditions of business, a copy of which is available on request.

除非信用证另有规定，银行可以接受简式提单。

6. 按照船舶营运方式分类

按照船舶营运方式不同，提单可以分为班轮提单和租船提单。

（1）班轮提单（Liner B/L）是指由班轮公司或其代理人出具的提单。所谓班轮是指有固定的船期和航线的船只。

（2）租船提单（Charter Party B/L）是指船方按照租船合约向发货人签发的提单。租船运输是相对于班轮运输而言的另一种船舶营运方式。它没有固定船期，没有航线，依据船舶所有者与承租人签订的租船合同安排船舶就航。因此航线、运输货物的种类和航行时间等都根据承租人的要求，由船舶所有人确定，运费和租金也由双方根据租船市场行情在租船合同中约定。

7. 按运费支付情况分类

按运费支付情况不同，提单可以分为运费已付提单和运费到付提单。

（1）运费已付提单（Freight Prepaid B/L）是指表面注明运费已付的提单。如果价格术语是 CIF 或 CFR，运费由出口商支付，则提单上注明运费已付。

（2）运费到付提单（Freight to Collect B/L）是指表面注明运费到付的提单。如果价格术语是 FOB，运输虽由出口商负责安排，但运费由进口商支付，则提单上注明运费到付。

8. 根据提单签发和到达收货人手中的时间分类

根据提单签发和到达收货人手中的时间分类，提单可以分为一般提单、过期提单、倒签提单和预借提单。

（1）一般提单是指承运人收到货物或货物装船后签发提单，提单到达收货人手中的时间一般早于或基本等于货物到达目的地的时间，收货人可凭该提单立即提货。

（2）过期提单(Stale B/L)是指货物抵达目的地后收货人才收到的提单。由于收货人不能在货到时马上提货，很可能要向船方支付过期保管费或发生其他损失，因此买方一般不接受过期提单。根据 UCP 600 的规定，在信用证规定的交单期限之后才向银行交单，这时提单才算过期。

（3）倒签提单(Anti-dated B/L)是指承运人应托运人的要求，在货物装船后将提单上的装船日期提前的提单。这是为了符合信用证或合同的规定，以免因晚装运而造成银行或进口商拒付的一种融通做法。

（4）预借提单(Advanced B/L)是指货物已处于承运人的监管之下，因故未能装船或正在装船但未装完，由于信用证规定的装运日已到，承运人应托运人的请求而签发的提单。

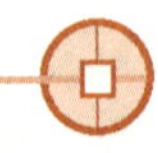

二、航空运单

航空运输是近年来快速发展的运输方式之一，具有速度快、货运质量高且不受地面条件限制等优点，最适宜运送急需物资、时令商品、鲜活或易腐货物和贵重货物。航空运单(Air Waybill)是货物通过航空运输时，由承运人签发的货物收据和运输合同的证明。它不同于海运提单，不代表所托运货物的所有权，并且是不可转让的。

航空运单一般有三份正本和多份副本，由航空公司按规定分发。如信用证要求提供运单若干份，则可以正本复印应用。

航空运单应当具有以下作用：

（1）货物收据。承运人在接收货物后在航空运单上标明承运人名称和有承运人代表或代理人的签名，表明其已接收货物。

（2）运输合同的证明。航空运单的背面常印有承运人与托运人签订的航空运输合同条款。

但是航空运单不是物权凭证，因此在填写时不需作成指示性抬头或来人抬头。收货人只要凭借收货人身份就可以提货，而不需要提供正本的航空运单。

三、铁路、公路和内陆水运单据

铁路、公路和内河运输都是重要的运输方式。铁路、公路和内陆水运单据(Rail,

Road or Inland Waterway Transport Documents）是托运人向国内外的铁路、公路、内陆水运当局办理货物运输时承运人签发的运输单据。其内容有托运人、货物名称、件数、包装、重量、发站、到站及收货人等。它是承运货物的收据，经承运人盖章后，又是规定托运和承运双方权利和义务的一种契约。

四、邮包收据

邮包收据（Parcel Post Receipt）是邮局接收信函、样品或包裹，寄发后出具盖有邮戳及寄发日期的挂号凭证。邮局并不凭邮包收据交货，而是将邮包直接送交收货人或另发领取邮寄通知由收货人去邮局领取。所以邮包收据也不是货物所有权凭证，不能转让。

五、联合运输单据

联合运输单据（Combined Transport Documents，CTD）也称多式运输单据，是一种至少使用两种不同的运输方式将货物从一个国家的收货地运到另一国家的交货地，包括整个运输过程在内的运输单据。《联合国多式运输公约》对 CTD 的定义是："联合运输单据是一种证明联合运输合同，联合运输商已经收到货物并保证按合同规定交付的文件。"

联合运输不必是集装箱运输，也不一定非要包括海运。联合运输单据由联合运输经营人或其代理人签发，是经营人接管货物的收据。经营人与托运人之间的权利与义务以联合运输合同为依据。联合运输单据按其能否转让可划分为：可转让联合运输单据（Negotiable Document）和不可转让联合运输单据（Non-negotiable Document）。可转让联合运输单据可像提单一样作成指示式（空白指示或记名指示）抬头，它是物权凭证，通过交付或背书后交付即完成转让手续。可转让联合运输单据也能作成一式多份，经营人或其代理人凭其中一份交付货物后，责任即告解除。不可转让联合运输单据必须列明收货人，它不是物权凭证，收货人不能转让单据。经营人把货物交给收货人或凭收货人的通知交给他授权的收货人后，经营人的责任即告解除。

联合运输单据正面内容与海运提单相似，所以其缮制方法可以参考海运提单。缮制时应该根据 UCP 600 和 ISP 98 的相关规定并结合联合运输单据的特点来处理，如联合运输单据的收货地栏及交货地（最终目的地）栏应该按照信用证和合同要求填写。如果该两栏留空，仅填写了装货港栏和卸货港栏，即使单据名称为联合运输单据，实质上只是港至港海运提单。

五种运输单据性质的比较如表 12-1 所示。

表 12-1　五种运输单据性质的比较

项目 \ 名称		海运提单	航空运单	铁路运单	邮包收据	联合运输单据
作用	物权	是	不是	不是	不是	是(可转让) 不是(不可转让)
	收据	是	是	是	是	是
	合同	是	是	是	是	是
抬头做法		都可以	记名	记名	记名	都可以
注明的接管方式		装船	收货/发运	收货/发运	收货/发运	收货/发运/装船
签发人		承运人或其代表	承运人或其代表	铁路当局	邮政当局	承运人或其代表
签发方式		签章及其他允许的方式	签字	日戳	日戳	签章及其他允许的方式

第四节

保险单据

一、海上货物运输保险概述

(一) 海上损失

国际货物运输中，运输路途遥远、运输方式、运输季节、商品性质、沿途的政治及治安等环境因素都会给货物带来难以预料的风险。为了在货物遇到风险并遭受损失时获得一定的补偿，进口商或出口商应该事先办理货物运输保险。

保险是保险人向被保险人收取一定的保险费后，对保险的标的物由于自然灾害和意外事故造成的损失，给予经济补偿。在国际贸易中，货物运输保险有海上运输保险和陆上、航空、邮政运输保险等。由于国际贸易大部分通过海上运输进行，又因海上运输保险起步早且较为复杂，所以一般所讲保险是指海上运输保险，其他陆上、航空及邮政保险都可参照海上运输保险。

在海上运输途中，船只和货物由于遭受暴风、雷电、洪水、地震及海啸等自然灾害，或由于船舶或驳运工具搁浅、触礁、沉没、碰撞、失火、爆炸以及船长、船员的不法行为等意外事故所造成的各种损失，叫做海损(Average)。根据发生情况的不同，海损可分为全损、共同海损和单独海损三种类型。

1. 全损

全损(Total Loss)是指保险标的物在运输途中全部灭失或等同全部灭失的损失。全损可分为三种情况：

（1）实际全损（Actual Total Loss）。指保险标的物的全部灭失或虽非全部灭失但已完全失去原有的性质与作用，使投保人对所投保的标的物不能再行使用。实际全损又称绝对全损（Absolute Total Loss）。

（2）推定全损（Constructive Total Loss）。指货物虽然尚未全部灭失，但货物遭受损失的程度，使得对这些货物的施救、整理、修复原状并运往目的地的费用超过完好状态下这类货物在目的地的价值。

（3）部分全损（Partial Total Loss）。指保险标的物中可分割的某一部分发生的全损。

2. 共同海损

共同海损（General Average）是指海运途中，由于自然灾害或意外事故使船只、货物共同处于危险状态之中，为了保证同一航程中遇险船货的共同安全和免除危险所作出的有意识而又合理的特殊损失或支出的特殊费用，如为减轻船只载重量而投弃货物的损失、避风港的费用及船只的救助费等。共同海损通常由利害关系人即船方、货方和运费收入方按比例共同分担。

3. 单独海损

单独海损（Particular Average）是指船舶、货物在海上因自然灾害或意外事故所造成的但不能列入共同海损的那部分灭失或损害，如 1 000 包面粉中的 200 包为海水所浸湿。这些损失是意外的，不像共同海损是有意识作出的。同时损失仅指保险标的物本身的毁损，并不包括由此而引起的费用。这种损失不由利害各方共同负担，而是由遭受损失的财产所有人单独负担。因此，单独海损是既非全损又非共同海损的一种损失。

（二）保险险别

保险险别是保险人和被保险人履行权利和义务的基础，也是保险公司承担责任和被保险人缴付保费的依据。海运保险承保的险别，通常可以分为基本险和附加险两大类。

1. 基本险

基本险是保险人对承保标的所承担的最基本的保险责任，也是可以由投保人选择而单独投保的险别。基本险可分为平安险、水渍险和一切险三种。

（1）平安险（Free From Particular Average，F. P. A）又称单独海损不赔险。它负责承保：由于恶劣气候、雷电、海啸、地震和洪水等海上自然灾害所造成货物的全损；运输工具由于搁浅、触礁、沉没、互撞以及失火、爆炸等意外事故造成的货物全部或部分损失；运输工具在发生上述意外事故前后又在海上遭受恶劣气候造成的部分损失；装卸时一件或数件货物落海造成的全部或部分损失以及被保险人为抢救货物支出的合理费用等。它不负责的范围包括：被保险人的故意行为或过失造成的损失，被保险货物的品质不良、数量短缺、自然损耗、本质缺陷、特性以及市价跌落、运输延迟所引起的损失，战争或罢工引起的损失。

（2）水渍险（With Particular Average，WA 或 WPA）又称单独海损赔偿险。它的责任范围包括平安险的全部责任，以及由于恶劣气候、雷电、海啸、地震和洪水等海上自然灾害所造成货物的部分损失。

（3）一切险（All Risks）。一切险的承保责任除了包括水渍险的全部责任外，还承保被保险货物在运输途中由于外来原因所造成的全部或部分损失。实际上，一切险等于水渍险加上一般附加险，但不包括特别附加险以及直接由于延迟或所保货物本质上的缺点和特性所导致的损失或费用。

2. 附加险

附加险是指根据商品以及运输途中的各种不同需要而设立的特殊险种，供投保人选用。附加险必须在基本险之外加保，不能单独投保。附加险可分为两种：一般附加险和特殊附加险两种。

（1）一般附加险的各项责任都已包括在一切险的责任范围内。投保人可在投保平安险或水渍险的基础上，按照货物易损的特点选择投保若干一般附加险。常见的一般附加险有以下几种：

① 偷窃提货不着险（Risk of Theft Pilferage and Non-delivery，TPND），负责保险标的遭偷窃或在目的地整件货物短提的风险。

② 渗漏险（Risk of Leakage），负责流质或半流质的液体物由于容器发生渗漏所致的损失。

③ 碰损破碎险（Risk of Clash and Breakage），负责金属、木质机械设备及器具等由于外来原因如碰击、受压等造成凹瘪、变脱、破损的损失；或易碎品如玻璃器皿或陶瓷等在运输途中受震、颠簸等造成破损的损失。

④ 钩损险（Risk of Hook Damage），负责袋装、捆装或纸箱包装货物由于装卸不当、被钩子钩损致使货物外漏的损失。

⑤ 淡水雨淋险（Risk of Fresh Water & Rain Damage，FWRD），负责由于遭受雨淋或其他原因的淡水入侵所致的风险。

⑥ 短量险（Risk of Shortage），负责袋装或散装货物重量短少（扣除正常损耗或自然损耗）造成的损失。

⑦ 混杂玷污险（Risk of Intermixture and Contamination），负责保险标的在运输途中混杂其他货物或污物所致损失。

⑧ 串味险（Risk of Taint of Odour），负责保险标的由于受同舱装载的其他物品或污物影响所致的损失。

⑨ 受潮受热险（Risk of Sweat and Heating），负责船舶在航行途中由于受到海事侵袭以致关闭通风设备或通风设备失灵致使舱内受潮、受热而使货物受到的损失。

⑩ 锈损险（Risk of Rust），负责金属货物由于受到淡水雨淋或海水侵蚀而生锈所致的损失。

⑪ 包装破裂险（Risk of Breakage of Packing），负责装于容器的粉、粒或块状物因

途中搬运装卸不当而使包装破裂导致的短少、玷污或受潮等损失。

（2）特殊附加险，是指由于特殊的环境需要而投保的附加险，其风险超出通常的意外事故的范围。常见的特殊附加险有以下几种：

① 战争险（War Risk），承保直接由于战争、类似战争行为和敌对行为、武装冲突而引起货物扣留、捕获、禁止等行为以及使用常规武器所造成的损失。由于使用核武器而造成的保险标的物的损失，不在该险别承保责任范围内。它不能单独投保，必须投保一项基本险后才能投保。战争险和基本险的保险责任的起讫点有所不同。战争险的保险责任只限于水面风险，从货物装上海轮或驳船开始，到货物在目的港卸离海轮或驳船为止，而基本险的保险起讫点为仓至仓。

② 罢工暴动民变险（Risk of Strike Riots and Civil Commotion，SRCC），承保由于罢工、暴动或民变人员的行动而使保险标的物受损的风险。

③ 交货不到险（Failure to Deliver），承保保险标的物自转船起算满六个月还未运抵目的地交货的损失。与提货不着险不同的是，交货不到险所涉及的不是由于运输过程中遇到海难等原因造成的损失，而是由于政治上或外交上的原因造成的损失。

④ 进口关税险（Import Duty），对进口货物受损部分的进口关税负赔偿责任，但以不超过受损部分保险价值的一定百分比为限。

⑤ 拒收险（Rejection），承保被保险人虽然对保险标的物具备了有效的进口许可证，但货物仍被进口国港务当局拒绝进口、没收、销毁或强制改变用途而造成的损失。

⑥ 黄曲霉素险（Aflatoxin），承保由于花生及其制品中黄曲霉素超过世界各国的限制标准而被拒绝进口、没收、销毁或强制改变用途的损失。

⑦ 舱面险（On Deck Risk），承保一些体积过大或易燃、有毒货物因装载舱面而发生的损失。

⑧ 存仓火险责任扩展条款（Fire Risk Extention Clause），承保货物存仓期间发生的损失。

上述列举了几种海上运输通常遇到的险别，现通过表 12–2 对各个险别的关系进行表述。

表 12–2　海上保险险别关系表

<table>
<tr><th>损失
险别</th><th>全部损失</th><th>意外事故造成的部分损失</th><th>自然灾害造成的部分损失</th><th>一般外来风险造成的损失</th><th>特殊外来风险造成的损失</th></tr>
<tr><td rowspan="3">基本险</td><td colspan="2">平安险（FPA）</td><td></td><td></td><td></td></tr>
<tr><td colspan="3">水渍险（WA）</td><td></td><td></td></tr>
<tr><td colspan="4">一切险（All risks）</td><td></td></tr>
<tr><td rowspan="2">附加险</td><td></td><td></td><td></td><td>一般附加险</td><td></td></tr>
<tr><td></td><td></td><td></td><td></td><td>特别附加险</td></tr>
</table>

二、保险单据

（一）保险单据的主要当事人

1. 保险人

保险人（Insurer）是保险合同中与被保险人订约并承担保险责任的一方。保险人接受投保人的投保，有权按照约定取得保险费，并签发保险单据。当保险标的物遭受合同责任内的损失时，保险人应承担赔偿责任。

目前以保险人身份经营业务的有：

（1）保险公司（Insurance Company）。有些国家的法律规定只有以公司名义注册的保险组织才能够经营保险业务。

（2）保险商（Underwriter）。他是个体的保险经营人，为英国所特有。英国保险法允许劳合社的成员以个人名义经营保险业务。

（3）保险代理商（Insurance Agent）。他是保险人的代表，根据授权代表保险人承接保险业务。有时一些业务保险公司无法完成，便请海外的机构代理。保险代理的权限依代理合同而定，一般包括签发保险单据、批改保险单据、收取保险费、检验货物和勘察理赔等。

（4）保险经纪人（Insurance Broker）。他是保险人和被保险人之间的中间人，替保险公司承揽业务，并收取佣金。保险经纪人不是独立的法人，在受理保险业务时，不能开立正式保险单据，只能出具保险经纪人的暂保单作为办理保险的凭证，然后向保险公司投保。

2. 投保人

投保人（Applicant）一般是对保险标的具有保险利益、同保险人签订保险合同并负有支付保险费义务的人。所谓保险利益就是对保险标的具有的权益。对保险标的的可保利益应符合三个条件：① 可保利益必须是合法的；② 可保利益必须是肯定的，对期待中的利益是可以；③ 可保利益必须具备能以货币来表示的经济价值。在国际贸易实务中，投保人通常就是被保险人。

3. 被保险人

被保险人（The Assured 或 The Insured）是与保险人相对的概念，是受保险合同保障的人，有权在受险后按保险合同向保险人取得赔款。国际货运保险的被保险人一般为货主或收货人。

根据保险惯例，被保险人只有在满足以下两个条件时方有资格取得赔偿：

（1）具有保险利益。如果保险标的物的损失对某人造成损失，该人则具有保险利益。在索赔时，只有证明自己拥有保险利益才能取得赔款，即证明货物的损失对自己造成了损失。在货物运输出险时，持有提单就是有保险利益的证明。

（2）持有善意。承办保险时，保险人并不调查事实，因此要求被保险人如实介绍货物、运输工具和运输路线等情况，以利保险人作出准确判断。被保险人还必须保证货物未出险，至少在投保时不知道货物已出险。

如果被保险人没有达到上述标准，则保险人在货物出险时可以拒绝赔偿。

（二）保险单据种类

海上运输保险单据，一般有以下四类：

1. 保险单

保险单(Insurance Policy)是保险人和被保险人之间订立保险合同的正式书面凭证，包括保险契约的全部内容，是完整的承保形式。保险单的正面内容包括被保险人名称，保险货物名称、数量及标志，载货船名，投保险种和保险起讫地点等。背面印有保险合同条款，包括保险人责任范围和除外责任，保险人和被保险人的权利、义务等详细条款。保险单在国际贸易实务中广泛使用，是正式保险单，俗称“大保单”。

2. 保险凭证

保险凭证(Insurance Certificate)是简化了的保险单，俗称“小保单”。它包括保险单的基本内容，但不附有保险条款的全文。保险公司和被保险人的权利和义务，以保险公司的正式条款为准。

3. 浮动保单

浮动保单(Floating Policy)，又称预保单(Open Policy)。进出口商在进行大宗的、长期的或多次的货物运输时，为避免投保的繁杂手续，与保险人预先签订一份总的保险合同。合同规定了保险货物的范围、保险责任、险别、保险费率、每次出运货物的最高保险金额、货物估价和保险金额的确定方法等。保险人根据这样的合同而出立的保险单，称为预保单。凡属预保险规定范围内的货物，一经装船，被保险人应自己或由其交易的对方向保险人发送保险申明(Declaration of Insurance)，将货物的名称、数量、保险金额，船舶的起运港、目的港和开航日期等通知保险人。保险人收到通知时，将投保金额从预保单中扣除，直至总保额全部用完。

4. 暂保单

暂保单(Cover Note)是一种非正式的保险单据，它是表示即将订立保险合同的一种证明。一般由保险经纪人出具，是尚未办妥正式保险单据前，向投保人发出保险基本内容的文件。暂保单是保险经纪人代办保险的约定，而不是保险合同的证明，它并不证实保险人与被保险人之间合同关系的确立。因此在实务中，这类单据不为进出口商所接受。

（三）保险单据的作用

保险单据是保险人对被保险人承保后出具的书面证明，是双方签订的保险契约，一旦发生损失凭以索赔。

保险单据是保险合同的证明和赔偿证明。

1. 保险合同的证明

保险单据是保险人与被保险人之间所签订的保险合同的证明。按保险业的惯例，只要保险人在被保险人填写的保险单据上签了字，保险合同就告成立，它具体规定了保险人和被保险人的权利和义务。

2. 赔偿证明

保险合同不同于一般的贸易合同，它是一种赔偿性的合同，而非买卖性的合同。被保险人支付保险费后，保险人即对货物在遭受合同责任范围内的损失负赔偿责任，被保险人即可凭保险单据向保险人索赔，因此保险单据也是赔偿权的证明文件。作为一种权利凭证，货物运输保险单像提单一样可背书转让，但赔偿不是必然发生的，而只是偶然发生的，因此保险单据只是潜在的利益凭证。

（四）保险单据的内容

保险单据的内容，包括正面条款与背面条款。背面条款主要是保险合同条款。正面条款的主要内容如下，参见附式 12-3。

1. 保险人及出具人

保险人为承担保险责任的当事人，保险单据出具人的名称和地址一般都已在保险单上部印就。

2. 被保险人

海上运输保险的被保险人一般为出口商。在交单前，出口商对保险单做背书已转让给进口商。

3. 唛头与数量

该栏填写与发票和提单一致的具体唛头和包装种类及数量。

4. 保险货物的描述

该栏填写货物的名称，可按照发票填写。如果货物种类比较多或名称复杂，也可以填写统称，除非信用证另有规定。

5. 投保金额

除非另有规定，一般按照货物 CIF 或 CIP 价格的 110% 投保，小数点一律四舍五入。

6. 保险费和费率

实务中大多数进出口企业向保险公司集中办理保险，按月结算保费，因而不必在保单上逐笔列明保费和费率，只需填写或已印就 As Arranged（按约定）即可。

7. 装载运输工具

如果为海运方式，本栏填写船名及航次。如果涉及转船，应填写一程船船名、二程船船名。如果为空运方式，一般可以填写 By airplane 或 By air。邮寄方式下填写 By parcel post 等。

8. 起运日期及运输线路

起运日期可以按运输单据的有关日期填写，也可以填写 As per B/L、As per AWB 等。运输线路主要是起讫地点。

9. 承保险别

该栏注明保险人承担的保险责任，以及按照什么条款负责。

附式 12-3 保 险 单

中国太平洋保险公司
CHINA PACIFIC INSURANCE COMPANY LIMITED

NO. 0004173

保险单
INSURANCE POLICY

中国太平洋保险公司(以下称承保人)根据被保险人的要求，在被保险人向承保人缴付约定的保险费后，按照本保险单承保险别和背面所载条款承保下述货物运输保险，特立本保险单。

This policy of insurance witnesses that China Pacific Insurance Company Limited (hereinafter called "The Underwriter") at the request of the insured named hereunder and in consideration of the agreed premium paid to the Underwriter by the insured, undertakes to insure the under mentioned goods in transportation subject to the conditions of this Policy as per the Clauses printed overleaf and other special clauses attached hereon.

被保险人:

Insured: SHANGHAI HUAXIA COMPANY LTD.

标记 Marks & Nos.	包装及数量 Quantity	保险货物项目 Description of Goods	保险金额 Amount Insured
As per Invoice No. 122 040 GS	4 PALLETS	HANDLES	USD 2,200

总保险金额

Total Amount Insured U. S. DOLLARS TWO THOUSAND TWO HUNDRED ONLY

保费　费率　装载运输工具

PREMIUM AS ARRANGED　RATE AS ARRANGED　PER CONVEYANCE S. S. MAYSSAN 1224EA

开行日期　自　至

ON BOARD AS PER B/L　FROM SHANGHAI　TO NEW YORK

承保险别
Conditions　Covering All Risks and War Risks as per Ocean Marine Cargo Clauses and War Risks Clauses of the People's Insurance Company of China.
(Abbreviated as C. I. C All Risks & War Risks).
Warehouse to Warehouse Clauses in included.

所保货物如遇出险，本公司凭第一正本保险单及其他有关证件给付赔款。

Claims, if any, are payable on surrender of the first original of the policy together with other relevant documents.

赔款偿付地点

Claim payable at NEW YORK IN USD

日期　上海

DATE AUGUST 30, 2014 SHANGHAI

中国太平洋保险公司上海分公司
CHINA PACIFIC INSURANCE COMPANY LIMITED
SHANGHAI BRANCH
洪涛
GENERAL MANAGER

10. 赔款偿付地点及理赔货币

如果信用证(或其他结算方式下合同)有规定则从其规定。如果没有规定，本栏填写保险单上所载目的港(目的地)。

11. 出单日期和地点

出单地点涉及法律适用问题。出单日不可迟于装运日，否则可能出现风险已转移至买方，但保险人尚未对货物承保的问题；除非保险单上另有保险生效条款。

12. 保险人签名

正本保险单必须有保险人签名，只有保险公司、保险商或他们的代理人才可以签署保险单。

第五节

其他单据

一、产地证

产地证(Certificate of Origin)是原产地证明书的简称，是证明交易货物的生产地或制造地，作为进口国给予出口国配额或优惠关税待遇的凭证。

根据签发机构的不同，产地证可以分为非官方出具的产地证、贸促会产地证和普惠制产地证。非官方出具的产地证常见的主要有出口商或制造商出具的产地证，其内容较为简单，主要有商品名称、产地等。在信用证业务中若无具体出具人的规定，出口商可以提交该类产地证来满足。贸促会产地证是指由中国国际贸易促进委员会出具的产地证，在实务中一般是由出口商自行填制后由贸促会签发。其主要内容包括进出口商的名称及地址、唛头及标记、货物描述及件数、签发机构对货物产地的声明、出具机构签字及日期等内容。普惠制产地证(Generalized System of Preferences Certificate of Origin，G. S. P. Form A)是出口商品检验检疫机构签发的，可以凭以享受发达国家给予发展中国家的普遍的、非歧视性的和非互惠的关税优惠待遇。普惠制产地证主要包括进出口双方当事人的名称及地址、货物运输方式及路线、唛头及标记、货物描述及件数、产地类型、重量或体积、出口商声明及出具日期、商检机构声明及签发日期等内容。到目前为止，已有28个发达国家(主要是欧盟各国)向我国提供这种优惠。由于我国加入WTO并成为世贸组织一员，该组织内各成员国相互实行最惠国待遇和国民同等待遇，因此今后将会有更多国家提供这种优惠措施。

二、商品检验证明书

商品检验证明书(Inspection Certificate)简称商检证，是商检机构对进出口商品进行检验鉴定后出具的书面证明文件。

商品检验证明书是国际结算中的重要单据之一。它在国际贸易中的作用主要是：出口方所交货物的品质、重量、数量、包装以及卫生条件等符合合同规定的证明；进口方对货物的品质、重量、数量、包装条件等提出异议、拒收货物、要求理赔和解决争议的依据；进出口国海关验关放行的证明；某些商品贸易中买卖双方计价的依据。

商品检验证明书的种类繁多，各有关方应根据不同商品特点、市场、行业习惯以及进出口国法律要求适当选用。常见的商检证有以下几种：

(1) 质量检验证书(Inspection Certificate of Quality)，用以证明商品的品质、规格、等级、某些物质或元素的含量等。

(2) 数量检验证书(Inspection Certificate of Quantity)，用以证明商品包装的数量或件数等情况。

(3) 重量检验证书(Inspection Certificate of Weight)，用以证明商品的重量及包装情况。

(4) 卫生检验证书(Sanitary Inspection Certificate)和健康检验证书(Inspection Certificate of Health)，用以证明商品在加工中的卫生情况或证明动物产品在屠宰前疫区和疫情情况以及加工中的卫生情况检疫合格，未受传染病菌或病毒沾染，可供食用。

(5) 兽医检验证书(Veterinary Inspection Certificate)，用以证明活动物或动物产品经兽医检验，符合检疫卫生要求(适用于罐头、蛋品、乳制品和蜂蜜等)。

(6) 消毒检验证书(Disinfection Inspection Certificate)和熏蒸检验证明书(Inspection Certificate of Fumigation)。前者用于证明粮食、植物等产品经过熏蒸灭虫处理(适用于谷物、油籽、豆类和木材等)。后者用以证明动物产品经过消毒处理(适用于猪鬃、山羊毛、马尾、羽毛和羽绒制品等)。

(7) 植物检验证书(Plant Quarantine Inspection Certificate)，用以证明对植物，包括植株及果实等的检疫结果。

(8) 温度检验证书(Inspection Certificate of Temperature)，用以证明冷藏商品在冷藏库保管的温度情况和装冷藏船舱的温度情况。

(9) 公量检验证书(Inspection Certificate of Conditioned Weight)，用以证明商品外包装的体积或毛重情况。

(10) 分析检验证书(Inspection Certificate of Analysis)，用以证明对商品成分的分析结果。

(11) 产地检验证书(Inspection Certificate of Origin)，用以证明商品的原产地或生产国之所在，以便进口国海关统计配额使用情况及决定关税待遇的优惠程度。对于以产地为交易货物品质标准的某些农、副、矿产品或某些特种工艺品等，往往还需在证书上注明具体生产地点，而不能笼统地只注明生产国别。

各种检验证书的内容较为简单，通常主要有以下几个方面：发货人及收货人名称、地址；货名描述，包括重量、数量、规格等其他特殊要求；检验结果；检验日期；检验机构签字盖章等。各项内容应符合信用证规定，并与发票和其他单据一致。检验证书的签发日期一般应早于提单日期，但也不能过早。证书有效期通常为两个月，但鲜活产品仅为两个星期。有的特殊商品需要装船后进行检验或处理（如木材包装的货物熏蒸），其出证日期可以迟于提单日期。

三、船公司证明

为了满足进口国政府了解运输等情况的要求，进口商往往要求出口商提供船公司出具的证明。常见的船公司证明（Shipping Company's Certificate）有：

（1） 船籍证，用以证明载货船舶的国籍。

（2） 航程证，用以说明航程中停靠的港口。

（3） 船龄证，用以说明船龄。一般船龄在 15 年以上的船为超龄船，许多保险公司对 15 年以上船龄的船舶不予承保。

（4） 船级证，用以说明载货船舶符合一定的船级标准。劳合社船级社签发的船级证明中，100A1 是标准船级。

（5） 货装集装箱船证明。信用证若要求货物须装载集装箱船只，只要提单上能表示出是集装箱运输就无须提供证明。若要求货装集装箱船证明，则须由受益人提交此证明。

（6） 收单证明，又称船长收据。在一些国际贸易中，为了使进口商及时凭单提货，有时出口商将一套单据委托船长随船代交收货人。此时，船长须签发收单证明，证明已收到单据并将转交进口商。

四、其他附属单据

由于进口商或开证行对装运货物的需要不同，有时还要求其他单据。如：

（1） 受益人声明（Beneficiary's Statement），是信用证交易中出口商自己出具的说明已经履行了合同义务的证明。如证明装船后已发装船通知、已寄样品或已寄副本单据等。

（2） 电报抄本（Cable Copy），是用电文来证明出口商已经向进口商作了符合要求的电报通知。

（3） 装船通知（Shipping Advice），是受益人根据信用证要求在装运后规定时间内以电报或电传方式将装运情况通知收货人的电文。通知内容一般包括合同号、信用证号、发票号、货名、数量、金额、装载工具、预计开航日期和到达日期等，其主要目的是使开证申请人根据该通知及时办理有关保险事宜。

（4）借记通知(Debit Note)，是指出口商应收的佣金和费用等，以借记通知办法结算，实收金额应为发票金额加借记通知金额。

（5）贷记通知(Credit Note)，是指出口商应付的佣金和费用等，以贷记通知办法结算，实收金额为发票金额减贷记通知金额。

（6）中性单据(Neutral Documents)，是指表面上不表现出口方的真实名称的某些单据。

（7）投保声明书(Insurance Declaration)和保险回单(Insurance Acknowledgement)。投保声明书通常以出口商为发件人，以指定的保险公司为收件人，以进口商为副本抄送对象，以信用证编号和预保单编号为标题。

（8）出口许可证副本(Copy of Export Licence)。

第六节

单据审核

一、单据审核原则

单据审核是银行对受益人提交的凭以议付或承付的单据的审查，实务中简称为审单(Documents Examination)。单据审核的结果直接关系到银行是否议付或承付，也即关系到出口商能否安全、及时地收汇。

信用证项下单据审核的依据是国际商会第600号出版物《跟单信用证统一惯例》(UCP 600，2007年修订本)所规定的条款，以及世界各国的习惯做法和惯例。简单地说，审单的原则是“单证一致，单单一致”。单证一致，是指单据在表面上应和信用证规定相符。即信用证所规定的，都应在有关单据上得到反映；单据上说明的情况和事实，不能和信用证规定相抵触。单单一致，是指各种单据的相关内容或相同内容的描述应保持一致；各种单据只能互相补充、相辅相成，不能彼此矛盾。

合约、信用证、单据与货物，是每笔信用证项下国际贸易交易必不可少的要件。理清它们之间的关系，对于单据审核有很重要的意义。合约是交易的基础，也是信用证开立的依据；信用证条款是审单的依据；单据是货物的文件；而货物是交易的实质。“信用证与买卖合同或其他合同，是两种不同性质的文件。虽然信用证的开立以合同为依据，但银行与该合同完全无关，不受其约束。即使信用证中包含有关合约的任何援引，银行也与该合约完全无关，并不受其约束。”(UCP 600第4条)。“在信用证业务中，各有关方面处理的是单据，而不是与单据有关的货物、服务或其他行为。”(UCP 600 第 5 条)。银行为确认提交的单据合格与完整，必须做到“纵横审核”。纵向审核是指信用证是各项单据的中心，信用证内容必须是逐字逐句地阅读，不得遗漏，做到单证一致。横向审核是指发票是其他单据的中心，有关数字与描述必须一致，做到单单一致。

案例 12-2

单据伪造与银行责任案

案情：

2013 年 10 月，新加坡 A 公司向台湾 B 公司订购了一艘新渔船，并根据合同要求向 C 银行申请开立信用证，申请书中单据要求包括由 A 公司执行董事签署的证明书，要求该证明书证明船只按照规定的规格建造并且适合于海上航行。

C 银行按照申请书的要求开出信用证后，并在规定的交单期限内收到了 B 公司通过其银行提交的相关单据，审核确认无误后付款，并借记 A 公司账户。A 公司收到渔船后发现船只不是新的，已有 10 年船龄。于是 A 公司认为 C 银行借记其账户是错误的，向法院提起诉讼，主要理由为：证明书上的签字是伪造的。

请问法院该如何判决？

分析：

本案中 C 银行作为开证行对单据进行了合理、谨慎的审核并未发现不符点，因此履行了付款责任并从 A 公司账户扣除相应金额，其做法是符合信用证规定和申请书约定的。法院调查后确认证明书是伪造的。但是由于 A 公司并没有提供任何证据表明 C 银行有疏忽行为，而该证明书表面符合信用证要求，因此 C 银行的做法是符合《跟单信用证统一惯例》的。

启示：

本案中涉及的问题主要是单据伪造是否是银行责任。根据《跟单信用证统一惯例》，银行对单据的形式、虚实、准确性、真伪及法律效力等不负责任。因此，单据的真伪问题属于银行的免责范围。只要单据表面上符合信用证条款，申请人必须付款赎单。受益人的欺诈并不能免除开证申请人付款赎单的责任，除非能够证明开证行也参与了欺诈。

二、银行的审单期限

UCP 600 第 14 条 b 款对银行的审单时间规定为：“按指定行事的指定银行、保兑行(如有)及开证行各自自交单翌日起最多 5 个银行工作日，用以确定交单是否相符。这一期限不因交单日当天或之后信用证有效期或最迟交单日的到来而缩短或受影响

(A nominated bank acting on its nomination, a confirming bank, if any, and the issuing bank shall each have a maximum of five banking days following the day of presentation to determine if a presentation is complying. This period is not curtailed or otherwise affected by the occurrence on or after the date of presentation of any expiry date or last day for presentation)。

UCP 600 对审单时间的规定与 UCP 500 相比有了较大改动，将银行审单时间最多 7 个银行工作日缩减到了 5 个银行工作日，同时删除了容易引起不确定的“合理时间”的说法。

案例 12-3

开证行拒付案

案情：

2014 年 3 月，A 银行开立一份不可撤销的即期议付信用证，并通过 B 银行将信用证传递给受益人 C 公司。受益人 C 公司发货后取得单据并向 B 银行议付，B 银行议付后将单据寄送给开证行索偿。开证行在收到单据后第七个工作日以单据存在不符点为由拒付。经 B 银行确认，A 银行提出的单据不符点确实存在。但 B 银行认为开证行的审单时间超过了《跟单信用证统一惯例》(UCP 600)规定的时间，拒付不合理。开证行则辩解，由于单据存在不符点，需要联系申请人放弃不符点，所以拒付通知发出时间较晚。

请问：本案中开证行在收到单据后第七个工作日拒付是否合理？其辩解的理由是否可接受？

分析：

本案中尽管单据存在不符点，但是开证行因为没有在合理时间内发出拒付通知而被取消声称单据不符的权利，其辩解的理由不被接受。根据《跟单信用证统一惯例》(UCP 600)第 14 条 b 款规定“按照指定行事的被指定银行、保兑行(如有)以及开证行，自其收到提示单据的翌日起算，应各自拥有最多不超过五个银行工作日的时间以决定提示是否相符”。第 16 条规定“当按照指定行事的被指定银行、保兑行(如有)或开证行决定拒绝兑付或议付时，必须一次性通知提示人。该通知不得迟于提示单据日期翌日起第五个银行工作日终了；当开证行确定提示不符时，可以依据其独立的判断联系申请人放弃有关不符点。然而，这并不因此延长第十四条 b 款中述及的期限；如果开证行或保兑行未能按照本条款的规定行事，将无权宣称单据未能构成相符提示”。

启示：

本案中涉及的问题主要是开证行审核单据的时间以及拒付权利的行使问题。根据 UCP 600 的规定，开证行审单后发现不符点，应该在收到提示单据翌日起五个工作日内通知提示人，在该通知中需明确表明拒付并一次性列出所有不符点，否则就丧失了拒付的权利。此外，本案中因为单据有不符点，开证申请人有理由拒绝付款赎单。开证行无法从申请人处收取货款，只能因为本身操作中的疏忽而承担损失。因此本案中开证行发现不符点应该及时通知提示人，同时可以联系申请人放弃有关不符点，两者之间并不冲突。

三、UCP 600 中一些重要条款的理解

（一）对单据中货物描述的要求

按照单证一致的原则，单据中对货物的描述应该与信用证一致，这在大多数情况下是能做到的。但是如果对货物的描述专业性很强，要求对货物特性很熟悉的出口商出具的发票中对货物的描述与信用证相一致的要求是合理的；而要求对货物特性不是很了解的第三方出具的单据中对货物的描述也与信用证相一致就没有必要了。因此 UCP 600 中对发票和发票以外的其他单据中的货物描述做了不同的规定。第 18 条 c 款规定："发票上货物、服务和履约行为的描述应与信用证中的描述相一致。"而第 14 条 e 款规定："商业发票以外的其他单据，如有货物、服务和履约行为的描述，可以使用与信用证中的描述不矛盾的统称。"

（二）非信用证规定的单据不予理会

信用证相符原则不涉及信用证中没有规定但受益人却提交了的单据。UCP 600 第 14 条 g 款规定："提交的非信用证要求的单据将不予理会，并可被退还交单人。"对受益人来说，如果提交了信用证未规定的单据，除非银行与受益人另有约定，银行对受益人不承担必然传递、审核、保管或退回的责任。对开证行而言，即使指定银行将该类单据传递过来，开证行也可以置之不理。即使开证行审核了单据，也不意味着对申请人承担了责任，且开证行不得因为信用证未要求的单据中存在不符点而拒付。

（三）非单据化条件

银行仅根据单据本身来确定交单是否构成相符交单，因此对信用证中规定的每一个条件都要有与之相对应的单据来体现，以免给银行的审单带来困惑。UCP 600 第 14 条 h 款规定："如果信用证包含了一项条件，而未规定构成与之相符的单据，银行将视该条件并未规定而不予理会。"该类条件被称为非单据化条件。

（四）任何单据中的托运人或发货人无须为受益人

信用证受益人一般即为发货人。但是在实务中出现受益人作为中间商转手经营的情况，受益人购进他人生产或经销的货物再转卖给信用证申请人的情况也是正常的，因此由原始供货人发货的情况经常发生。为适应上述实际状况的需要，按照 UCP 600 第 14 条 k 款的规定，显示在任何单据中的货物托运人或发货人不必是信用证的受益人。

（五）单据的出具日期

单据的出具日期与信用证的开证日期、货物的装运日期以及交单日期相联系。UCP 600 第 14 条 i 款首次明确规定："单据的出具日期可以早于信用证的开立日期，但不晚于信用证的交单日期。"之所以这样规定是考虑到一些急于出口的企业在信用证尚未开立时就已经开始备货制单了，只要单据的出具日期不过分早于信用证的开立日期就是可以接受的。单据的最晚出具日期不能迟于交单日期而非货物的装运日期，这是因为单据的出具日期晚于货物的装运日期是正常的，如此可避免银行毫无必要地以单据日期在装船之后为由拒付。

（六）信用证金额、数量与单价的伸缩幅度

UCP 600 第 30 条 a 款规定，在有关信用证金额、数量或单价这三项内容上，凡使用"约"（about）或"近似"（approximately）字样的，可理解为该项实际金额（或该项实际数量，或该项实际单价）与信用证规定的金额（或数量，或单价）相比有 10% 的增减幅度。

（七）关于分批支款及分批出运问题

信用证明确规定可分批支款与分批装运，应严格按照信用证条款办理，若信用证对此未作规定，则可理解为允许分批装运、分批支款。判断是否属分批装运，一般的标志是看提供的运输单据是否具有不同的出单日期。若在同一运输工具，同一班次的多次装运情况下，即使运输单据有不同的出单日期，或表明不同的地点亦不作为分批装运论处。

（八）关于期限的问题

（1）若信用证下装运日期条款之前，有"止"（to）、"至"（till）、"直到"（until）、"从"（from）等字样，应理解为包括所述日期。若使用"以后"（after）一词，则应理解为不包括所述日期。如信用证装运日期条款之前，"约"（about）或"近似"（approximately）等字样，可理解为货物于规定日期前后各五天内装运，起讫日期均包括在内。如来证规定 shipment on or about（or：around）Sept. 15，则提单的日期可为 9 月 11 日—9 月 19 日之内的任何一天，包括 11 日与 19 日两天。

（2）"上半月"、"下半月"（first half、second half of a month），应分别理解为每月 1 日至 15 日和 16 日至该月的最后一天，首尾两天均包括在内。

（3）"月初"、"月中"或"月末"（beginning、middle or end of a month），应分别理解为每月 1 日至 10 日，11 日至 20 日，21 日至该月最后 1 天，首尾两天均包括在内。

（4）信用证应规定明确的有效期。如开证行规定信用证有效期为"1 个月"、"6 个月"或类似情况，未列明自何时起算时，开证行的开证日期被认为是起算日。

(5) 信用证应规定明确的装运期，不能使用诸如“迅速”、“立即”、“尽快”(prompt, immediately, as soon as possible)以及类似词语。若使用这类词语，可不予理睬。

(6) 信用证应规定明确的交单期限。除交单日期外，每张要求运输单据的信用证应规定一个运输单据出单日期后，必须交单付款、承兑或议付的特定限期。如未规定该限期，银行将拒受迟于运输单据出单日期 21 天后提交的单据。同时，单据在任何情况下都不得迟于信用证到期日提交。如有效期为 2013 年 12 月 20 日，货物最迟装运日为 2013 年 12 月 1 日，信用证规定 All shipping documents must be presented within 15 days after bill of lading。若货物于 12 月 1 日出运，则所有单据必须在 12 月 16 日前向银行提示。这样才能同时满足在信用证有效期内并且提单出具日后 15 内交单的要求。若上述信用证有效期和货物最迟装运日均不变，信用证规定 All shipping documents must be presented within one month after bill of lading，则所有单据必须在 2013 年 12 月 20 日前向银行提示，否则就过了信用证的有效期。

(7) 信用证的到期日，若适逢银行节假日，则可顺延至下一营业日。但最迟装运期，不能以此为由而顺延。

四、主要单据的审核要点

审单的顺序一般是先审汇票(若有)和发票，然后以发票为中心，依次审核发票的附属单据、保险单据和运输单据等。

(一) 汇票

1. 汇票金额(Amount)

(1) 汇票金额不能超过信用证限额(Amount doesn't exceed amount available)。

(2) 汇票上的货币币别与金额，须与发票上的一致(Currency and amount agree with those in the invoice)。

(3) 汇票大写、小写金额一致(Amount in figures and words agree)。

2. 汇票日期(Tenor)

(1) 出票日期(Issuing Date)。跟单汇票出票日不能早于提单日，也不能迟于信用证的到期日。

(2) 提示日期(Presentation Date)。汇票提示日期一般是信用证规定单据提示日，若信用证对单据提示日未作规定，则应理解为在运输单据出立后的 21 天内提示，但两者都必须在信用证有效期内。

(3) 到期日(Expiry Date)。汇票的到期日应与信用证规定相一致。

3. 汇票当事人(Party)

(1) 收款人(Payee)。若信用证有规定收款人，按规定办理。若信用证未作规定，一般收款人为议付行或其指示人。

（2）付款人（Drawee）。付款人一般为开证行或开证行指定的银行，不能以信用证申请人作为付款人。

（3）出票人（Drawer）。出票人一般为出口商，也即信用证的受益人。

4. 载明信用证规定的条款（Bears All Clauses Specified）

如果信用证规定了汇票的出票条款（Drawn under clause）、利息条款（Interest clause）、汇率条款（Exchange rate clause）和起息日（Value date），应按照信用证的规定在汇票上载明。如在记载出票条款时，其开证行名称、信用证号及开证日期等均应与信用证规定相符。

（二）发票

（1）发票须由信用证指定的受益人开出（Invoice in name of beneficiary）。

（2）若信用证规定发票受票人，按规定办理。若无规定，则发票上的 account party 应与进口商的名字相同。

（3）发票对货物的描述（如名称、品质、单价、数量、重量和包装等）应与信用证的描述相一致（Description of goods in invoice must correspond with that in the credit）。

（4）发票金额不超过信用证金额（Invoice amount should not exceed credit amount）。

（5）提交的发票份数应正确（Correct number of copies presented）。

（6）发票的签署、签证与证实，如果信用证有此要求（Invoice signed, visaed and certified, if as specified）。

（三）提单

（1）确保提单种类与信用证规定相符。一般信用证要求是经签署的清洁、已装船提单（signed, clean, shipped on board bill of lading）。

（2）提示的提单，必须是全套正本及相应副本（Full set of originals and correct number of copies should be presented）。

（3）提单的抬头应符合信用证要求，背面要正确（B/L must made out to specified party and must be correctly endorsed）。一般根据信用证要求可做成空白抬头（Made out to order）、托运人指示抬头（Made out to the order of shipper）或开证行指示抬头（Made out to the order of issuing bank），并相应背书。

（4）装运期、装运港、卸货港与目的港，必须按信用证规定办理（Date of shipment, port of loading, port of discharge and destination as specified）。

（5）按信用证规定的价格条件，注明“运费已付”、“运费已预付”、“运费托收”（“Freight paid”、“freight prepaid”、“freight to be collected” must appear on bill of lading in accordance with price term specified in the credit）。若价格条件为 CIF、CFR，则 B/L 应注明“运费已付”或“运费已预付”。若价格条件为 FOB，则 B/L 应注明“运费托收”或“运费待付”。

（6）装运货物与发票规定一致（Cover merchandise specified in invoice）。提单上货

名描述可采用信用证所规定的货物描述的统称，并且与其他单据上面的表示相同。提单上记载的唛头、数量、重量、船名、收货人和通知人等应与信用证规定及其他单据记载一致。

（四）保险单

（1）保险单据的类别按规定的提示(Be of type specified)。若信用证未规定保险单据的级别，原则上只能提供保险单；若信用证规定较低级别的保险单据(如保险凭证)，即使提供较高级别的保险单据，也是可以接受的。

（2）保险金额(Insurance Amount)。若信用证规定了最低保险金额，应按规定投保；若信用证未规定保险金额，则最低保险金额一般为货物的 CIF 价格的 110%。如根据单据表面信息无法确定 CIF 价格，可接受信用证要求付款、承兑或议付的金额，以及商业发票金额中两者较高的金额的 110% 作为最低保险金额。

（3）保险币别与信用证币别相同(Currency is same currency as credit)。

（4）投保险别如规定所示(Cover all the risks specified)。对信用证规定投保的险别不能漏保；若信用证对投保险别未作规定，则可接受载明任何险别的保险单据。

（5）必须全程保险(Must cover full period of transit)。一般基本险的范围，都是仓至仓。特殊附加险的范围，是从货物装上海轮或驳船开始，至货物目的港卸离海轮或驳船为止。因此，通常在投保特殊保险的时候，要加列一条款“包括仓至仓”(from-warehouse to warehouse included)。

（6）保险日期，必须与提单日期相同或超前(Be dated on or before date of shipment as evidenced by date of B/L)。

（7）船名、装运港、目的港与提单上的描述一致(Name of carrying vessel, ports of shipment and destination agree with that on B/L)。

（8）货物名称、件数、唛头与其他单据一致(Adequately describes the merchandise, number of packages, marks, etc. which agree with other documents)。

（9）保险单据上注明的赔款偿付地点应按照信用证规定填写。如果信用证没有规定，应以货物运抵目的地作为赔付地点。

（10）保险单份数如规定所示(Correct number of copies as specified)。

（11）保险单须经签署(Be signed)。信用证项下的单据种类繁多，在审核其他单据时，如重量证、装箱单、商检证、船公司证明、海关发票、产地证、电抄和受益人证明等时应掌握如下原则：首先，各种单据须严格按信用证规定的要求办理，各项单据须经合格方签署；其次，单据的细节内容，须与其他单据一致。

■ 本章小结

1. 国际贸易单据是国际贸易过程中凭以证明货物品质、规格、重量、装运和保险等众多情况的文件。贸易单据根据作用不同可以分为两大类：基本单据和附属单据。

基本单据是在交易中不可缺少的单据；而附属单据是进口商根据进口地当局的规定和货物的特点等要求出口商特别提供的单据。根据用途的不同，贸易单据可分为四大类：货物单据、运输单据、保险单据和其他单据。单据在国际贸易中起着重要作用，它往往代表货物，也是相关当事人履约的证明及银行办理国际结算的前提。

2. 货物单据由发票、装箱单、重量单组成。前者是货款价目表，后两者则是货物明细单。商业发票是卖方向买方开立的、凭以向买方收款的发货清单，也是卖方对一笔交易的全面说明，内容包括商品的规格、价格、数量、金额及包装等。运输单据是国际结算中最重要的基本单据。根据运输方式的不同运输单据可以分为不同的种类，其中比较重要的是由船公司或其代理人签发的海运提单。海运提单根据不同的标准可以分为不同的种类，如已装船提单和备运提单，清洁提单和不清洁提单等。保险单据是保险公司承保后，对被保险人出具的承保风险的证明。它是保险契约的证明，也是出险后索赔的依据。海上运输保险单据，一般由保险单、保险凭证、浮动保单和暂保单四类构成。其他单据包括产地证、商品检验证明书、船公司证明等。

3. 单据审核是银行对受益人提交的凭以议付或承付的单据的审查，单据审核的结果直接关系到银行是否议付或承付，也即关系到出口商能否安全、及时地收汇。审单的原则是“单证一致，单单一致”。按指定行事的指定银行、保兑行(如有)及开证行各自自交单翌日起最多5个银行工作日，用以确定交单是否相符。审单的顺序一般是先审汇票(若有)和发票，然后以发票为中心，依次审核发票的附属单据、保险单据和运输单据等。审单过程中同时要注意不同国家对审单的习惯做法。

关键术语

单据　发票　唛头　清洁提单　单独海损　推定全损　备运提单　单证一致

复习思考题

1. 简述单据的含义和作用。
2. 根据不同的标准，简单列举海运提单的不同种类。
3. 简述海上损失的种类及海上货物运输险的险别。
4. 审核单据的原则是什么？

延伸阅读

1. 胡涵景．国际贸易单证标准化的原理与方法解析[J]．中国标准导报，2014(01)．

2. 陈晓梅．我国国际贸易单证标准化建设的现状及发展对策研究[J]．湖北经济学院学报(人文社会科学版)，2014(07)．

■ 本章参考文献

1. 贺瑛．国际结算．[M]．上海：复旦大学出版社，2006：第十二章．

2. 贺瑛．国际结算习题与案例．[M]．上海：复旦大学出版社，2008：第十二章．

3. 庄乐梅，李菁．国际结算实务精讲．[M]．北京：中国海关出版社，2013：第七章．

4. 林俐，马元．国际结算．[M]．上海：立信会计出版社，2010．

5. 荆生．国际结算实验教程．[M]．北京：中国金融出版社，2007．

第十三章

非贸易结算

本章导言

通过本章的学习，学生应明确非贸易结算的基本定义，掌握非贸易结算外延及内涵，熟悉非贸易结算业务流程及操作规范，熟练掌握各类非贸易结算具体业务中的风险及风险防范。

本章电子教案

（请扫描二维码）

本章知识结构图

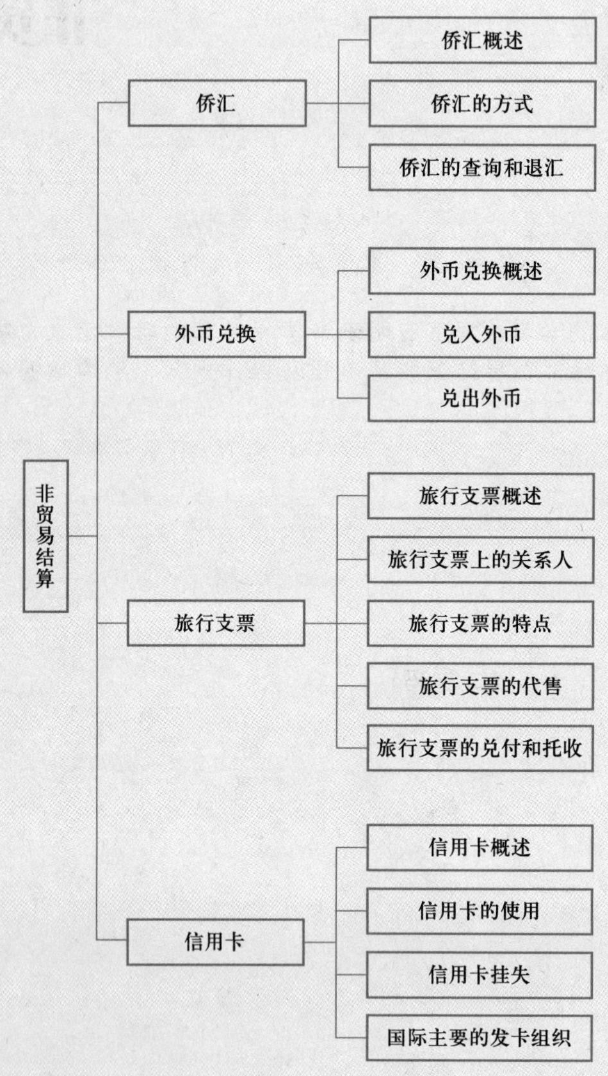

非贸易结算
侨汇
侨汇概述
侨汇的方式
侨汇的查询和退汇
外币兑换
外币兑换概述
兑入外币
兑出外币
旅行支票
旅行支票概述
旅行支票上的关系人
旅行支票的特点
旅行支票的代售
旅行支票的兑付和托收
信用卡
信用卡概述
信用卡的使用
信用卡挂失
国际主要的发卡组织

一、侨汇概述

汇款按照当事人所处国家的不同，可以分为国际汇款和国内汇款；按照产生的原因不同，可以分为贸易汇款和非贸易汇款；按照汇款方向的不同，可以分为汇出汇款和汇入汇款。侨汇(Overseas Chinese Remittance)是居住在国外的华侨、外籍华人和港澳台同胞汇入国内(境内)的汇款，属于因非贸易往来引起的国际汇入汇款业务。

根据汇款使用的货币不同，侨汇可以分为原币汇款和人民币汇款。原币汇款是指汇款人以原来的外币汇出的汇款，解付时解付行按外汇买入价折合人民币支付。人民币汇款是指汇出行在汇出时，以汇出当日人民币对外币的卖出价折收外币后，以人民币金额汇出，国内解付行解付相应的人民币。

根据汇款的时间不同，侨汇可分为不定期汇款和约期汇款。不定期汇款是指汇款人不定期地汇入国内的汇款。约期汇款是指汇款人为赡养在国内的亲属，与汇出行约定，在一定时期内(如每月一次或两次)汇给国内亲属一定金额的汇款。

二、侨汇的方式

侨汇有电汇、信汇和票汇三种汇款方式，与贸易汇款的业务程序基本相同。

电汇是国外(境外)银行以电报、电传或SWIFT方式汇入的侨汇。电汇迅速、便捷，收款人能在较短的时间里收到汇款，但是汇款人须承担较高的费用，一般用于比较紧急的款项。电汇的汇入途径主要有两种：一是国外(境外)银行直接发至解付行(即汇入行)的电汇，解付行应在译电核押、填妥收条后尽快解付。二是国内(境内)联行发电转委的电汇，其电报顶端注有“侨转”字样。由解付行审核无误后，填制一套电汇收条，办理解付手续。解讫后，连同正副收条划清算行。

信汇是国外(境外)银行填制一整套包括信汇总清单、信汇委托书、正副收条、汇款证明书以及信汇通知书等套写格式，邮寄给解付行的侨汇。解付行核对总清单后，逐笔抽出信汇委托书并确认核对无误后，办理解付或转汇手续。

票汇是指汇款人到汇出行交款购买银行汇票，然后将汇票自带或邮寄给收款人，并由收款人持票向国内(境内)指定的解付行兑付票款的一种汇款结算方式。它的主要特点是费用低，但速度慢。汇出行售出银行汇票后，应向指定的解付行发出汇票通知书，以便解付行凭以解付票款。解付行将汇票上的出票人签字、汇票通知书上的签字和汇出行签字样本核对相符后，办理解付。汇票上若有收款人姓名，则应由收款人背书，并查验持票人提供的证件。

三、侨汇的查询和退汇

解付行接到汇出行寄来的汇款总清单及其附件后，如果发现收款人姓名、地址不清，或清单与附件的汇款总数、金额不相符，或核对银行签章不符，应立即向汇出行查询。

侨汇一经汇入，一般不予退汇。但如遇以下情况，可以办理退汇：

(1) 汇款人主动要求退汇。如果汇出行同意汇款人的要求，则由汇款人填写退汇申请书，由汇出行用信函或电报等方式将退汇申请书通知解付行。在此款尚未解付的情况下，可以办理退汇。

(2) 收款人姓名、地址不详，经多方调查仍无法解付者，或收款人死亡且无合法继承人代收款项时，经与汇出行联系，可以办理退汇。

(3) 收款人拒收，主动要求退汇。经与汇出行联系，可办理退汇。

第二节 外币兑换

一、外币兑换概述

外币兑换(Exchange of Foreign Bank Notes)是指自由流通币种的外币现钞的兑入和兑出业务。国家确定某种外币能否收兑，主要考虑两个因素：一是货币发行国(地区)对本国货币出入境是否有限制；二是这种货币在国际金融市场上是否能够自由兑换。我国银行可兑换的外币现钞(铸币不兑换)为：美元、英镑、日元、港币、瑞士法郎、欧元、新加坡元、瑞典克朗、丹麦克朗、挪威克朗、加拿大元、澳大利亚元、韩元、泰铢、新台币和澳门元等。

二、兑入外币

凡属中国人民银行公布的“人民币外汇汇率表”内所列的各种外国货币，银行均可办理收兑。银行办理收兑外币，按当天牌价兑付，没有收兑牌价的外币不予收兑。兑入外币的折算方法为：应付人民币金额=外钞金额×外钞买入价。兑入外币时，银行要审定顾客交来外钞的币别，应当立即清点，并与顾客核对，同时鉴别真伪并鉴定其流通情况，合乎兑换条件后才能办理收兑。填制一式二联兑换水单，交配款员配齐人民币，交还制票员复核现金后，连同一联水单，付给顾客，另一联水单作传票附件。已停止流通的旧版货币，不能直接兑现，只能办理托收。发现外币假钞时，将没收假钞，并开具没收假钞证明。

三、兑出外币

单位或个人申请购买国家公布的可自由兑换外币时，应按外汇管理局有关规定向银行申请购买，经银行审核无误后办理兑付。我国银行兑出外币主要有三种情况：

(1) 对私售汇。根据外汇管理局的规定，境内居民可在银行办理个人因私兑换外汇业务。

(2) 对公供汇。公派出国团组需持外汇管理局按规定审批的出国批件，到银行购汇，银行审核无误后予以供汇。

(3) 境外人员出境时的退汇业务。境外人员离境前，要求将入境时兑换的未用完的人民币兑回外币，可凭本人护照和本人的有效期(6个月)之内的外币兑换水单和离境机票或车票到原兑换机构办理；其兑换金额不能超过原水单金额的50%。银行办理兑回外币业务时，应同时收回原兑换水单，加盖“已兑换”戳记，作为外汇买卖传票的附件。兑出外币的折算方法为：兑出的外钞金额=人民币金额÷外钞卖出价。

第三节

旅行支票

一、旅行支票概述

旅行支票(Traveler's Check)是由银行或公司为方便旅游者安全携带和使用而发行的一种定额支票，专供旅行者在途中购买物品、支付旅费。出于它没有指定的付款地点，一般也没有日期限制，可以在全世界大部分地区使用，因此深得旅行者的欢迎，在国际旅游业中使用相当普遍。按照币种的不同，旅行支票可以分为外币旅行支票和人民币旅行支票。本节主要介绍和说明外币旅行支票。

二、旅行支票上的关系人

旅行支票一般是由发行机构签发，由其自己付款，并经旅行支票购买者会签的一种特殊支付凭证，是票据的一种形式。因此，旅行支票上有三个基本关系人：出票人、售票人、购票人。

（一）出票人

旅行支票正面印有发行机构的名称和地址。由于旅行支票通常是发行机构负责付款的，所以出票人（Issuer）也就是付款人（Drawee），即该支票的发行机构。通常旅行支票上有发行机构负责人的签名，在印刷时一并印妥，不像其他有些票据那样在出票时临时加签。

（二）售票人

如出票人自己售出旅行支票，则出票人、付款人、售票人三者合而为一。如发行机构以外的代理行售出旅行支票，售出者就是代售行（Selling Agent），代售行只是代发行机构推销其旅行支票，付款责任仍由发行机构承担。

（三）购票人

客户向旅行支票发行机构或代售机构付足金额和一定的手续费，购得旅行支票后，成为购票人（Purchaser）；购票人在旅行支票上签了名，即成为持票人。旅行支票上为购票人（持票人）留有两个签名空位，购票人购票时第一次签名是初签（Initial Signature），第二次以持票人身份签名是复签（Counter Signature）。

三、旅行支票的特点

旅行支票在性质和使用方式上具有以下特点：

（1）面额固定。旅行支票是一种固定面额的支票，购买者可以根据自己的需要来选择购买，如表 13-1 所示。

（2）兑取方便。发行机构为了扩大旅行支票的流通，往往在世界各大城市和旅游地特约许多代兑机构。持票人携带旅行支票，不但可在发行银行的代理行兑取票款，而且可以在旅行社、旅店、机场和车站等兑付。

（3）旅行支票一般不规定流通期限，可长期使用。

表 13-1　美国运通公司提供的各种币别和面额的旅行支票

币别	面额					
美元	20	50	100	—	500	1 000
欧元	—	50	100	200	500	—
港币	20	50	100	200	—	—
加拿大元	20	50	100	—	500	—
日元	—	—	10 000	20 000	50 000	—
英镑	20	50	100	200	500	

（4）携带安全。旅行支票在购买时需在签发银行柜台预留签字，使用时需要复签，兑付行只有在两者一致的情况下才可付款。因此旅行支票遗失或被窃时不易冒领，可以去银行办理挂失补偿手续，办理退款或补发新的旅行支票，比携带现金安全。示样 13-1 为主要发行机构发行的国际旅行支票。

示样 13-1　主要发行机构发行的国际旅行支票

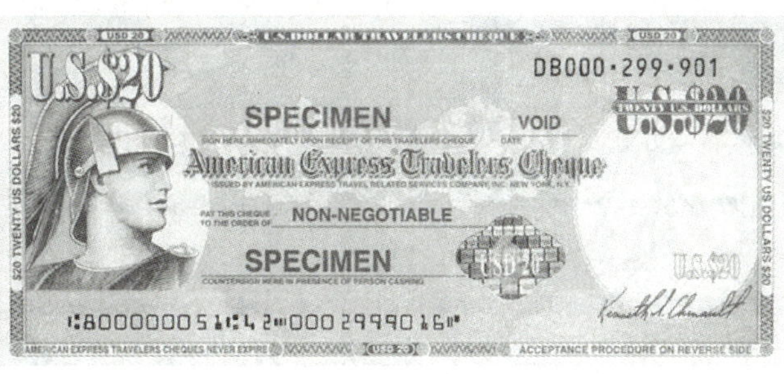

261

U.S.$100
U.S. DOLLAR TRAVELERS CHEQUE
USD100
000·003
U.S.$100
ONE HUNDRED U.S. DOLLARS
PAY THIS CHEQUE
TO THE ORDER OF
AMERICAN EXPRESS TRAVELERS CHEQUE
AMERICAN EXPRESS TRAVELERS CHEQUES NEVER EXPIRE
ONE HUNDRED U.S. DOLLARS
ACCEPTANCE PROCEDURES ON REVERSE

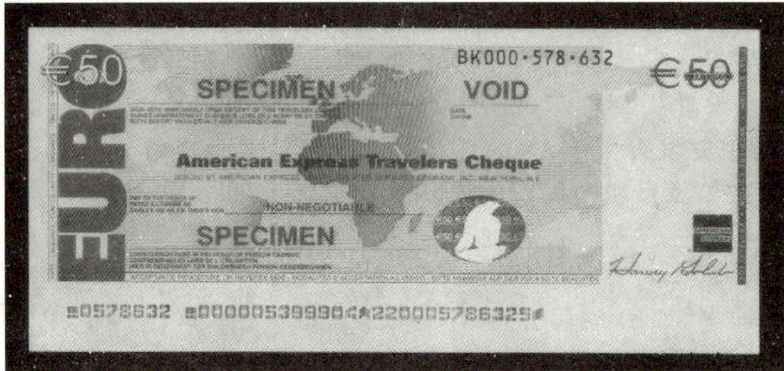
€50
BK000·578·632
€50
SPECIMEN
VOID
American Express Travelers Cheque
NON-NEGOTIABLE
SPECIMEN
EURO

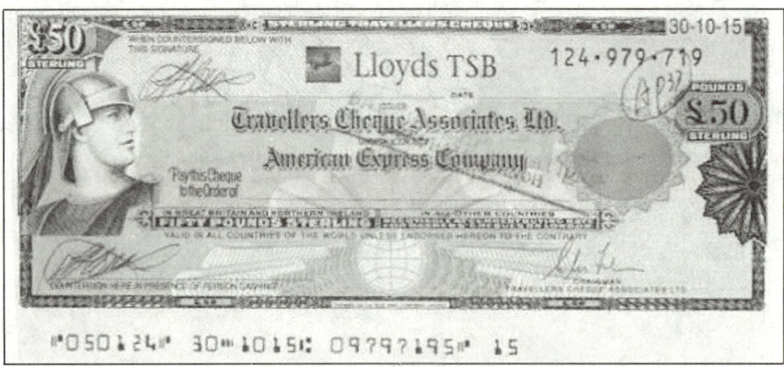
£50
STERLING
30-10-15
Lloyds TSB
124·979·719
£50
STERLING
Travellers Cheque Associates Ltd.
American Express Company
Pay this Cheque
to the Order of
FIFTY POUNDS STERLING

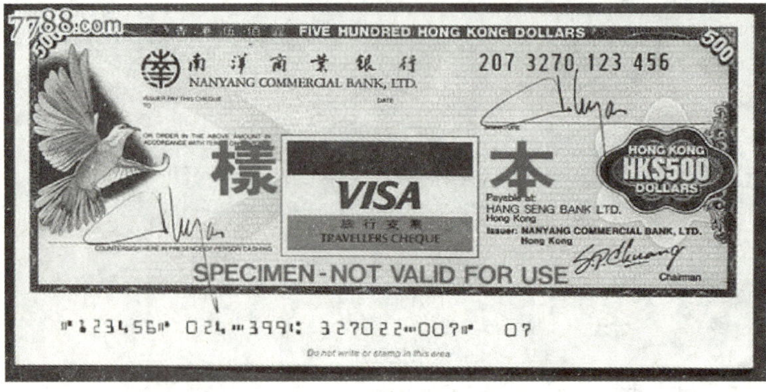
FIVE HUNDRED HONG KONG DOLLARS
南洋商業銀行
NANYANG COMMERCIAL BANK, LTD.
207 3270 123 456
樣
VISA
TRAVELLERS CHEQUE
本
HONG KONG
HK$500
DOLLARS
Payable at:
HANG SENG BANK LTD.
Hong Kong
Issuer: NANYANG COMMERCIAL BANK, LTD.
Hong Kong
SPECIMEN-NOT VALID FOR USE
Chairman
Do not write or stamp in this area

FIFTY U.S. DOLLARS
$50
US DOLLARS
000 0000 000 000
SPECIMEN
VISA
TRAVELERS CHEQUE
Interpayment Services Ltd.,
PAYABLE IN NEW YORK, USA
SPECIMEN

www.coinsky.com
ONE HUNDRED U.S. DOLLARS
$100
US DOLLARS
BARCLAYS
157 2130 951 943
VISA
TRAVELERS CHEQUE
ENCASHMENT/NEGOTIATION
INSTRUCTIONS ON THE REVERSE
Interpayment Services Ltd.,
FIFTY U.S. DOLLARS
$50
US DOLLARS
BARCLAYS
155 2146 040 213
VISA
TRAVELERS CHEQUE
ENCASHMENT/NEGOTIATION
INSTRUCTIONS ON THE REVERSE
Interpayment Services Ltd.,

ECU 100
euro travellers cheque
ECU 100
DC00-000-000
SPECIMEN
Countersign here in the presence of person cashing
One Hundred
European
Currency Units
MasterCard
Travellers Cheque
When this travellers cheque is countersigned by the holder, the issuer will pay to the order of
Redeemable at:
Euro Travellers Cheque ECU Ltd.
P.O. Box 36, Peterborough
Great Britain PE3 6SB
Issuer:
Euro Travellers Cheque ECU Ltd.
London
Thomas Cook
Signature of holder
SPECIMEN
Please, no writing or stamping in this space

£100
euro travellers cheque
40-50-74
£100
IB00-000-000
One Hundred
Pounds Sterling
SPECIMEN NO VALUE
For Thomas Cook
Travellers Cheques Ltd. London
Thomas
Cook

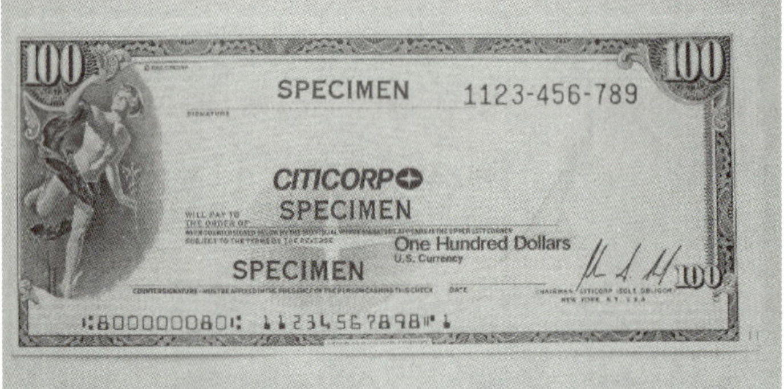
100
SPECIMEN
1123-456-789
100
CITICORP
SPECIMEN
One Hundred Dollars
U.S. Currency
SPECIMEN

TRAVELLERS CHEQUE
30-00-00
24-20A
CANCELLED
(To be signed in the presence of the Paying Agent)
£50
Lloyds Bank Limited
71 Lombard Street, London, E.C.3.
Valid in all countries of the World unless otherwise endorsed
Pay Self or Order
FIFTY Pounds
or the equivalent abroad
at current rates of Exchange
00000000
Countersigned
for Lloyds Bank Limited
SPECIMEN
CANCELLED

SWISS BANKERS TRAVELLERS CHEQUE
100
SFr.
C 00 000 000
REISECHECK
CHEQUE DE VOYAGE
SPECIMEN
100
SFr.
<890> 300000000 3>
<890> 300000000 3>

四、旅行支票的代售

旅行支票的签发机构往往在世界各地都有代售机构。我国的大部分银行都办理代售旅行支票业务。国内单位或个人购买旅行支票，一般按购买金额的1%收取手续费，记入本行中间业务收入账户。旅行支票大库设在分行营业部，分行营业部非贸易结算业务科根据各支行及自身销售情况，随时向旅行支票公司申请库存；一般3～5天后可收到旅行支票。我国银行目前出售的旅行支票币种主要为美元、日元、欧元、瑞士法郎、英镑和加拿大元等。出售旅行支票时，购买者须持护照或身份证亲自到银行并在旅行支票上进行初签。

五、旅行支票的兑付和托收

旅行支票在兑付的过程中，银行既要谨慎处理以防范风险，又要保障持票人的正当权益。

在旅行支票的持票人要求兑付时，银行首先需要鉴别支票的真伪，同时审核支票的币别、金额、支付范围和有效期。同一银行开出的旅行支票，票面花纹相同，但有各种币别和金额，应该注意识别。另外，有的支票列有支付范围，如限制在出票国境内支付等；有的列有有效期，如一年、半年等。这些事项银行在兑付时都应谨慎审核。其次，应该核对持票人的初签和复签。初签是购票人在购买支票时，在发票银行柜台当面签署的名字。复签则是在兑付行兑付旅行支票时，购票人（持票人）在兑付银行柜台当面签署的名字。核对旅行支票上持票人的复签与初签是否一致，是兑付旅行支票的主要手续，也是出票行检验兑付行是否正确履行了付款手续的唯一依据。旅行支票的复签必须在取款时当面签署，以便兑付行准确确定持票人的身份，安全兑付。此外，兑付行应该注意初签是否有被涂改的痕迹；初签签字是否被用粗水笔再签而遮盖；客人在复签处签字字体大小和斜向与初签是否相符；客人签字字母有无拼错等。确认初签和复签相符后，兑付行兑现相应的款项，并收取相应的费用（一般为0.75%）。

审核支票合格可予兑付时，需缮制兑换传票，抬头栏上姓名要按照护照上的全名写清楚，并注明护照号码。按持票人需要，可选择以下兑付方式：

（1）外币取现。

① 客户要求提取与所持旅行支票币别相同的外币现金时，扣除票面金额的0.75%，剩余金额为所付外币现金。

② 客户要求提取与所持旅行支票币别不同的外币现金时，在扣除票面金额的0.75%后，按当时外汇买入现汇价与外汇卖出现钞价的比率折算，计实金额为所付外币现金。

(2) 客户所持旅行支票币别与要求转存的账户币别相同时，在扣除旅行支票票面金额的0.75%后，剩余金额即为转入客户开立在兑付行的外币账户。

(3) 客户所持旅行支票币别与要求转存的账户币别不同时，在扣除旅行支票票面金额的0.75%后，按当日外汇买入现汇价与外汇卖出现汇价的比率折算，计实金额存入其外币账户。

(4) 汇出国外汇款。

① 遇客户汇出国外汇款是旅行支票原币别时，在扣除旅行支票票面金额的0.75%后，可直接办理汇款业务，汇款中的手续费、邮电费、电报费等据实收取。

② 遇客户汇出国外汇款与旅行支票币别不相同时，在扣除旅行支票票面金额的0.75%后，按当日外汇买入现汇价与外汇卖出现汇价的比率折算后，方可办理汇款业务，汇款中的手续费、邮电费、电报费等据实收取。

(5) 人民币取现。扣除旅行支票票面金额的0.75%后，按当日外汇买入现汇价折算成人民币。

兑付后的旅行支票应在票面加盖兑付行名的特别划线章，并在背面作成兑付行的背书，以便向国外发行银行索偿票款。兑付行买入旅行支票后，应该及时向境外银行办理托收，使其归还兑付行垫款。在托收委托书上，兑付行应详细列明旅行支票的付款行行名、面额、张数、起讫号码并加计总金额。

兑付银行识别旅行支票的真伪遇有疑问时，应征得客户同意后通过银行办理托收。对空白和转让的旅行支票一般不予兑付，只能办理托收。

小知识 13-1

电子旅行支票

随着电子支付手段的不断发展，传统的纸质旅行支票出现了更新换代的形式——电子旅行支票。电子旅行支票外观与信用卡十分相似。客户在代售银行柜台申购，将外汇存入电子旅行支票中，即可携带到200多个国家及地区的商户和ATM使用。电子旅行支票规定了有效期，一般为自制作日起5年，到期免费更换，还可充值。

与传统纸质旅行支票相比，电子版具有便捷性、安全性、费用低的优点。

维萨、万事达组织下属会员机构、美国运通公司等都有推出不同品牌的电子旅行支票。比如通济隆全球及金融服务有限公司(Travelex)发行的带有THOMAS COOK万事达卡品牌或VISA品牌的Cash Passport(现金护照)电子旅行支票，主要币种有美元、日元、英镑、加拿大元、澳大利亚元、欧元；美国运通国际股份有限公司发行的运通Global Travel(易世通)电子旅行支票，主要币种有美元、日元、加拿大元、澳大利亚元、英镑、欧元。在亚太地区，还有日本住友银行发行的日元及美元旅行支票，渣打银行联手全球汇兑巨头通济隆和VISA共同推出的Easigo(易世金)电子旅行支票，万事达旗下通汇(香港)投资咨询有限公司(Transforex)发行的电子旅行支票，等等。

第四节

信　用　卡

一、信用卡概述

信用卡(Credit Card)是由银行或信用卡公司向其客户提供小额消费信贷的一种信用凭证。信用卡用特殊塑料制作，上面凸印有持卡人的卡号、姓名、性别、有效期等。背面有持卡人的预留签字、磁条和银行简单声明。持卡人可凭卡向发卡单位及其附属机构存取款及转账，凭卡在特约商户消费。近几年来，随着计算机的普及，信用卡已经成为世界范围内跨地区、跨国境使用的一种支付凭证。

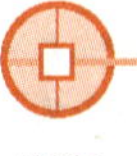

根据不同的标准，我们可以把信用卡作以下分类：

(1) 根据发卡机构的不同，信用卡可以分为银行卡(Bank Card)和非银行卡(Non-bank Card)。以单个银行名义或者银行会员联盟的信用卡组织名义发行的信用卡就是银行卡，如万事达卡、维萨卡、花旗银行卡、汇丰银行卡、中国银联卡等；信用卡公司等非银行机构发行的就是非银行卡，如运通卡、大莱卡、JCB 卡等。

(2) 根据清偿方式的不同，信用卡可以分为贷记卡(Credit Card)和借记卡(Debit Card)。贷记卡的持卡人无须事先在发卡机构存款就可以享有一定的信贷额度使用权，即“先消费，后还款”。国外发行的一般都是贷记卡。借记卡也叫记账卡，持卡人必须在发卡机构存有一定的款项，用卡时需以存款余额为限，不允许透支，即“先存款，后消费”。目前，我们国内银行发行的既有贷记卡又有借记卡。

(3) 根据发卡对象的不同，信用卡可以分为单位卡和个人卡。单位卡和个人卡又可以分为主卡和附属卡。

(4) 根据持卡人的信誉、地位、收入、财产等资信情况的不同，信用卡可分为普通卡、金卡、白金卡、无限卡。

(5) 根据流通范围的不同，信用卡可分为国际卡和地区卡。

(6) 根据可使用的货币不同，信用卡可分为单一货币信用卡和双币卡(通常为本币和另一种国际关键货币)。

(7) 根据发卡机构和结算系统是否单一，信用卡可分为单一渠道信用卡和双通道联名信用卡。同时具有两个发卡系统功能的联名卡的持卡人，在消费或者取现时可在两个系统服务中自行选择，使用更为灵活、便利。示样 13-2 为双币双通道联名信用卡。

示样 13-2 双币双通道联名信用卡

二、信用卡的使用

（一）基本当事人

（1）发卡行。发行信用卡的银行或机构。

（2）持卡人。持有及使用信用卡的客户。

（3）特约商户。与发卡行或代办行签订协议，受理持卡人使用指定的信用卡进行购物或支付费用的服务性单位。

（4）代办行。受发卡行的委托，负责某一地区内特约商户的结算工作的银行。

向发卡机构申领信用卡，特别是贷记卡，需要提供收入状况和信用担保信息，以便发卡机构复核并确认给予持卡人的透支额度。贷记卡通常有使用年限，在规定的年限内使用，期满之后经持卡人申请可延展使用期限。贷记卡的额度根据持卡人的使用和还款记录或有调整，若有需要，持卡人亦可向发卡机构申请临时调高信用额度。

（二）信用卡取现

当持卡人到代办行柜面凭信用卡提取现金时，代办行应在以下方面认真审查信用卡：① 信用卡的真伪，包括检查防伪标志、名称和图案等是否与规定相符；② 该卡是否属于已委托代办的信用卡；③ 该信用卡的卡号是否被列入委托行通知的“注销名单”；④ 该信用卡是否在有效期内；⑤ 持卡人要求提取的现金是否在用款限额之内；⑥ 持卡人的护照或身份证姓名是否与信用卡姓名一致。审查无误之后，经办人员缮制专用取现单，并且按照持卡人所需金额加上相应的手续费（通常 3% ～4%）填写在取现单有关栏内，交持卡人当面签字。如果持卡人签字和信用卡预留签字相符，经办人员即可把相应金额支付给持卡人，并且把信用卡连同取现单“持卡人存根”交还持卡人。如果持卡人要求提取的现金超过了最高用款限额，代办行必须先用电传与委托行联系，取得授权后方可办理兑付。兑付时将委托行批复的号码填入取现单，联系中发生的费用可向委托行计收。代办行将每天所有的取款单金额总计起来，与国外发卡行进行清算。

如今随着电子和互联网技术的日益发展，国际信用卡的发行机构普遍使用 ATM

等电子终端设备来提供信用卡取现的服务。信用卡的识别、验证以及账户信息读取和取现交易记录都可以在电子终端设备上操作完成。遍及世界各地，尤其是各大城市商业中心的银行卡电子服务设备大大提高了信用卡服务的效能。

（三）信用卡消费

目前，持卡人去特约商户消费时，同样是利用电子终端刷卡设备来完成支付的。经办人员将持卡人的信用卡置于刷卡设备上，读取持卡人姓名、信用卡号、信用卡有效期限等信息，经过识别、验证后，输入消费金额，然后持卡人输入预设的交易密码或任意码，系统接收信息并核对密码无误，确认交易完成，打印、输出签购单，由持卡人在签购单(Sales Slip)上签字，经办人核对持卡人签字和信用卡预留签字相符后，把信用卡连同签购单的第一联交还持卡人。特约商户汇总当日(或一周)多笔签购单作一笔总计单(Deposit Transmital)一式三联，然后编制进账单并将签购单和总计单的相应联次送交当地代办行向其索款。

代办行收到特约商户送来的信用卡单据后，认真审查以下内容：进账单和总计单填写的内容是否准确、齐全；进账单和总计单的净金额是否相符，手续费是否计算准确；签购单的内容、联次是否齐全、有效等。审查无误后，代办行从发卡行在代办行开设的备用金账户取款，扣除相应的手续费之后将净款支付给特约商户。然后代办行根据总计单编制信用卡备用金账户借记报单一式二联，将其中一联连同总计单的“发卡行存根联”和签购单的“发卡行存根联”寄送国外发卡行。发卡行按总计单金额汇款存入备用金账户，补足和保持备用金的一定余额，并向持卡人收取相应的款项。贷记卡的发卡行自持卡人购物时，从备用金账户垫付，直到从持卡人账户取款归垫，以及消费取款时可能使用透支便利，都体现了发卡行对持卡人的短期信贷融资。

三、信用卡挂失

遗失信用卡后，持卡人应及时向发卡行或代办行办理挂失手续，并支付相应的挂失手续费。持卡人首先应该填写“信用卡挂失申请书”，写明持卡人姓名、信用卡种类、信用卡号码、信用卡有效期以及持卡人护照或身份证号码等并签字。若在代办行办理，则代办行立即将持卡人姓名、信用卡号码等以电报或电传形式通知发卡行办理挂失止付，并及时通知各代办行和特约商户停止受理挂失的信用卡。最后，代办行将“信用卡挂失申请书”寄送发卡行。

小知识 13-2

信用卡历史及大事年纪

1952 年，美国加利福尼亚州的富兰克林国民银行首先发行了银行信用卡。银行卡的出现，使信用卡从原来局限于买卖双方的商业信用工具发展为一种银行信用工具。1966 年，银行家们聚集美国水牛城，召开了具有历史意义的盛会。

1958 年，美洲银行在加利福尼亚州弗雷斯诺推出具有创新“循环信用”功能的 BankAmericard 卡。同年，美国运通推出第一张签账卡。当时红极一时的猫王成为第一批持卡人之一，很多经常旅行的生意人成为美国运通卡这一新兴产品的积极申请者。在美国运通卡开业时，签约入网的商户便超过了 17 000 多个，特别是美国旅馆联盟的 15 万卡户和 4 500 个成员旅馆的加入，标志着银行卡终于为美国的主流商界所接受。

1966 年运通发行了第一张金卡，以满足逐渐成熟的消费者的更高需求。

1975 年第一张借记卡发行。

1984 年，运通在全球率先发行第一张白金卡，该卡只为获邀特选的会员而设，不接受外部申请。除积分计划和无忧消费主义以外，持卡人可享受周全的旅游服务优惠和休闲生活优惠，专人 24 小时的白金卡服务为会员妥善安排各项生活大小事宜。

1986 年 VISA 成为首家提供多币种清算和结算的支付卡系统，这加快了金融机构之间的结算速度，大大提高了交易效率。

1995 年全行业芯片卡统一技术标准——EMV（Europay、MasterCard 和 VISA 的缩写）标准出台，以实现芯片卡在全球范围内的兼容通用。

1999 年，运通精选白金卡持卡人中的顶级客户，为他们发行了百夫长卡（CenturionCard）。持有这种美国运通最高级的卡产品，可以自由进入全球主要城市的顶级会所，可以享有全球独一无二的顶级个人服务及品位超卓的尊享优惠，包括全能私人助理、专享非凡旅游优惠、休闲生活优惠、银行服务专员提供的银行及投资服务和 24 小时周全支持等。白金卡和百夫长卡使得运通成为尊贵卡的代言人。

2000 年，VISA 品牌的支付卡发行量达到 10 亿张。

2008 年，VISA 上市，成为美国历史上最大规模的 IPO，其股票开始在纽约证券交易所公开交易，股票代码为 V。

2009 年，VISA 对 VisaNet 的认证系统进行升级，大幅增加了交易储存量，显著提升了交易处理引擎的速度和反应能力。

2011 年，VISA 宣布开发一个跨渠道的虚拟钱包和一系列按照不同市场需求定制的移动支付服务。

四、国际主要的发卡组织

（一）美国主要发卡组织

1. 威士（维萨）国际组织（VISA International）

VISA 是全球最负盛名的支付品牌之一，VISA 的前身是 1900

年成立的美洲银行信用卡公司。1974 年，美洲银行信用卡公司与西方国家的一些商业银行合作，成立了国际信用卡服务公司，并于 1977 年正式改为威士（维萨）（VISA）国际组织，成为全球性的信用卡联合组织。威士（维萨）国际组织拥有 VISA、ELECTRON、INTERLINK、PLUS 及 VISA CASH 等品牌商标。VISA 与世界各地的 VISA 特约商户、ATM 以及会员金融机构携手合作打造的 VISA 全球电子支付网络 VISA Net 是世界上覆盖面最广、功能最强和最先进的消费支付处理系统。目前，全世界有超过 2 000 万个特约商户接受 VISA 卡，还有超过 84 万个 ATM 遍布世界各地。因此，VISA 的全球网络使得持卡人不论身在何处，都能方便地使用 VISA 卡。

VISA 国际组织本身并不直接发卡，也不向消费者提供贷款和设定持卡人的卡费及利率。客户关系属于其金融机构的网络，直接由金融机构负责管理。2012 年金融机构客户数达 15 500 万个，发卡逾 19 亿张，几千万家商户，联网 ATM 约 180 万台。在亚太区，VISA 国际组织有超过 700 个会员金融机构发行各种 VISA 支付工具，包括信用卡、借记卡、公司卡、商务卡及采购卡，提供安全、便利和可靠的服务。VISA 分别于 1993 年和 1996 年在北京和上海成立代表处。

2007年

2006年

2005年

2. 万事达卡国际组织（MasterCard International）

万事达卡国际组织是全球第二大信用卡国际组织，它于 20 世纪 50 年代末至 60 年代初期创立了一种国际通行的信用卡体系，旋即风行世界。1966 年，美国加利福尼亚州的一些银行组成了一个名为银行卡协会（Inter-bank Card Association）的组织。1969 年银行卡协会购下了 MasterCharge 的专利权，统一了各发卡行的信用卡名称和式样设计。1978 年，将 MasterCharge 改名为 MasterCard。万事达卡国际组织拥有 MasterCard、Maestro、Mondex、Cirrus 等品牌商标。它是一个包罗世界各地财经机构的非营利协会组织，其会员包括商业银行、储蓄与贷款协会，以及信贷合作社。其基本目标始终不渝：沟通国内及国外会员之间的银行卡资料交流，并方便发行机构不论规模大小，都可进军银行卡及旅行支票市场，谋求发展。

万事达卡国际组织本身并不直接发卡，MasterCard 品牌的信用卡是由参加万事达卡国际组织的金融机构会员发行的。2012 年其会员约 2 万个，拥有超过 2 100 多万家商户及 ATM。万事达卡已是全球家喻户晓的名字。不过，三十几年前它仅是一张美国境内的国内卡。它的知名在于万事达卡国际组织一直本着服务持卡人的信念，提供持卡人最新、最完整的支付服务，因而受到全世界持卡人的认同。

1990年

1979年

1966年

3. 大莱信用卡有限公司(Diners Club)

1950年春天，麦克纳马拉与他的合伙人施奈德合伙投资，在纽约注册成立了第一家信用卡公司——大莱俱乐部(Diners Club International)，后改组为大莱信用卡公司。大莱俱乐部实行会员制，向会员提供一种能够证明身份和支付能力的卡片。最初他们与纽约市的14家餐馆签订了受理协议，并向一批特定的人群发放了大莱卡。会员凭卡可以在餐馆实行记账消费，再由大莱公司做支付中介，延时为服务与消费双方之间进行账务清算。信用卡的雏形由此诞生。大莱信用卡可谓是信用卡的鼻祖。1981年美国最大的零售银行——花旗银行的控股公司——花旗公司接收了Diners Club International卡。大莱卡公司的主要优势在于它在尚未被开发的地区增加其销售额，并且巩固该公司在信用卡市场中所保持的强有力的位置。该公司通过大莱现金兑换网络与ATM网络之间形成互惠协议，从而集中加强了其在国际市场上的地位。

4. JCB日本信用卡公司(Japan Credit Bureau)

1961年，JCB作为日本第一个专门的信用卡公司宣告成立。此后，它一直以最大公司的姿态发展至今，它是代表日本的名副其实的信用卡公司。在亚洲地区，其商标是独一无二的。其业务范围遍及世界各地100多个国家和地区。JCB信用卡的种类成为世界之最，达5 000多种。JCB的国际战略主要瞄准了工作、生活在国外的日本实业家和女性。为确立国际地位，JCB也对日本、美国和欧洲等商户实行优先服务计划。空前的优质服务是JCB成功的奥秘。

5. 发现卡(Discover Card)

Discover是美国第七大信用卡发行机构，持卡用户超过5 000万户。Discover通过收购大型借记卡处理公司Pulse EFT进入了快速增长的借记卡市场。这一点对于Discover与中国银联的合作格外重要，因为大多数银联卡都是借记卡，而现在用Discover的网络来处理借记卡已经没有问题。Discover对经由其网络处理的交易收取一定费用。公司现在不仅能发行信用卡，在信用卡支付领域也是一个强有力的参与者。

6. 美国运通股份有限公司(American Express)

®自 1958 年发行第一张运通卡以来，迄今为止运通已在 68 个国家和地区以 49 种货币发行了运通卡，构建了全球最大的自成体系的特约商户网络，并拥有超过 6 000 万名的优质持卡人群体。成立于 1850 年的运通公司，最初的业务是提供快递服务。随着业务的不断发展，运通主要面向经常旅行的高端客户。可以说，运通服务于高端客户的历史长达百年，积累了丰富的服务经验和庞大的优质客户群体。美国运通公司凭借百余年的服务品质和不断创新的经营理念，保持着自己“富人卡”的形象。过去运通一直走独立发卡之路，从 1996 年才开始向其他金融和发卡机构开放网络，1997 年成立环球网络服务部(GNS)，允许合作伙伴发行美国运通卡，利用运通网络带动合作伙伴的业务增长，强化竞争优势，增加边际利润，提高业务整合管理能力。至今 GNS 已与全球 90 多个国家的约百个合作伙伴建立了战略合作伙伴关系。

(二) 其他地区主要的发卡组织

其他地区主要的发卡组织有欧洲的欧陆卡、中国银联、中国台湾地区联合信用卡中心、新加坡星网电子付款公司、韩国 BC 卡公司、越南付款结转公司等。

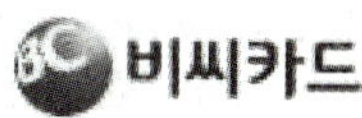

1. 欧洲的欧陆卡(Europay)

它是欧洲最大的支付组织，服务于 43 个国家，为其逾 9 000 个会员银行提供服务，并在全球发卡超过 3 亿张。

2. 中国银联 (China UnionPay)

中国银联是经中华人民共和国国务院同意，中国人民银行批准设立的中国银行卡组织，成立于 2002 年 3 月，总部设在上海。中国银联对中国银行卡产业发展起到了基础性作用，各银行通过银联跨行交易清算系统，实现系统之间互联互通，进而实现银行卡跨银行、跨地区和跨境使用。在建设和运营银行卡跨行交易清算系统的基础上，中国银联推广统一的银行卡标准规范，提供高效的跨行信息交换、清算数据处理、风险防范等基础服务。

2011年，中国银联标志信用卡交易金额和交易笔数在全球的市场份额上升到8.92%，位居全球主要银行卡组织第四位。此外，中国银联还联合威士（维萨）、万事达、JCB等发行双币卡。目前，中国银联已经成为不仅服务于中国，而且服务于越来越多国家和地区，拥有200多家境内外成员机构的银行卡组织，银联受理网络覆盖全国，并延伸到亚太、欧美、非洲、澳洲等多个国家和地区，银联自主品牌成为国际具有影响力的银行卡品牌。

3. 中国台湾地区联合信用卡中心（National Credit Card Center of R. O. C.，NCCC）

NCCC在中国台湾地区拥有29家合作金融机构，累计发行约8 000万张卡。

4. 新加坡星网电子付款公司（NETS）

该公司成立于1985年，是由新加坡发展银行、吉宝银行、华侨银行、华联银行、储蓄银行、达利银行和大华银行联合组建投资的专业收单网络、电子支付、电子转账运营商，发行带有NETS标志的卡片超过600万张，其中活跃卡450万张。

5. 韩国BC卡公司（BC card）

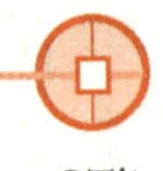

该公司是专业的收单服务公司，在韩国成员银行数量达到11家，在韩国有近1万家商户和1.1万台ATM的受理网络。

6. 越南付款结转公司（Banknetvn）

该公司成立于2004年，由越南七家最大银行共同创立。该公司经营全国的付款结转网络业务，该网络连接了所有会员银行的信用卡付款和自动提款机系统。拥有8 200万人口的越南，总共有200万张自动提款机银行卡和1 900台自动提款机。

小知识13-3

国际非贸易结算概述

国家间由于政治、文化交流往来以及运输、保险、金融、旅游服务等无形贸易性质的经济活动所引起的货币收付行为，称为非贸易结算（Non-trade Settlement）。从我国目前非贸易结算的内容来看，主要包括私人汇款；国际运输收支；邮电费收支；银行经营服务收支；保险费收支；图书、电影、邮票收支；外轮代理和服务收入；旅游外汇收支；机关、企业、团体等的经费收支；外币收兑；兑换国内居民外汇与个人用汇支出。

侨汇、外币兑换、旅行支票和信用卡是国际非贸易结算的重要领域和关键业务。

■ 本章小结

1. 侨汇是居住在国外的华侨、外籍华人和港澳台同胞汇入国内（境内）的汇款，属于由于非贸易往来引起的国际汇入汇款业务。侨汇也有电汇、信汇、票汇三种汇款方式，与贸易汇款的业务程序基本相同。

2. 外币兑换是指自由流通币种的外币现钞的兑入和兑出业务。凡属中国人民银行公布的“人民币外汇汇率表”内所列的各种外国货币，银行均可办理收兑。单位或个人申请购买国家公布的可自由兑换外币时，应按外汇管理局有关规定向银行申请购买，经银行审核无误后办理兑付。

3. 旅行支票是由银行或公司为方便旅游者安全携带和使用而发行的一种定额支票，专供旅行者在途中购买物品、支付旅途费用。旅行支票在性质和使用方式上具有面额固定、兑取方便、携带安全的特点。

4. 信用卡(贷记卡)是由银行或信用卡公司向其客户提供小额消费信贷的一种信用凭证。持卡人可凭卡向发卡单位及其委托代办机构存取款及转账，凭卡在特约商户消费。近年来，随着电子与互联网技术的普及，信用卡已经成为世界范围内跨地区、跨国境使用的一种支付手段。

关键术语

非贸易结算　侨汇　外币兑换　旅行支票　信用卡　贷记卡　借记卡

复习思考题

1. 什么是非贸易国际结算？我国的非贸易国际结算包含哪些内容？
2. 侨汇具体有哪几种汇款方式？
3. 哪些外币可以兑换？兑换时银行兑入外钞的折算方法是怎样的？
4. 世界上发行旅行支票的主要机构有哪些？电子旅行支票与信用卡有何区别？
5. 信用卡业务中的当事人有哪些？

延伸阅读

1. 美国运通电子旅行支票，http：//guide. qyer. com/american-express-global-travel-card/。

2. 信用卡业务发展和风险防范调研报告，http：//www. gwyoo. com/Article/zhongjibaogao/dybg/201412/586104. html。

3. 李晓峰．因需而变 因势而动 积极创新综合支付[J]. 中国信用卡，2013(03).

■ 本章参考文献

1. 赵明宵. 国际结算.［M］北京：中国金融出版社，2010.
2. 乔飞鸽. 国际结算.［M］北京：对外经济贸易大学出版社，2011.
3. 张东祥，高小红. 国际结算.［M］武汉：武汉大学出版社，2011.
4. 贺瑛. 国际结算.［M］上海：复旦大学出版社，2008.

第十四章

国际支付清算体系

本章导言

通过本章的学习，学生应熟悉国际支付清算体系的含义；掌握国际支付清算体系中银行转账的原则和交换轧差平衡原理；熟悉国际支付清算体系的基本要素；掌握国际支付清算体系的种类；了解几种重要的国际支付清算体系。

本章电子教案

（请扫描二维码）

本章知识结构图

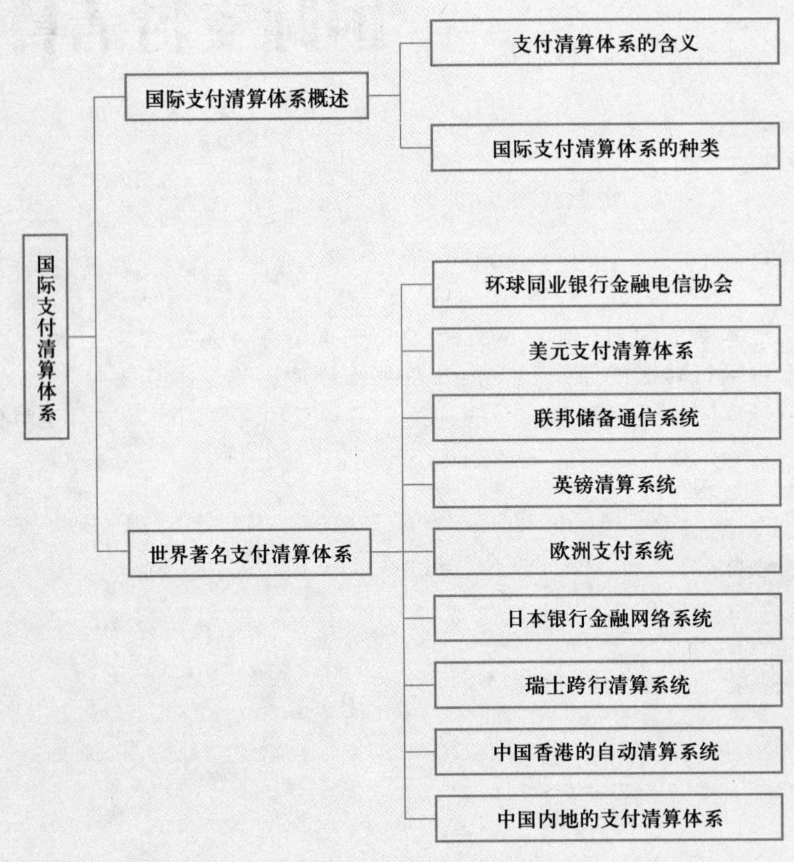

国际支付清算体系
国际支付清算体系概述
支付清算体系的含义
国际支付清算体系的种类
世界著名支付清算体系
环球同业银行金融电信协会
美元支付清算体系
联邦储备通信系统
英镑清算系统
欧洲支付系统
日本银行金融网络系统
瑞士跨行清算系统
中国香港的自动清算系统
中国内地的支付清算体系

第一节 国际支付清算体系概述

一、支付清算体系的含义

支付清算体系(Payment and Clearing System),也称支付系统(Payment System),是一个国家或地区对交易者之间的债权债务关系进行清偿的系统。具体来讲,它是由提供支付服务的中介机构、管理货币转移的规则、实现支付指令传递及资金清算的专业技术手段共同组成的,用以实现债权债务清偿及资金转移的一系列组织和安排。国际支付清算体系的基本要素分别为付款人、收款人、付款人开户银行、收款人开户银行、票据交换所五方面。如图 14-1 所示。

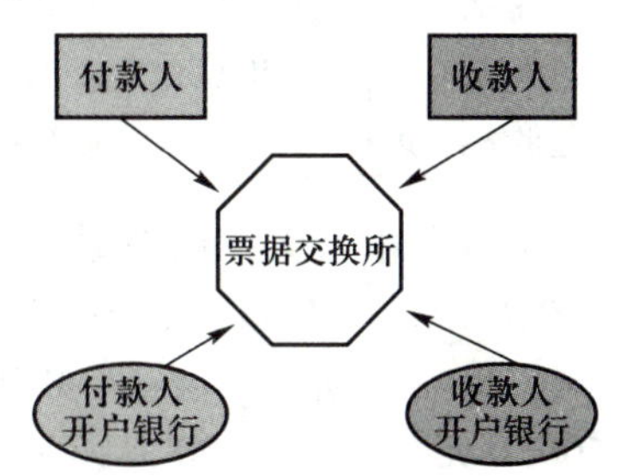

图 14-1 国际支付清算体系的基本要素

票据交换所是银行同业实现资金交割的场所。在票据交换所里,结算的资金称为当天资金(Same Day Funds),资金在票据交换所里只需要通过算统账,在同业之间经过交换轧差,相互抵消债权债务达到平衡。这一原理成为支付系统的核心,有的地方将其称为“伦敦金融城原理”。

例如,某地有 A、B、C、D、E 5 家商业银行。在某日,这 5 家商业银行互相之间需付出和收取一定的金额。如果这 5 家银行都是同一个票据交换所的会员,则可运用交换轧差平衡原理,分析当天的交换情况,并分析交换轧差平衡原理的意义。如表 14-1 所示。

表 14-1 5 家银行的收付情况

单位:万元

收入 支出	A 银行	B 银行	C 银行	D 银行	E 银行
A 银行		1 000	2 000	4 000	3 000
B 银行	2 000		700	5 000	2 000
C 银行	500	100		1 000	1 500
D 银行	3 000	900	4 500		500
E 银行	3 000	6 000	500	1 000	

以 A 银行为例：

贷方总额 = 1 000（B 银行）+ 2 000（C 银行）+ 4 000（D 银行）+ 3 000（E 银行）= 10 000（万元）

借方总额 = 2 000（B 银行）+ 500（C 银行）+ 3 000（D 银行）+ 3 000（E 银行）= 8 500（万元）

因为贷方总额大于借方总额，所以轧差净额反映在贷方。即在交割中，是收进（贷记）如下金额（见表 14-2）：

轧差净额（贷方）= 贷方总额 −借方总额 = 10 000 − 8 500 = 1 500（万元）

表 14-2　5 家银行当天轧差情况　　单位：万元

支出＼收入	A 银行	B 银行	C 银行	D 银行	E 银行	贷方总额	轧差贷方净额
A 银行		1 000	2 000	4 000	3 000	10 000	1 500
B 银行	2 000		700	5 000	2 000	9 700	1 700
C 银行	500	100		1 000	1 500	3 100	
D 银行	3 000	900	4 500		500	8 900	
E 银行	3 000	6 000	500	1 000		10 500	3 500
借方总额	8 500	8 000	7 700	11 000	7 000	42 200	
轧差借方净额			4 600	2 100			6 700

在本案中，银行同业之间交换的总金额有 42 200 万元，但最后真正交割的数量是 6 700 万元，即 C 银行和 D 银行分别付出（借记）4 600 万元和 2 100 万元，共计 6 700 万元；另一方面，A 银行、B 银行和 E 银行分别收进（贷记）1 500 万元、1 700 万元和 3 500 万元，共计 6 700 万元，达到借贷总平衡。6 700 万元的交割数额远远少于 42 200 万元的交换总金额，但各家银行各得其所，票据交换所在他们之间相互抵消债权债务，各家银行的账都达到了平衡。交换轧差大大提高了银行系统的结算功能和运营效率。

小知识 14-1

货币跨国支付原则

国际清算涉及不同国家、不同货币，在货币跨国支付中必须遵循如下原则：首先任何外币票据不能进入本币票据交换所，货币要进入计值货币发行国才能清算。其次，跨国流动票据的付款人必须是清算中心会员银行。最后，会员银行必须在清算中心开户。

付款货币不同，所涉及要素不同。一般情况下，在贸易交易中，从哪个国家引进技术，支付货币便是卖方国家的货币。但也有例外。具体支付货币可以选择付进口国货币、付出口国货币，或付第三国货币，不同的货币支付方式有的不用通过货币交换所，有的需通过货币交换所。

1. 付出口国货币

如以出口国货币计价，进口国银行(或其总行)在出口国开有存款账户，可以授权出口国账户行直接在这个存款账户上借记划转，这就不需要通过出口国票据交换所交换转账。进口国银行也可以通过交换转账支付，这就需要通过票据交换所交换转账。

2. 付进口国货币

如以进口国货币计价，出口国银行(或其总行)在进口国开有存款账户，进口国银行可以直接通过账户行直接在这个存款账户上贷记划转，这就不需要通过出口国票据交换所交换转账。进口国银行也可以通过交换转账支付，这就需要通过票据交换所交换转账。

3. 付第三国货币

如果进出口国银行都在第三国同一家银行开有当地货币存款账户，就可以通过碰头银行转账结算，由碰头银行把资金从付款银行账户借记，然后贷记到收款银行账户里，这就不需要通过出口国票据交换所交换转账。如果没有碰头银行，就需要通过第三国票据交换所交换转账。

二、国际支付清算体系的种类

(一) 按经营者身份的不同划分

1. 中央银行拥有并经营的支付清算体系

如美国联邦储备体系、日本银行、德意志银行、瑞士国民银行及中国人民银行等。其通过支付系统的运营干预和影响社会整体的支付清算活动。

2. 私营清算机构拥有并经营的支付清算体系

如纽约清算所协会的 CHIPS、英国清算所 CHAPS、日本东京银行家协会的全银数据通信系统等。

3. 各银行拥有并运行的行内支付系统

如中国国有商业银行以及其他各跨国商业银行内部的支付系统。

(二) 按支付系统的服务对象及单笔业务支付金额划分

1. 大额支付系统

建设大额实时支付系统(简称大额支付系统)的目的，就是给各银行和广大企业单位以及金融市场提供快速、高效、安全、可靠的支付清算服务，防范支付风险，它对中央银行更加灵活、有效地实施货币政策和实施货币市场交易的及时清算具有重要作用。大额实时支付系统采用逐笔实时方式处理支付业务，全额清算资金。大额支付系统只处理贷记支付业务，按照国家法定工作日运行。系统将每一个工作日分为日间业务处理时间、清算窗口时间、日终/年终业务处理时间和营业准备时间四个时间段。

受理业务时间为8:30—17:00。

2. 小额支付系统

小额支付系统主要面向消费支付(借贷记)。目前，业务金额起点的原则是“大额支付系统不设置金额起点，小额支付系统设置金额上限”。小额支付系统的单笔金额上限贷记50 000元，实时贷记和借记业务不设限制。小额支付系统实行7天×24小时连续不间断运行。每日16:00进行日切处理，即前一日16:00至当日16:00为小额支付系统的一个工作日，小额支付系统资金清算时间为大额支付系统的工作时间。

小额支付系统日切后仍可正常接受小额业务，部分小额业务不再纳入当日清算，自动纳入次日第一场轧差清算(遇节假日顺延至节假日后的第一个工作日)。

(三) 按支付系统服务的地区范围划分

1. 境内外币支付系统

境内外币支付系统由境内中央银行牵头建设，由清算总中心集中运营，由直接参与机构等单一法人集中接入，采用Y型信息流结构，由外币清算处理中心负责对支付指令进行接收、清算和转发，由代理结算银行负责对支付指令进行结算。

外币清算处理中心的主要功能包括外币支付报文收发，圈存资金和授信额度管理，对外币支付进行逐笔实时清算，对可用额度不足的外币支付进行排队管理，对清算排队业务进行撮合，管理清算窗口，分币种、分场次向代理结算银行提交清算结果。

代理结算银行的主要功能包括为参与者开立外币结算账户，提供日间授信，圈存资金和授信额度管理，根据清算结算进行记账处理，日终对账。代理结算银行由境内央行指定或授权的商业银行担任。

2. 国际性支付系统

2009年7月，中国人民银行正式加入国际支付结算体系委员会(Committee on Payment and Settlement Systems，CPSS)，成为其23名正式成员之一。CPSS是十国集团中央银行发起成立的国际性专业组织，秘书处设在国际清算银行(BIS)，每年组织召开3次会议。CPSS一直致力于支付结算体系的发展与改革工作，推动建立稳健、高效的支付结算系统，以加强全球金融市场基础设施。CPSS通过向成员中央银行提供交流的平台，使各中央银行能够就其国内的支付、清算及结算系统和跨境多币种结算机制的发展问题共同进行研究和探讨。

CPSS根据十国集团中央银行行长的要求，或者视支付结算体系发展需要，主动承担特定的研究任务。CPSS先后出版的《重要支付系统核心原则》、《证券结算系统建议》、《中央对手建议》、《中央银行对支付结算系统的监督》、《国家支付体系发展指南》等纲领性文件，受到了许多国家中央银行和监管当局的高度重视，并作为支付结算系统和证券交易结算系统监管的主要参考，极大地推动了十国集团以及全球众多国家和地区支付结算体系的发展进程。

CPSS不定期发布专业研究报告，内容涉及大额资金转账系统、证券结算系统、外汇交易结算安排、衍生产品清算安排和零售支付工具等。此外，CPSS 定期整理、编辑、出版“红皮书”，翔实披露其成员支付结算体系的相关信息。

金融危机之后，CPSS 的作用进一步凸显。目前 CPSS 正在集中研究场外市场尤其是衍生金融工具交易市场引入中央对手机制以及建立集中清算、数据保存、处理、监测机制等工作，这将对未来国际支付结算体系的走向产生重要影响。

CPSS 于 2009 年 7 月吸收了包括中国人民银行在内的部分新成员，使其成员扩展到 23 个国家及地区。包括澳大利亚、比利时、巴西、加拿大、中国内地、欧盟、法国、德国、中国香港特别行政区、印度、意大利、日本、韩国、墨西哥、荷兰、俄罗斯、沙特阿拉伯、新加坡、南非、瑞典、瑞士、英国和美国(美联储和纽联储)。

第二节

世界著名支付清算体系

一、环球同业银行金融电信协会

环球同业银行金融电信协会（Society for Worldwide Interbank Financial Telecommunication，SWIFT），是国际银行同业间的国际合作组织，成立于 1973 年，是国际上最重要的金融通信网络之一。通过该系统，可在全球范围内把原本互不往来的金融机构全部串联起来，进行信息交换。该系统主要提供通信服务，专为其成员金融机构传送同汇兑有关的各种信息。成员行接收到这种信息后，将其转送到相应的资金调拨系统或清算系统内，再由后者进行各种必要的资金转账处理。

目前全球大多数国家大多数银行已使用 SWIFT 系统。SWIFT 的使用，使银行的结算系统能提供安全、可靠、快捷、标准化、自动化的通信业务，从而大大提高了银行的结算速度。

小知识 14-2

SWIFT 的历史

为适应国际贸易发展的需要，20 世纪 70 年代初期，欧洲和北美的一些大银行，开始对通用的国际金融电文交换处理程序进行可行性研究。研究结果表明，应该建立一个国际化的金融处理系统，该系统要能正确、安全、低成本和快速地传递标准的国际资金调拨信息。于是，美国、加拿大和欧洲的一些大银行于 1973 年 5 月正式成立 SWIFT 组织，负责设计、建立和管理 SWIFT 国际网络，以便在该组织成员间进行国际金融信息的传输和确定路由。1977 年夏，环球同业金融电信网络(SWIFT 网络)系统的各项建设和开发工作告罄，并正式投入运营。

SWIFT 组织的总部设在比利时。其创始会员为欧洲和北美洲 15 个国家的 239 家大银行。之后，其成员银行数逐年迅速增加。从 1987 年开始，非银行的金融机构，包括经纪人、投资公司、证券公司和证券交易所等，开始使用 SWIFT。到 2001 年年底，全球已有 196 个国家和地区的 7 457 个金融机构连接并使用 SWIFT。

1980 年 SWIFT 连接到中国香港。中国银行于 1983 年加入 SWIFT，是 SWIFT 组织的第 1 034 家成员行，并于 1985 年 5 月正式开通使用，成为我国与国际金融标准接轨的重要里程碑。之后，我国的各国有商业银行及上海和深圳的证券交易所相继加入 SWIFT。进入 90 年代后，除国有商业银行外，中国所有可以办理国际银行业务的外资和侨资银行以及地方性银行纷纷加入 SWIFT。SWIFT 的使用也从总行逐步扩展到分行。1995 年，SWIFT 在北京电报大楼和上海长话大楼设立了 SWIFT 访问点 SAP (SWIFT Access Point)，它们分别与新加坡和中国香港的 SWIFT 区域处理中心主节点连接，为用户提供自动路由选择。为更好地为亚太地区用户服务，SWIFT 于 1994 年在中国香港设立了除美国和荷兰之外的第三个支持中心(Support Center)、这样，中国用户就可得到 SWIFT 支持中心会讲中文的员工的技术服务。

SWIFT 的目标是，在所有金融市场，为其成员提供低成本、高效率的通关服务，以满足成员金融机构及其终端客户的需求。现在，包括我国在内的全球的外汇交易电文，基本上都是通过 SWIFT 传输的。需要指出的是，SWIFT 仅为全球的金融系统提供通信服务，不直接参与资金的转移处理服务。SWIFT 提供的服务包括：

(1) 提供全球性通信服务。196 个国家和地区的 7 457 个金融机构与 SWIFT 网络连接。

(2) 提供接口服务。使用户能以低成本、高效率地实现网络存取。

(3) 存储和转发电文(Store-and-forward Messaging)服务。2001 年转发的电文达 15 亿条。

(4) 交互信息传送(Interactive Message)服务。为提高服务的响应性和灵活性，1997 年 SWIFT 宣布，计划开发基于 IP 的产品和服务，包括交互信息传送服务，作为存储和转发电文服务的补充。SWIFT2000 年开始提供这种交互服务。

(5) 文件传送服务。1992 年开始提供银行间的文件传送 IFT (Interbank File Transfer)服务，用于传送处理批量支付和重复交易的电文。

(6) 电文路由(Message Routing)服务。通过 SWIFT 传输的电文可同时拷贝给第三方，以便能由第三方进行电子资金转账处理，或转道另一网络完成支付结算、或证券交易结算，或外汇交易结算处理。

(7) 具有冗余的通信能力为客户提供通信服务。SWIFT 的设计能力是每天传输 1 100 万条电文，而当前每日传送 500 万条电文，这些电文划拨的资金以万亿美元计。

SWIFT 提供 240 种以上电文标准。SWIFT 的电文标准格式，已经成为国际银行间数据交换的标准语言。SWIFT 的标准部门，每年都要根据用户需求，总结现有的电文格式，研究制定新格式计划。鉴于 SWIFT 在外汇交易中的重要作用，我国的金融网络和金融应用系统，必须与 SWIFT 接轨。因此，我国银行的电文，或者直接采用 SWIFT 格式，或者基于 SWIFT 格式支持支付、证券、债券和贸易等业务电文的通信。通过 SWIFT 传输的电文类型包括客户汇兑（Customer Transfer）、银行汇兑（Bank Transfer）、贷记/借记通知（Credit/Debit Advice）、财务报表（Statement）、外汇买卖和金融市场的确认（Foreign Exchange and Money Market Confirmations）、托收（Collections）、黄金及贵金属交易（Gold/Precious Metal）、跟单信用证（Documentary Credits）、银行同业证券交易（InterBank Securities Trading）、余额报告（Balance Reporting）、支付系统（Payment Systems）等各种与汇兑有关的信息等。

SWIFT 具有费用低、安全高、全天候服务、会员制属性、格式化标准等特征。

二、美元支付清算体系

纽约清算所银行同业支付系统（Clearing House Interbank Payment System，CHIPS），系全球资金调拨系统，它是国际贸易资金清算的桥梁，也是欧洲美元供应者进行交易的通道。目前世界上 90% 以上的外汇交易，是通过 CHIPS 完成的。

20 世纪 60 年代末，鉴于纽约地区资金调拨交易量迅速增加，纽约清算所于 1966 年研究建立 CHIPS，1970 年正式创立。当时，采用联机作业方式，通过清算所的交换中心，同 9 家银行的 42 台终端相连。1982 年，成员行共有位于纽约地区的银行 100 家，包括纽约当地银行和美国其他地区及外国银行。到 90 年代初，CHIPS 发展为由 12 家核心货币银行组成，有 140 家金融机构加入的资金调拨系统。该系统采用 UnisysA15 多处理机，有 23 台 CP2000 高性能通信处理机及 BNA 通信网，以处理电子资金转账和清算业务。

CHIPS 的参加银行，除了利用该系统本身调拨资金外，还可接受银行同业往来的付款指示，透过 CHIPS 将资金拨付给指定银行。这种层层代理的清算体制，构成了庞大、复杂的国际资金调拨清算网。因此，它的交易量巨大，每个营业日终了，中央计算机系统对各参加银行（如上述的 A 行和 B 行）当日（Value Date）的每笔交易进行统计，统计出各参加银行应借或应贷的净金额。中央计算机系统除了要给各参加银行传送当日交易的摘要报告外，还需于当日下午 4：30 后，通过 FedWire 网，将各参加银行应借或应贷的净金额通知纽约区联邦储备银行。纽约区联邦储备银行利用其会员银行的存款准备金账户完成清算。清算完成后，通知 CHIPS。CHIPS 则于下午 5:30—6:30，用 1 小时的时间轧平账务。

从上述处理过程可看出，利用 CHIPS 进行国际资金转账是很方便的。因此，各国银行在纽约设有分行者，都想加入 CHIPS。面对日益增多的参加银行，为了清算能快速完成，纽约清算所决定，由该所会员银行利用其在纽约区联邦储备银行的存款准备金账户，代理各参加银行清算。目前，参加清算的银行，除了纽约清算所 12 家会员银行外，另有 Bank Of America 及 Continental Bank International 加入，总共 14 家。因此，在 CHIPS 清算体制下，非参加银行可由参加银行代理清算，参加银行又由会员银行代理清算，层层代理，构成了庞大、复杂的国际清算网。

CHIPS 具有安全性能好、自动化程度高、服务功能完善等特点。

三、联邦储备通信系统

联邦储备通信系统(Federal Reserve Communication System，通常称之为 FedWire)是美国的第一条支付网络。这一通信系统属于美国联邦储备体系(Federal Reserve System)所有，并由其管理。它是美国国家级的支付系统，用于遍及全国 12 个储备区的 1 万多家成员银行之间的资金转账。它实时处理美国国内大额资金的划拨业务，逐笔清算资金。每天平均处理的资金及传送证券的金额超过 10 000 亿美元，平均每笔金额 330 万美元。

由于 FedWire 是一种政府系统，管理该系统的规章是由联邦制定的法律。此外，每个地区的联邦储备银行还发布其自己的作业通告。这些作业通告大同小异，仅适用于它们自己管辖区内的 FedWire。当某一联邦储备银行向另一家储备银行发送一笔划拨项目时，它就按照自己的作业通告处理这笔业务。在该系统传输和处理的信息主要有：资金转账(funds transfer，FT)；美国政府和联邦机构的各种证券(Securities Transfer，ST)交易信息；联邦储备体系的管理信息和调查研究信息；自动清算所(ACH)业务；批量数据传送(Bulk Data)。

通过 FedWire 进行的资金转账过程，是通过联邦储备成员的联邦储备账户实现的。因此，资金转账的结果将直接影响成员行持有的联邦储备账户的储备余额水平。这样，通过 FedWire 结算的资金立即有效并立即可用。这也使 FedWire 成为可在美国的任何资金转账，包括那些来自其他支付网络的资金转账，实现最终结算的唯一网络系统。

所有储备余额的资金转账都是贷记转账。就是说，一个金融机构通过 FedWire，将资金划拨给另一个金融机构时，如果这两个金融机构在同一联邦储备银行保有余额，就在相应的储备余额上作借记和贷记。如果是在不同的联邦储备银行保有余额，则第一家联邦储备银行借记寄出资金银行的储备账户，并贷记接收资金银行所在地区的联邦储备银行账户；后一联邦储备银行借记寄出资金的联邦储备银行账户，并贷记接收资金银行的储备账户。这两家联邦储备银行再用地区间的清算资金进行清算。

通过 FedWire 的资金清算是双向的，即联邦储备银行借记寄出方账户，并以相同信息贷记接收方账户。FedWire 允许白天透支。在转账时，如果寄出方在联邦储备银行账户中的资金不足，无法在其账户中对可用资金进行借记，即寄出方不能立即和联邦储备银行清算其资金余额，FedWire 则向其发出一笔贷款，并仍然贷记接收方储备账户。因此，不管寄出方能否同联邦储备银行清算其资金余额，对接收方来说，支付总是最终的。

通过 FedWire 进行资金转账具有快捷、安全的特征。

四、英镑清算系统

交换银行自动收付系统(Clearing House Automated Payment System，CHAPS)是英镑清算系统。该系统可分为 CHAPS 英镑(1996 年实施该系统)和 CHAPS 欧元(1999 年实施该系统)。后者通过其与 TARGET(欧洲的欧元清算体系)的联系，便利英国国内与境外交易者之间的欧元批发性支付。

虽然 CHAPS 主要是一个批发性的支付体系，但 CHAPS 使用的最快增长却是由零售客户引起的支付。CHAPS 允许银行以自己的账户或代表客户对其他银行发放有担保的、不可撤销的英镑信贷，结算通过在英格兰银行持有的清算账户进行。

CHAPS 订有四条基本规定：

(1) 该系统不设中央管理机构，各交换银行之间只在必要时才进行合作(指最低限度的合作)。

(2) 付款电传一旦发出并经通道认收后，即使马上被证实这一付款指令是错误的，发报行也要在当天向对方交换银行付款。

(3) 各交换银行在规定的营业时间内必须保证通道畅通，以便随时接收其他通道发来的电传。

(4) 各交换银行必须按一致通过的协议办事。

五、欧元实施后的欧洲支付系统

欧洲跨国大批量自动实时快速清算系统(Trans-European Automated Realtime Gross Settlement Express Transfer，TARGET)于 1999 年 1 月 1 日正式启用。该系统连接各成员国中央银行的大批量实时清算系统，按法兰克福时间每日运行 11 个小时(早 7 时至晚 6 时)。

1999 年欧元实施后，除了 TARGET 系统以外，欧元区内各商业银行将至少有五个清算渠道与区内及全球各往来银行进行资金清算划拨。

(1) 通过各自的中央银行清算中心，与国内银行清算或在欧洲跨国大批量自动实时快速清算系统上与其他成员国银行进行清算。

(2) 通过欧洲银行协会的结算网络系统进行清算。这个系统目前共有 18 个国家的 91 个银行成员。

(3) 通过环球同业银行金融电信协会(SWIFT)进行清算。

(4) 通过对清算账户的直接借记和贷记进行清算。

(5) 通过国际银行组织电子银行协会(Electronic Banking Association)进行清算。

六、日本银行金融网络系统

日本银行金融网络系统(Bank of Japan net，BOJ-NET)简称日银网络，于1988年10月开始运行，它是一个用于包括日本银行在内的、金融机构间的、电子资金转账的联机系统。该系统由日本银行负责管理。

金融机构要想成为日银网络资金转账服务的直接使用者，就必须在日本银行开设账户。系统的参与者包括银行、证券公司和代办短期贷款的经纪人，以及在日本的外国银行和证券公司。

日银网络处理的资金转账一般是贷记转账，但如果是内部资金转账，也可以执行借记业务。一个发送银行可以传递一条附有发送行或者商业银行客户信息的支付指令。为第三方进行转账的最低金额定为3亿日元。

日本银行提供的大多数支付业务都可由日银网络处理。该系统可以用于处理下列业务：

(1) 金融机构间涉及行间资金市场和证券的资金转账。

(2) 同一金融机构内的资金转账(内部资金转账)。

(3) 由私营清算系统产生的头寸结算。

(4) 金融机构和日本银行之间的资金转账(包括国库资金转账)。

七、瑞士跨行清算系统

瑞士跨行清算系统(Swiss Interbank Clearing System，SIC)的职能是对存放在瑞士国民银行的资金每日24小时执行最终的、不可取消的、以瑞士法郎为单位的跨行支付。

瑞士跨行清算系统是瑞士唯一的以电子方式执行银行间支付的系统。它是一个全额系统，即所有支付都逐笔在参与者的账户上进行结算(借记支付指令发起行的账户，贷记接收行的账户)。

瑞士跨行清算系统既是大额支付系统也是小额零售支付系统，它没有金额的限制。

瑞士跨行清算系统是由TelekursAG联合瑞士的各个银行和瑞士国民银行在1981年至1986年开发的，并于1987年6月10日开始运行。启动阶段从1987年6月持续到1989年1月。

八、中国香港的自动清算系统

中国香港的自动清算系统（Clearing House Antomated Transfer System，CHATS)于1996年8月设立，它被设计用来完成大额银行间支付，凡是该系统的成员银行均可以利用该系统调拨港币，快捷又方便。中银集团 13 家银行均成为其会员。

九、中国内地的支付清算体系

中国内地的支付清算体系已步入适应现行银行体制、为市场经济和对外开放条件下的经济及社会活动提供现代化支付清算服务的阶段。运行的主要支付系统有：

（一）票据交换系统

票据交换系统是中国支付清算体系的重要组成部分。从行政区划上看，中国票据交换所有两种：地市内的票据交换所和跨地市的区域性票据交换所。其中，地市内票据交换所有 1 918 个，区域性票据交换所有 18 个。通常将地市内的票据清算称为同城清算，跨地市的清算称为异地清算。

（二）全国电子联行清算系统

全国电子联行清算系统是中国人民银行处理异地清算业务的行间处理系统。全国电子联行清算系统通过中国人民银行联合各商业银行设立的国家金融清算总中心和在各地设立的资金清算分中心运行。各商业银行受理异地汇划业务后，汇出、汇入资金由中国人民银行当即清算。其运行流程为：受理异地业务的商业银行中，发出汇划业务的为汇出行，收到汇划业务的为汇入行。汇出行向中国人民银行当地分行(发报行)提交支付指令(电子报文)；发报行借记汇出行账户后，将支付信息经卫星小站传送至全国清算中心，若汇出行账户余额不足，则支付指令必须排队等待。全国清算总中心按中国人民银行收报行将支付指令清分后，经卫星链路发送到相应的中国人民银行收报行，由其贷记汇入行账户，并以生成的电子报文通知汇入行。

（三）电子资金汇兑系统

电子资金汇兑系统是商业银行系统内的电子支付系统。

（四）银行卡支付系统

银行卡支付系统是由银行卡跨行支付系统，以及发卡行内银行卡支付系统组成的专门处理银行卡跨行的信息转接和交易清算业务的信息系统，由中国银联建设和运营，具有借记卡和信用卡、密码方式和签名方式共享等特点。2004 年银行卡跨行支付系统成功接入中国人民银行大额实时支付系统，实现了银行卡跨行支付的实时清算。

（五）中国现代化支付系统

该项目的总体设计始于 1991 年，1996 年 11 月进入工程实施阶段。2002 年 10 月 8 日，该系统正式在中国人民银行清算总中心上线运行。

中国现代化支付系统主要提供跨行、跨地区的金融支付清算服务，能有效支持公开市场操作、债券交易、同业拆借、外汇交易等金融市场的资金清算，并将银行卡信息交换系统、同城票据交换所等其他系统的资金清算统一纳入支付系统处理，是中国人民银行发挥中央银行作为最终清算者和金融市场监督管理者的职能作用的金融交易和信息管理决策系统。中国现代化支付系统由大额实时支付系统和小额批量支付系统两个系统组成。大额实时支付系统实行逐笔实时处理支付指令，全额清算资金，旨在为各银行和广大企事业单位以及金融市场提供快速、安全、可靠的支付清算服务。小额批量支付系统实行批量发送支付指令，轧差净额清算资金，旨在为社会提供低成本、大业务量的支付清算服务，支撑各种支付业务，满足社会各种经济活动的需求。在物理结构上，中国现代化支付系统建立有两级处理中心，即国家处理中心（NPC）和城市处理中心（CCPC）。国家处理中心分别与各城市处理中心相连，其通信网络采用专用网络，以地面通信为主，卫星通信备份。

中国正在努力建设和完善中国支付系统的电子网络和管理机制。中国的支付系统正在随着中国银行体制改革的深入和继续而逐步完善。

本章小结

1. 支付清算体系，即支付清算系统，也称支付系统，是一个国家或地区对交易者之间的债权债务关系进行清偿的系统。具体来讲，它是由提供支付服务的中介机构、管理货币转移的规则、实现支付指令传递及资金清算的专业技术手段共同组成的，用以实现债权债务清偿及资金转移的一系列组织和安排。

2. 国际支付清算体系可以划分为不同种类：按经营者身份的不同划分，可以划分为中央银行拥有并经营的支付清算体系和私营清算机构拥有并经营的支付清算体系。按支付系统的服务对象及单笔业务支付金额划分，可以分为大额支付系统和小额支付系统。按支付系统服务的地区范围划分为境内外币支付系统和国际性支付系统。

3. 环球同业银行金融电信协会（SWIFT），是国际银行同业间的国际合作组织，是国际上最重要的金融通信网络之一

4. 美元支付清算体系 CHIPS 是世界性的资金调拨系统。现在，世界上 90% 以上的外汇交易，是通过 CHIPS 完成的。

5. 联邦储备通信系统（FedWire），是美国国家级的支付系统，用于遍及全国 12 个储备区的 1 万多家成员银行之间的资金转账。它实时处理美国国内大额资金的划拨业务，逐笔清算资金。

6. 英镑清算系统（CHAPS）分为 CHAPS 英镑和 CHAPS 欧元。后者通过其与 TARGET（欧洲的欧元清算体系）的联系，便利英国国内与境外交易者之间的欧元批发性支付。

7. TARGE、BOJ-NET、SIC、CHATS 均为重要的国际清算系统。

8. 中国的支付清算体系已步入适应现行银行体制、为市场经济和对外开放条件下

的经济及社会活动提供现代化支付清算服务的阶段。运行的主要支付系统有：票据交换系统、全国电子联行系统、电子资金汇兑系统、银行卡支付系统和中国现代化支付系统。

关键术语

支付清算系统　交换轧差　CPSS　SWIFT　CHIPS　FedWire　CHAPS　TARGET　BOJ-NET　SIC　CHATS

复习思考题

1. 国际支付清算体系有哪些基本要素？
2. 国际支付清算体系与国内支付清算体系有什么显著区别？
3. 在国际经济交往中，所有的收付都要经过票据交换所吗？什么情况下需要，什么情况下又不需要？
4. 中国的支付清算系统是怎样运作的？

延伸阅读

1. 章轲．社科院：应推动支付清算体系国际化．一财网．http：//www.yicai.com/news/2014/04/3749170.html，2014-04-26
2. 央行应推动支付清算体系国际化．中国新闻网，2014-04-26. http：//bank.jrj.com.cn/2014/04/26163917115706.shtml.

本章参考文献

1. 贺瑛．现代银行业务[M]．上海：上海财经大学出版社，2002.
2. 庞红，尹继红，沈瑞年．国际结算[M]．北京：中国人民大学出版社，2005.

第十五章

国际结算风险

本章导言

通过本章的学习，学生应知晓结算风险分类，了解风险产生的原因，并能从风险承担人的角度重点分析风险影响，从而熟练掌握风险防范的基本技能。

本章电子教案

（请扫描二维码）

本章知识结构图

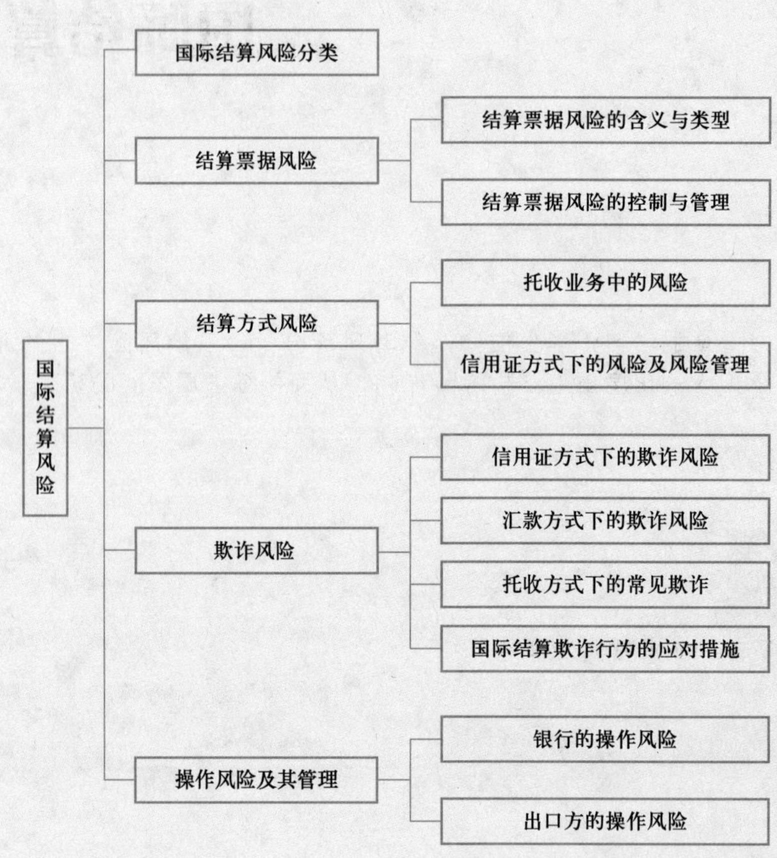

国际结算风险
国际结算风险分类
结算票据风险
结算票据风险的含义与类型
结算票据风险的控制与管理
结算方式风险
托收业务中的风险
信用证方式下的风险及风险管理
欺诈风险
信用证方式下的欺诈风险
汇款方式下的欺诈风险
托收方式下的常见欺诈
国际结算欺诈行为的应对措施
操作风险及其管理
银行的操作风险
出口方的操作风险

第一节
国际结算风险分类

国际结算风险是指在国际结算流程中，当事人由于多种因素人为或者预期外的因素面临损失的可能。

国际结算风险的类型可以分为：

一、按产生机制划分

按产生机制，国际结算风险可分为系统性群体风险和个体信用风险。其中，系统性群体风险是指由于各种不可控因素导致当事人群体暴露在风险中，个体信用风险是指企业或其他当事人因自身或者他人不当行为而导致的损失。

二、按风险来源划分

按风险来源，国际结算风险可分为结算票据风险、结算方式风险及欺诈风险等。本章主要根据这一分类介绍各种国际结算风险。

第二节
结算票据风险

一、结算票据风险的含义与类型

（一）结算票据风险的含义

国际结算中的票据风险是指出票、提示以及后续转让过程中，当事人利益受损的可能。

（二）结算票据风险的类型

结算票据风险与票据行为有关，也与流程以及不同国家惯例、法规有关，可以分为票据制票风险，承兑、收款和贴现以及其他转让风险。

二、结算票据风险的控制与管理

国际贸易结算中，主要票据如汇票、本票和支票大多在托收、信用证等支付安排中使用。出票人一般会在收到出口方完成装运后发来的装运通知后出票，并在票据中将付款时间做成见票即付或者见票后未来某个时间点支付，因此进口方在付款前，有相当充分的时间确认自身利益是否受损。此时，出口方则面临付款交单是否能够顺利完成的不确定性。因此，下文基于风险主要承担者即出口方探讨结算票据风险的控制与管理。

出口方从以下方面着手控制结算票据风险：

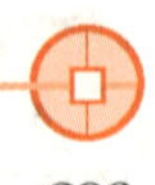

（一）积极主动调研进口方资信

出口方为了防止信用不良的客户在出票后不能及时支付全款，因此有必要进行事前风险管理。首先，平时应积累主要市场的以往政治、经济信息，主动选择法律环境完善、市场秩序良好的目标市场国客户。同时，通过驻外使馆商务参赞、本国银行海外分行、相关行业协会或者咨询机构了解潜在进口方的资金实力、行业口碑等关键信息，确保国际交易和支付的顺利进行。对于长期客户应建立信用档案，便于进行信息对比。

（二）签订合理、公平、可靠的买卖合同

买卖双方应在公平交易、合理分担风险和责任费用的基础上订立合同。出口方需要确保合同清楚地规定了各项条款以及涉及的单据，并在相关条款中已经划分好各方义务。尤其对于支付条款，金额和币种应当准确，不能导致歧义，并需要保证与其他条款的一致性，进而为合同以及支付的顺利执行奠定良好基础。

（三）要求收款前认真核验票据以及合同支付条款

出口方在收到票据和相关单证后，首先应对照支付条款，对票据格式内容进行一一对照，并与合同进行比照。其次在向银行提示票据付款时，确定是否存在瑕疵，必要时应及早通知客户进行调整，以确保顺利收款。

（四）合理安排货物出运时机，防止钱货两空

出口方在尚未完成结算时过早地放货出港，可能使自己面临不能及时收款或者不

能收全款的风险。因此，在完成装运取得出口单据后，应先与银行积极沟通协作，确定是否能够收款，进而决定出运时间，在满足自身收汇和合同交付要求的前提下，尽早发货，确保进口方利益。

案例 15-1

银行承兑汇票风险

案情：

工行海宁支行于 2009 年 2 月 5 日收到银行承兑汇票一份，持票人 A 公司，票面金额 20 万元整，出票日期 2008 年 7 月 24 日，到期日 2009 年 1 月 24 日。经查发现，该银票于 2008 年 9 月 28 日由自然人汪某申请。经法院进行挂失公示催告，并出具“停止支付通知书”，2008 年 12 月 19 日海宁市人民法院判决该票据无效，并出具民事判决书。申请人汪某自判决公告之日起，有权向支付人请求支付。海宁支行于 2009 年 1 月 24 日(银承到期日)将款项划付给汪某。因此，该行出具了“拒付理由书”。

至 2009 年 8 月 3 日，该行收到山西省某法院传票一份，由原告 A 公司诉其前手 B 公司与该行。诉讼事项为：请求判令被告支付原告所持有银行承兑汇票金额 20 万元，并按照中国人民银行规定的利率支付汇票金额到期日至清偿日止的利息，二被告互负连带清偿责任。

分析：

(1) 远期汇票作为无条件支付命令，经承兑后，由承兑人承担第一性付款责任。

(2) 根据《中华人民共和国票据法》第 61 条的规定：汇票到期被拒绝付款的，持票人可以对背书人、出票人以及汇票的其他债务人行使追索权。

(3) B 公司向 A 公司转让该银票时，曾在 9 月 24 日办理过查询，而该行是在 9 月 28 日收到法院挂失止付通知书的。

(4) A 公司委托银行寄来银票时间为 2009 年 2 月 5 日，而该票据到期日为 1 月 24 日，因此，该行收到票据时，款项已划付。

启示：

(1) 票据风险是国际结算中的常见风险，当事人应当予以重视，对于票据性质和效力应充分理解。

(2) 票据行为中的追索效力建立在拒付事实的基础上，当事人同时应该重视与票据相关的时间限制，把握好票据行为。

资料来源：程启芬. 利用伪造银行承兑汇票犯罪初探[J]. 江苏公安专科学校学报，2001(4)。

第三节

结算方式风险

本章涉及的结算方式风险主要指在特定结算安排中，各方当事人所承担的支付违约风险。根据目前主要的结算方式，将针对托收和信用证结算，从不同当事人角度分析其中的风险。这些风险主要包括信用风险和融资风险。

一、托收业务中的风险

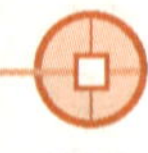

（一）出口商承担的支付违约风险以及风险管理

违约风险是指经济合同当事人因其他当事人的主观或客观原因，不能履行或未充分履行义务而可能招致的损失。在国际结算环境中，主要是指支付违约风险。

1. 出口商面临的支付违约风险

在托收方式下的出口商按照合同的规定发运货物后，取得出口单据交付银行，并委托银行向国外进口商收取货款。但出口方仍然可能面临以下风险事件：

（1）当事人未能履行合同导致托收失败。在收到代收行通知后，进口商可能基于以下情况拒付，进而导致托收失败：一是进口方支付能力不足，导致无力全额支付，如进口国市场价格暴跌、商品滞销、财务状况恶化所致；或进口商未能取得相关证书，导致货物无法通关，如未取得进口许可证、检疫证明等。二是出口方未能充分履行交付货物义务，一般体现为短装，装运期不符合同规定甚至是商品质量缺陷，等等。

（2）发生不可抗力事件导致进口方拒付。不可抗力主要体现为自然灾害和双方国家剧烈的政治、经济波动。具体包括：一是发生战争，骚乱、罢工可能导致装运或者到货延期，进口方因此承担额外损失，进而拒绝付款；二是经济冲击，导致进口国实施临时性贸易或外汇管制，而造成进口方无法进口或者不能购汇付款；三是由自然灾害造成的货物损失，导致进口方拒绝付款；等等。

（3）货物交付或支付结算不符合进口国法规以及惯例导致托收失败。在出口方交付商品不符合进口国法规的情况下，常常造成无法通关，进口方则因此拒绝完成托收程序。此外在托收操作中，部分国家的常规做法也与国际惯例有别，进而导致托收过程产生争议而被迫中止。常见于合同规定按照付款交单完成托收，但进口方常按照承兑交单进行，变相延长了付款期限，而且迫使托收流程发生变更，增加了出口方的收款难度。

2. 出口商对于支付违约风险的管理

针对托收方式下面临的主要风险，出口商可以采取以下措施予以防范：一是加强客户征信，做好签约前的客户筛选，尽可能排除信用不良以及财务状况不佳的客户。二是强化托收单据的过程管理，加强与银行的沟通，避免付款前放单给进口方，造成托收困难甚至是失败。一般而言，要求提单收货人(consignee)做成仅出口方背书方可转让(to order)，并要求银行只能按照付款交单即D/P方式操作，进而防止进口方骗取提单，擅自提货而又拖延付款的可能。

小知识 15-1

出口信用保险业务

中国出口信用保险公司（简称中信保，英文Sinosure）是我国唯一承办出口信用保险业务的政策性保险公司，也是我国四家政策性金融机构之一。该公司于2001年12月18日正式揭牌运营，当时公司资本金约300亿元，资本来源为出口信用保险风险基金，由国家财政预算安排。中信保主要提供以下险种：

短期出口信用保险，一般情况下保障信用期限在一年以内的出口收汇风险。适用于出口企业从事以信用证(L/C)、付款交单(D/P)、承兑交单(D/A)、赊销(OA)结算方式自中国出口或转口的贸易。承保商业风险——买方破产或无力偿付债务；买方拖欠货款；买方拒绝接收货物；开证行破产、停业或被接管；单证相符、单单相符时开证行拖欠或在远期信用项下拒绝承兑。也承保政治风险——买方或开证行所在国家、地区禁止或限制买方或开证行向被保险人支付货款或信用证款项；禁止买方购买的货物进口或撤销已颁发给买方的进口许可证；发生战争、内战或者暴动，导致买方无法履行合同或开证行不能履行信用证项下的付款义务；买方支付货款须经过的第三国颁布延期付款令。损失赔偿比例为：由政治风险造成损失的最高赔偿比例为95%；由破产、无力偿付债务、拖欠等其他商业风险造成损失的最高赔偿比例为95%；由买方拒收货物所造成损失的最高赔偿比例为80%。

中长期出口信用保险，旨在鼓励中国出口企业积极参与国际竞争，特别是高科技、高附加值的机电产品和成套设备等资本性货物的出口以及海外工程承包项目，支持银行等金融机构为出口贸易提供信贷融资。中长期出口信用保险通过承担保单列明的商业风险和政治风险，使被保险人得以有效规避以下风险：

(1) 出口企业收回延期付款的风险；

(2) 融资机构收回贷款本金和利息的风险。

信用保险贸易融资业务，是指销售商在公司投保信用保险并将赔款权益转让给银行后，银行向其提供贸易融资，在发生保险责任范围内的损失时，公司根据《赔款转让协议》的规定，将按照保险单规定理赔后应付给销售商的赔款直接全额支付给融资银行的业务。

资料来源：百度百科.www.baike.baidu.com。

（二）进口商承担的风险及风险管理

1. 进口方的风险

托收方式下进口方主要面临因货物衍生而来的风险。贸易商常用的贸易术语主要分为目的地到货和出口地交付术语，导致进出口合同的交货点不同，进而导致买方承担的货物风险有很大差异。如果以《国际贸易术语解释通则》（INCOTERMS 2010）下的 D 组术语订立合同，意味着买方可以等到货物抵达目的港后再接收货物，并进行检查，按照托收要求，根据代收行通知完成付款交单。进口方主要承担到货后的风险，相对而言，风险小。而在合同规定为装运港交货术语时，出口方的义务和风险以装船后取得清洁提单为限，此后买方则承担货物风险。但在托收安排下，进口方收到代收行要求付款交单的时间往往早于到货和提货检验，因此进口方付款后才确认货物是否到达、是否发生缺损，面临的风险大于前一种情况。

2. 进口方的风险管理

在装运港交货条件下，进口方为了防止托收中付款交单在前，导致出口方可能骗取货款或者以次充好的情况，可以通过在合同中指定可靠的第三方检验机构完成出口国检验，并出具有效证书，进而确认发货事实以及发货质量，有效控制货物风险，避免钱货两空。

（三）托收银行承担的风险及风险控制

1. 托收行的风险

托收行经常面临的风险在于：依据托收统一规则 URC 522（下同）的惯例，当委托人填具托收委托书（Collection Application，或称托收申请书）后，托收行应该接收出口方提供的出口单据，并进行审核；按照托收申请制作内容一致的托收指示（Collection Instruction），指令代收行依此向进口方收款。托收行在发出托收指示前，应当确保内容与托收申请书的内容一致，否则由此造成的损失或延误由托收行承担或负责。

在已有托收业务基础上，如果托收行利用出口单据做成出口押汇或票据贴现，一旦出现拒付或者不可抗力导致的支付困难，作为融资方，托收行则面临收款不着的风险。

2. 托收行对风险的管理

在托收业务中，托收行应认真核对托收委托书的内容，按照 URC 522 的惯例操作，并制作与托收委托书相符的托收指示，发送代收行。在利用托收单据为贸易商融资时，应以风险控制为主要目标，减少对出口商融资规模，并事先了解进口方存在的潜在风险，告知出口方会导致融资回收风险，以事前规避为主。

（四）代收行承担的风险及风险管理

1. 代收行承担的风险

代收行在 URC522 的惯例下，主要依据托收行发出的托收指示操作。如果由于代收行的行为与托收指示不一致导致损失，则代收行应承担相应责任。

此外，代收行也承担了远期付款交单下提前放单的风险。一般在远期付款交单方式下，代收行本应按照托收指示的规定，在规定付款期，收妥款项后放单给进口方，但是进口方有时会开具信托收据，要求代收行预先出借单据而不付款，待提货处理完毕后再付款。此种做法与托收行的托收指示不合，尤其是代收行与托收行之间的代理—委托关系。一旦进口方获得单据后拖延甚至拒付，代收行必须承担相应损失。

2. 代收行的风险管理

首先，代收行在收到托收指示后，应深入了解进口方的背景以及信用，以确定进口方在以信托收据为手段要求出借单据时是否放行。此外，即使进口方无信用问题，仍然需要可靠的第三方当事人为进口方借单做担保，防止进口方无力支付而代收行又无追款手段。

二、信用证方式下的风险及风险管理

信用证方式下，银行以自身信用为进口方的支付能力提供支持，涉及当事人较多。而且信用证效力独立于买卖合同，信用证下各方当事人也应按信用证条款行事，围绕与信用证相符的单证进行操作。

（一）出口商的风险及风险管理

1. 出口商承担的风险

信用证方式下，开证行根据进口方申请开出信用证，并转给出口方，出口方提交与信用证一致的单据后才有权要求付款。但如果信用证的其他条款规定过于严苛，也会导致出口方难以顺利收款，承担风险，其中一些可视为“软条款”（soft clause）。主要体现为：

（1）信用证要求出口方交付货物质量超出常规，常与高标准国家或第三方国家的法规或行业水准挂钩。出口方若在订立买卖合同时急于达成协议，忽略了对这一条款的审核，将会导致交货后面临收款困难。

（2）信用证中关键时间点的规定对于出口方过于苛刻。如出口国装运期较短，出口方提交贸易单据的时间过于紧张等，一旦稍有延误，则会导致进口方拒付。

（3）信用证要求出口方提交以开证申请人为收货人的海运提单，规定海运提单的收货人为开证申请人，意味着进口方一旦获得海运提单，即使不经付款也可提取货物，出口方面临钱货两空的风险。有时，信用证虽未对收货人做以上要求，但要求出口方将至少1份提单正本送给申请人，也意味着出口方无法通过信用证方式下，完全实现钱货交接，部分失去对发运货物的控制权，而进口方凭借正本提单，也可提货，并可能延迟或拒绝付款。

（4）信用证规定出口方的交单地点在开证行。此种情况实际上意味着信用证有效期比出口方预期的要短，在没有充分的备货装运安排时，往往不能做到及时取得提单并向开证行提示，以至于收款失败。此外，已开信用证中规定暂不生效条款。即开证行另行发出生效通知时，信用证才真正有效，即出口方在此之前完全暴露在违约风险下，没有信用证的保证，只有进口方和开证行决定信用证的效力。但出口方如果因为这一顾虑而推迟装运等手续，又可能导致提单以及提交日期等与信用证不符。

（5）信用证规定出口方承担流程中各方银行产生的费用，导致出口方费用分担过重，面临不公平的结算待遇，同时增加了出口成本。

（6）信用证规定部分流程的单据必须由开证申请人指定的人签发。常见于商检证书、商业发票的签发人的情况，部分情况下，甚至要求票据签字与开证行留存样本一致。这些情况都增加了出口方及时收款的难度，对于进口方而言，则为其提供了延迟付款或者拒付的可行手段。

2. 出口方的风险管理

在信用证方式下，出口方获得开证行开出的信用证后，应从以下几方面着手准备：

（1）审核信用证的有效性。可以首先通过国内银行了解开证行的信用，以及进口国是否存在外汇管制；在开证行资质不佳或存在不确定性，但无法撤销信用证的情况下，应请进口方指示开证行，邀请出口方了解的银行为信用证加具保兑，以保兑行的信用为付款加强付款保证。

（2）审核信用证是否存在对出口方不利的条款。信用证条款一方面能保障出口方收款，但规定了限制性支付条件时，往往影响出口方全额及时收款，甚至在未达要求时，遭到拒付。因此，出口方应仔细核对相关条款，与本地银行以及相关机构进行联系，排查不利条款，并要求进口方通知开证行及时修改信用证。

（3）缮制单据抬头，确保付款前货物控制权。主要是指出口方应拒绝收货人将海运提单收货人做成开证申请人的要求；海运提单抬头应做成空白抬头，允许背书转让。

（二）进口方承担的风险和风险管理

1. 进口方承担的风险

在信用证方式下，付款依据以与信用证相符的单据为主，进口方的风险主要来自于货物。主要体现为：

（1）出口方提供伪造单据，骗取开证行付款，进口方无货可提，根本得不到货物。

（2）单据与信用证相符，到货品质、数量与买卖合同不符。由于信用证下的结算独立于货物买卖合同，审核仅看单证、单单是否一致，并不决定货物与合同的相符程度，导致出口方可能利用此点，将质次价廉的货物替代合同标的，骗取货款。

（3）预支信用证方式下，出口方收取预付款后延迟发货或拒不发货。预支信用证下银行所付预支款项与出口方交付单据没有直接挂钩，而是由进口方指示开证行支付的。如果出口方可以不及时完成装运发货或者是携款潜逃，则进口方会面临收货风险，或者预支款无法收回的风险。

2. 进口方的风险管理

信用证方式下，进口方主要针对出口方的交付风险进行以下管理：

（1）合同订立前，至少在申请开立信用证之前，应对出口方进行充分的资信调查，重点针对其生产供应能力、行业口碑等方面。

（2）进口方申请开证时，应要求信用证相关条款对货物装运以及品质等作一定要求，防止出口方仅仅提交符合信用证的单证，但却不充分履行买卖合同中的交货义务。具体在以下方面提出要求：

① 在信用证中规定出口商应提交相应的商品检验证书，包括质量、数量检验报告。通过这些信息，进口方可以确认出口方是否履行了相应的交付义务。同时，双方可以协商确定发放证书的机构，以避免对于出口方接收检验证书相对不便，并导致交单时间与信用证不符。

② 在信用证中规定出口方装运的部分细节，主要对装运期、港口（包括卸货港）与出口方协商后确定，既可以防止出口方拖延甚至是伪造提单而不发货，也充分考虑出口方装运后能够有充分时间依照信用证提交单据并要求付款。

③ 在信用证中对出口方的单据提示日期加以规定，以防止出口方拖延交单，延误付款时间，也延误进口方取得单据。当然，考虑到出口方需要一定时间装运以及获得单据，所以信用证提示期应该在双方协商下确定；或者按照惯例，定为装运后 7 天到 15 天或 21 天不等。

（3）预支信用证下进口方可以申请开证行加注信用证，要求预付款应随合同交付进程分批支付。并通过直接联系、现场验收等方式确认出口方按照合同行事，从而防止骗款或拖延发货的风险。

（三）银行的主要风险以及风险管理

1. 银行面临的风险

信用证方式下，各商业银行担当的职责有所不同，既涉及基本的结算服务，也有银行信用对商业信用的支持。因此，银行既要承担信用证流程的相关风险，也要面对因提供信用支持产生的信用风险。

（1）业务风险。银行在信用证方式下首先面临业务风险，即开展信用证服务时可能面临的风险。具体包括：

① 银行为信用证申请人开证承担的风险。由于银行开立信用证视作为申请人付款能力提供保证，并向受益人作此申明，因此，出口方提交与信用证条款相符的单据，开证行就应付款。但全额付款后，虽然有开证时进口方预先缴纳的押金，但开证行仍然面临进口方不能及时付款赎单的风险。

② 银行通知来证时承担的风险。开证后，信用证指定出口国银行向出口方通知信用证开证。如果通知信用证前，出口银行未审核信用证的真伪和有效性，或在不确

定真伪的情况下未通知开证行，则由此产生的损失由通知行承担。

③ 出口国指定银行承担的风险。各种信用证方式下，开证行将指定出口国银行审核出口方提交的单据，而后进行付款、承兑或者议付等操作，指定银行再向开证行递交单据，并向开证行或其指定的偿付行索汇。但指定银行若未发现单据中存在的不符点，或者开证行信用不良，指定银行则将承担损失。此外，如果开证行并未及时向偿付行发出偿付授权，指定银行向偿付行索汇时，也可能遭到拒付。

④ 保兑行承担的风险。信用证的保兑行主要由开证行指定，一般在出口国。保兑行接受邀请对信用证加具保兑后，则承担与开证行相同的付款责任。出口方发货后，通常向保兑行提交单据要求付款，保兑行凭单付款后应向开证行索汇。此时开证行信用若不良，保兑行则面临开证行拒付或者延迟付款的风险。

（2）融资风险。信用证业务中银行还会面临融资风险，也就是当银行提供相应融资时，面对的损失可能。具体包括：

① 押汇融资风险。如在押汇业务中的银行都有无法收回资金的可能，体现为出口押汇银行面临开证行拒付或出口方无法支付的风险；而做进口押汇的开证行要承担进口商拒付的风险。

② 汇票贴现风险。贴现银行在远期信用证方式下，受益人提交远期汇票要求出口地银行贴现后，贴现银行到期后持票收款可能遭到信用不良的汇票付款人的拒付。即使贴现行向受益人行使追索权，但出口方同样可能不退款。

③ 预支信用证风险。预支信用证由开证行指示出口方银行为出口方提供信贷，以便于出口方及时发货，不至于影响贸易流程和结算。但是出口商在获得资金后，刻意推迟甚至拒不发货，则开证行会和进口方面临收货不着的风险，而开证行则面临该笔融资回收的风险。

④ 假远期信用证风险。假远期信用证是开证行为进口方提供信贷的一种信用证。当进口方申请融资后，开证行或其指定银行按照项下远期汇票金额，通过即期付款方式对出口方付款后，向进口方追讨相应金额。此种信用证方式会导致开证行承担进口商到期不付款，无法收回资金的风险。

2. 银行的风险管理

针对信用证业务中存在的风险，有关银行应积极采取各种措施加以预防和管理。常见手段如下：

（1）进口方提出开证申请时，开证行首先应审核进口方的信用，并以此为依据确定收取的开证押金。同时，配合提单，将信用证中拒绝将进口方作为收货人直接写入信用证，防止进口方拒付或者骗取货物的可能。

（2）信用证指定的通知行需认真审核信用证的真实性。不能确定真伪时，应及时通知有关当事人，避免基于侥幸而放行伪造信用证，承担相应损失。

（3）信用证下指定银行在付款承兑前，应首先核实开证行的信用，防止开证行无力偿付，必要时可以拒绝参与该信用证。此外，指定银行应认真审核出口单据，防止遗漏单据与信用证的不符点，最终可能导致开证行拒付。

（4）保兑行在保兑前，应审核开让行的信用状况以及是否存在账户关系，防止保兑付款后遭到开证行拒付，也可以拒绝接受开证行的保兑邀请。

（5）银行基于信用证关系对贸易商融资时，应充分调查其资信。在对出口方提供信贷前，还应调查开证行以及进口商的资信，确保安全回收融资。而开证行对进口方提供融资时，同样要审核其资信。必要情况下，提供融资的银行也可通过第三方担保或者要求提供抵押品来降低风险。

案例 15-2

信用证方式下的融资风险

案情：

上海 C 金属材料进出口股份有限公司（下称上海 C 公司），乃国有控股企业，以销售各种类型钢材、矿石为主，在该市商贸流通企业中居于重要地位，是某国资委控股集团的核心子公司。2010 年 10 月 20 日开始至 2011 年 3 月 2 日，上海 C 公司陆续在某银行开立进口电解铜的信用证，共 12 笔，合计金额为 8 100 万美元，受益人全部为 SHANGHAI C(HONGKONG)CO.，LTD，期限均为 90 DAYS AFTER SIGHT。其中 1 月底至 2 月的信用证开立较为集中，在 30 天内共开立了 6 笔信用证，进口货物为电解铜，开证金额达到 3 900 万美元。上海 C 公司与当地某银行合作近十年，在该银行以开立进口钢材、铁矿砂的信用为主。从 2010 年 10 月开始，上海 C 公司新增进口电解铜业务。电解铜作为公司业务新的增长点，特别是在 2011 年上半年，业务量增长较快。上海 C 公司进行的转口贸易项下涉及多个主体，其间的贸易与资金往来也较为复杂。我们仅对其货物流和资金流进行初步分析，探寻银行风险。本次分析的电解铜转口贸易在货物流上，上海 C 公司向注册地为香港的 SHANGHAI C(HONGKONG) CO.，LTD(下称香港 C 公司）开出期限为 90 DAYS AFTER SIGHT 的远期信用证进口电解铜。香港 C 公司在表面上看与上海 C 公司无关联关系（但香港 C 公司控股股东为上海 C 公司前任高管）。另一方面，香港 C 公司与智利国有铜公司 CODELCO 签订进口电解铜长期合同，在向 CODELCO 交易的同时，在伦敦铜期货市场上做一个配套的远期交易，以对冲现货市场的价格波动，实物铜则直接运至上海保税区仓库。而转口贸易合同显示，以上信用证开立后，上海 C 公司再将电解铜卖给 S(HONGKONG) COMPANY LIMITED（下称香港 S 公司）。香港 S 公司在表面上看与上海 C 公司无关联关系（但香港 S 公司为上海 C 公司前任高管以个人名义与另一利益相关企业共同出资成立）。铜则由香港 S 公司再次转卖给最终买家，货物从上海保税区直接运至最终买家，包括贸易公司和工厂。

分析：

以上交易我们可以从上海 C 公司财务数据得到一些印证，上海 C 公司的报表预收账款科目 2010 年年初余额为 8 亿元，2010 年 10 月底额度为 15 亿元，2010 年年底余额为 10 亿元，2011 年 1 月底余额为 20 亿元，2011 年 2 月底余额为 18 亿元，预收账

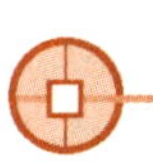

款的余额波动情况大致与信用证开证余额波动情况相似。可以推测，上海C公司开出信用证后，香港C公司在获得当地银行融资后通过一系列交易以香港S公司预付款的形式回到上海C公司账上。一系列的交易，使上海C公司依靠另外两家海外公司(表面上为非关联公司)进行转口贸易项下的融资，拓宽了融资渠道并获得成本更低的贷款。但是，参与转口贸易的三方有着千丝万缕的关系，其交易的真实性值得重点关注。并且，上海C公司获得融资后的资金流向及最终用途值得关注。对于融资后的资金流向，从上海C公司的财务分析，公司其他应付款余额增长较快，2010年年初余额为5亿元，2010年10月底额度为8亿元，2010年年底余额为10亿元，2011年1月底余额为10亿元，2011年2月底余额为15亿元，其他应收款在2010年增长100%，且2011年2月较2010年增长1.5倍。从公司2月底其他应收账款明细中看出，占款比较严重的均为上海C公司的关联公司，如C公司江苏子公司10亿元，C公司日照子公司8亿元，C公司杭州子公司3亿元。

启示：

由于转口贸易方式项下的货物进出口享有在中转国免征关税、付汇核销和收汇监管相对宽松等优惠政策，而且转口贸易多以单据处理方式为主，交易的货物主要是大宗商品、货物，监管有难度，因此转口贸易容易成为违规资金流动的重要渠道。实务中，银行如何识别和规避转口贸易的融资风险，在此提出以下几点建议：

（一）审查是否符合国家的外汇管理条例

国家外汇管理局于2011年4月1日下发的《国家外汇管理局关于进一步加强外汇业务管理有关问题的通知》（汇发〔2011〕11号文）明确指出：“转口贸易项下外汇收入应在企业进行相应转口贸易对外支付后方可结汇或划转。银行收到转口贸易外汇收入应当转入企业待核查账户；企业将转口贸易收入结汇或划转到经常项目账户时，应当向银行提交相应的转口贸易出口合同、进口合同、收汇及付汇凭证；银行审核相关单证后方可为企业办理结汇或划转手续。转口贸易收入结汇或划转金额超过相应支出金额20%的，企业应当持上述单证向当地外汇局申请；经当地外汇局核准后，银行方可为企业办理相应结汇或划转手续。”以上规定对先收后支的转口贸易项下的收汇做了严格的规定。

（二）重视对第一偿债来源的监管，防止资金链断裂

利用转口贸易融资涉及银行信用证开证、信用证项下融资、境外转卖变现、他国通关等诸多环节，更涉及贷款规模、利率波动等不确定性因素。因此，流程控制是否顺畅、融资款是否能足额清偿，货物流转是否正常，都对企业的资金链安全产生重要影响。银行在办理业务过程中应加强对信用证申请人的了解，对申请人的财务状况、经营状况、信用状况的最新动向要及时掌握、准确判断。

（三）加强对转口贸易项下的资金流监管

如果转口贸易项下三方联手利用该贸易模式融资，境外预付款汇入后由于资本逐利本能而进入高风险领域，或因竞争压力被长期挪用，开证行都将面临信用证垫款风险。

（四）重点核查转口贸易的真实性

银行内部应进一步完善出口收汇资金的真实性核查制度，审核的内容不能仅限转口合同，应重点核查与进出口合同相关的有效商业单据，以及各单据之间的匹配性、关联性、合理性。归根结底，转口贸易不应背离其贸易本身的内涵，一旦转口贸易项下的融资缺少相应的贸易背景，相关法律追溯的基础即不存在。

资料来源：转口贸易背后的信用证融资风险案例分析. 百度文库，http://wenku.baidu.com/link?url=eDAQ9vGrey_udAR5ClGXu-jC2gVs5_GEe2kvkod2HI8L7xmjzJ9LNMgrVaZnJ-_pI9optl2wN27kXCGiOZwQOKRh9iZiHFTeGbd8RdRQVxy。

第四节

欺诈风险及其管理

一、信用证方式下的欺诈风险

信用证方式下，银行以及相关当事人审核单据时都遵循“单证相符、单单一致”的原则。但由于信用证效力独立于买卖合同，涉及当事人以及环节较多，因此现实中不少诈骗人试图获取非法所得。目前常见的形式主要有：

（一）伪造信用证

伪造信用证是指诈骗人以虚假银行名义开立信用证，或假冒真实银行名义开立伪造信用证的行为。主要通过将伪造信用证发给出口方，骗取其信任，诱使出口方为证明交易诚意，向诈骗人预付佣金、质押金、履约金或者预交货物。

伪造信用证通常可以从以下方面识别：

（1）寄送的不使用密押的电开信用证，或者开证行对信用证开证查询的确认没有加押。

（2）信开信用证的签字或印签鉴别为假。

（3）信用证缺少核心条款，没有与买卖合同对应的交易条件，如缺少价格、目的港、买卖合同的说明，仅仅突出支付或者交货要求。

（4）信用证要求出口方改变单据提交对象，而原指定银行信用不良。

（5）信用证金额较大，且有效期较短，刻意造成紧迫的氛围。

（6）寄来的远期信用证规定单据提交方式不合常理，要求受益人装运后直接将核心货物单据寄送收货人，不走银行流程。

案例 15-3

信用证诈骗案例

案情：

1993 年 4 月 1 日中国银行河北省衡水地区中心支行行长赵金荣等人擅自越权对外开出 200 份一年期、不可撤销可转让的、总金额为 100 亿美元的备用信用证，险些被国内外勾结的犯罪分子打着融资的旗号作为向银行诈骗巨额资金的工具，一旦得逞将使我国承受巨额损失。

1995 年由武汉侨港实业发展公司同韩国三一贸易公司暗中勾结，开出一份不可撤销的保兑的跟单即期信用证，并委托湖北省中原国际贸易公司代理出口一批价值 43 000 美元全棉漂白被套至韩国。该外贸公司在不知晓事实真相的情况下，利用自己良好的银企关系，以该信用证向招商银行武汉分行作为抵押而“打包贷款”人民币 250 元，按双代理拨付给指定生产企业——湖北省丝绸公司。而事后，武汉侨港实业发展公司法人代表和平却暗地非法将全部款项提现外逃，至今尚未被抓获归案。

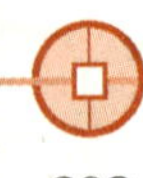

2000 年由武汉市中级人民法院公开审理一宗金融诈骗案件，是四川南德公司董事长牟其中与湖北省轻工业品进出口公司某业务员暗中勾结，并串通不法港商，签署虚假进口贸易合同，并利用虚假进口货物单据，骗取中国银行湖北省分行对外开出多份进口远期承兑信用证，累计从该银行骗取金额高达两千多万美元，尽管牟其中已伏法，判处无期徒刑，但给银行和外贸公司带来了不可估量的经济损失。

2001 年 2 月 22 日，武汉市中级人民法院又以信用证诈骗罪判处广东林伟哲有期徒刑 10 年。巧合的是，这位诈骗国家 3 000 余万元资产的巨骗，使用的手法与有“大陆首骗”之称的牟其中当年的信用证诈骗方法极其相似，且均在武汉作案。林伟哲预付湖北省服装进出口公司 200 万元，后者委托中国银行武汉分行，向中国银行纽约分行开出了金额折合 1 398 万元人民币的信用证。在美国的企美公司将信用证贷款办理贴现后，现金全部被林伟哲存入自己的账户。同时，林伟哲以相同手段将湖北省服装进出口公司开出的 2 449 万余元信用证贷款据为其私有。除后来私下归还服装进出口公司 1 000 万元及 650 万元保证金，林伟哲共骗取湖北省服装进出口公司 3 000 余万元。教训深刻。

分析：

（1）信用证常见于大型工程或者大宗贸易合同中。由于信用证开立后，银行担负主要责任，因此一旦申请人恶意作为，将使得银行暴露在风险中。

（2）以上案例中同时涉及多起诈骗，其共同特点是，诈骗人利用了银行对于合作客户的信任，伪造贸易单据，骗取银行开证并套取资金。原因仍然在于银行业务人员审核不严，导致损失。

启示：

（1）开证行需要严格按照规程行事，并充分开展信用调查，对相关贸易合同进行核实。

（2）对于以信用证为基础的融资和结算，银行应当加强过程管理。对于资金去向，以及存在的可疑之处，应及早调查，规避更大损失。

资料来源：何康民，苏龙．国际贸易结算中几个金融案例的剖析[J]．计划与市场，2001(4)．

（二）信用证软条款

信用证软条款一般是指信用证中刻意设定的限制性条件，未达成时，可导致信用证撤销。常见于进口方对于交易条件设置的多种障碍，多数情况下，属于恶意为之。信用证软条款使得开证行或开证申请人有权单方面解除信用证效力，从而将出口方暴露在风险下。当出口商不能如期发货、不能满足信用证要求时，出口商甚至是议付行将承担大量损失。常见的信用证软条款主要表现为：

（1）在交易条件为装运港交货术语（如 FOB）下，海运由进口方安排，信用证禁止出口方在装运后交单议付，导致收款困难。

（2）信用证规定检验证书须由开证申请人指定机构出具，导致出口方难于取得与信用证相符的单据。或者在信用证中规定出口方须提交部分难以取得的单据证书，如贸易管制国家的进口许可证等。

（三）利用特殊信用证的欺诈

此类欺诈常见于可转让信用证方式下。由于该信用证涉及多个当事人，而且有多重转手合同关系，因此开证申请人和买卖合同对应当事人往往不同，导致进口方与出口方对彼此背景不了解。一些诈骗人充当中间人，分别与买卖双方订立合同，从出口方取得单据后，利用从进口方获得的可转让信用证要求付款，如果银行未深入核验，则可能导致买卖双方都承受损失。

（四）伪造单据进行欺诈

由于信用证方式下涉及的银行按照单单、单证表面一致原则进行审核放款，因此，很多诈骗人伪装为出口方，虚造相关出口单据，进而骗取货款后消失，导致进口方以及银行非常被动，承担很大风险。

二、汇款方式下的欺诈风险

汇款方式由于比较方便，相对信用证而言费用低，常为进口方所使用。但此方式下，没有银行信用为付款人做支持，同时没有付款赎单的流程控制，因此对于进出口双方都存在较大风险。主要体现为：进口方在预付款合同中，预付资金被出口方占用，同时面临货物是否及时交付的风险；而出口方在到货付款合同中，必须预先发运，确保到货，但不确定进口方是否及时付款。同时，一些诈骗人常假冒贸易商，开立虚假汇票，骗取相关当事人信任并套取资金。主要体现为以下方式：

（一）票汇欺诈

贸易商使用票汇方式时，通常将出口票据提交银行，收妥货款后才发出货物；而诈骗人常先订立买卖合同，并通过银行开立汇票，将汇票传真给出口方，若出口方凭此发货，诈骗人会立即通知银行撤销汇票，导致出口方面临货物损失。

（二）电汇欺诈

电汇业务中诈骗人常假冒汇出行向解付行发出电报，通知该行贷记指定账户或备付给指定当事人；在解付行要求核对密押时，假冒汇出行名义发出证明与密押相符的电报，而解付行若未进一步核验而付款则需承担损失。

三、托收方式下的常见欺诈

跟单托收方式使用频率较高，银行主要接受客户委托完成托收，不负责确定单据真伪。这导致托收欺诈经常发生。

（一）承兑交单中的欺诈行为

承兑交单方式下，由于进口方在承兑汇票后，即使未到最后提示付款期，也已经获得单据，因此可以不经付款直接提货。此时，出口方主要面临收款不着的风险。

（二）付款交单中的欺诈行为

进口方在付款交单方式下，只有先支付货款，获得单据，才能提货。但银行在托收中没有义务审核单据的真实性，因此诈骗人常假冒出口方，伪造单据要求银行托收，骗取货款。

四、国际结算欺诈行为的应对措施

银行、进出口方等因为不同结算方式下可能面临形式不同的诈骗可能，因此需要在以下方面加以注意：

（一）审慎行事，调查资信

目前大多数欺诈案件中，诈骗人利用受害方急于获得合同的心理，同时刻意伪造虚假身份，提供虚假信息和优惠条件等，导致屡屡得手。因此，对于贸易商而言，首先应该审慎地确定交易对象，积极了解对方的背景和口碑，确定其履行合同的能力。同时应该积极做好各种防范措施，以避免产生重大损失。

（二）循规操作

部分案件中，诈骗人常利用当事人自身在合同执行中的不当之处，作为不履行自己合同义务或者拖延的借口，进而骗取相应利益。因此，贸易商应严格根据合同、贸易惯例、结算惯例以及相关法规行事，并且利用各类惯例，合理安排趋利避害的结算方式，规避欺诈可能。

（三）依法行事

国际结算当事人对于诈骗案件，应当充分依据本国和国际法规以及惯例，通过明确对方恶意作为，有效甄别诈骗案件；积极利用各种法律诉讼手段，对侵权人追偿损失。

此外，国际结算中各方当事人，都应以规避恶意欺诈作为重要目标，采取长期有效的防范措施。对于银行来说，应从以下方面着手：

首先，银行应在岗位培训中突出加强职业素养和风险意识，对于工作合规的重要性要贯穿到员工的培训中。同时对于较典型的诈骗案例，需要组织业务人员进行专题讨论，以达到防患于未然的目的。

其次，银行应当积极进行相关当事人的信用背景调查，以根源上规避欺诈可能。这种调查主要针对以下方面，进而全面了解客户潜在问题：客户行业口碑、信用记录、财务健康状况、经营状况。

最后，银行需要充分完善技术监控和设备，从而提供软硬件方面的保障。这包括充分利用密押和印签，在核验流程中进行认真核查，在必要情况下还需要与相关银行反复沟通，排除诈骗电文的可能。此外，银行也应积极利用各类最新技术设备，采用各种联网手段，获取相关监管部门提供的当事人的信息。

小知识 15-2

密押系统介绍

密押技术采用的是密押器，内置对称算法，对交易要素进行加密传输，以达到保证数据完整性的目的。密押器的使用者采用口令的身份认证方式。在应用过程中，直接通信的两方需要使用相同的对称密钥。

密押可分为系统密押和手工密押两大类。其中系统密押又分为全功能银行系统密押和网上支付结算代理业务密押。手工密押分为应急密押和支付结算代理业务密押。

全功能银行系统密押是指在办理银行汇票业务过程中，使用索押交易，由计算机系统按照规定的计算方法，对票据有关要素进行加密运算得出的一组数据。

应急密押系统由发行器、密押器及 IC 卡组成。

使用各级发行器或密押器均需凭各级人员 IC 卡进行，各级 IC 卡也要经过逐级签发后方可启用。由经办行密押主管负责在密押器上注册、注销密押员卡号、对超过限额的编押业务进行授权、查询历史记录。经办行密押员由两名会计人员组成，负责对业务数据进行编押或核押、对编押或核押业务进行复核、查询历史记录。

经办行的密押主管和密押员不得兼管与密押配套使用的印章、空白重要凭证。

密押员的 IC 卡口令应不定期更换，并不得将本人生日、住宅或单位门牌号码、常用电话号码等常用数码作为启用口令，以防失密。

资料来源：百度百科，http://baike.baidu.com/link?url=ElJ1L-hq_19qOyUSpWL5oCb17FepD_ejBwqa_9e5LwQ8l0M1fM023pERz6u_PUZKUb5_KqrS4R0TD9AKZyBZxa。

从出口商角度来说，需要防止由于急躁导致忽视对于客户的信用调查，也需要防止采用对自身不利的贸易条件，同时需要尽量确定对自己有利的支付结算方式，尤其是应该保留对于出口单据在货款收讫前的控制权；应认真调查银行资信以及包括对信用证的条款的把握，避免对自身不利的软条款。

从进口商角度来说，主要的欺诈风险来自提货产生的风险。因此，也需要进行客户背景调查，加强对进口检验的要求，对货运流程加强监控，并尽量采取对己方有利的结算方式，杜绝欺诈可能。

第五节

操作风险及其管理

国际结算中的操作风险是指由于当事人在相关流程中，行事不合规则或导致损失的可能性。目前操作风险主要来自于信用证方式下的两类操作主体，即银行和出口商。

一、银行的操作风险

由于在信用证方式下，开证行以及指定银行需要审单，因此操作风险主要来自审单不严。议付行须仔细审核单据，确保两个“一致”，防止开证行在审单中发现不符点导致拒付，从而将议付行暴露在索偿失败的风险下。

开证行应在收单后 7 个营业日内完成审单，并通知提交人。如有发现单证不符应立即通知索偿行拒收单据，并代管单据或将单据退回提交人。

二、出口方的操作风险

在不可撤销信用证方式下，如果因为部分条款导致信用证效力可以撤销，即出口方暴露在软条款导致的操作风险之下，此种情况下，软条款应当有别于欺诈性条款。开证申请人主观上并无恶意，仅仅为了自身利益最大化而制定软条款。常表现为关于信用证效力的独立条款，规定申请人将另行提供相关凭证以及对装运做限制性表述的条款。

综上所述，国际结算流程中，当事人不得不面对多重风险暴露，因此必须谨慎小心地处理好各项程序，并做好事前风险的预防、事中风险管理和事后争议的处理工作。同时要深入了解国际结算惯例和法规，根据以往的经验教训，防患于未然。

■ 本章小结

1. 国际结算的常见风险主要表现为结算票据风险、结算方式风险、欺诈风险和操作风险。

2. 结算票据风险是指出票、提示以及后续转让过程中，当事人利益受损的可能。结算方式风险主要指在特定结算安排中，各方当事人所承担的支付违约风险。操作风险是指由于当事人在相关流程中，行事不合规则或导致损失的可能性。

3. 各种风险管理措施应该与各种结算法规和惯例紧密结合，充分、有效地进行风险防范。

■ 关键术语

结算方式风险　　结算票据风险　　操作风险　　系统性群体风险

■ 复习思考题

1. 托收方式下各方的风险主要体现为哪些？
2. 信用证方式下，风险主要来自于哪些方面？
3. 票据风险是不是主要来自于出票人？为什么？
4. 在结算中如何处理融资风险？
5. 银行应该怎样管理结算风险？

■ 延伸阅读

1. 张晖．商业银行国际结算业务中的风险与对策[J]．中国农业银行武汉培训学院学报，2006(12)．

2. 马晶晶，金凌军．商业银行支付结算风险管理研究[J]．金融经济，2015(03)．

■ 本章参考文献

1. 贺瑛，漆腊应．国际结算[M]．北京：中国金融出版社，2004：210-220.

2. 靳生．国际结算[M]．北京：中国金融出版社，2007：299-312.

3. 王晓平．国际结算[M]．北京：中国金融出版社，2002：205-225.

4. 蒋先玲．国际贸易结算实务与案例[M]．北京：对外经济贸易大学出版社，2005：216-250.

郑重声明